난세에 대처하는
10가지 태도

난세에 대처하는
10가지 태도

초판 1쇄 인쇄 | 2015년 7월 7일
초판 1쇄 발행 | 2015년 7월 10일

지은이 | 이희진 · 장준호
펴낸이 | 김형호
펴낸곳 | 아름다운 날

주소 | (121-837) 서울시 마포구 서교동 351-10 동보빌딩 103호
전화 | 02)3142-8420
팩스 | 02)3143-4154
출판등록 | 1999년 11월 22일
전자우편 | arumbook@hanmail.net

ISBN 978-89-93876-97-7 (03900)

＊ 이 도서의 국립중앙도서관 출판시도서목록(CIP)은 서지정보유통지원시스템 홈페이지(http://seoji.nl.go.kr)와
  국가자료공동목록시스템(http://www.nl.go.kr/kolisnet)에서 이용하실 수 있습니다. (CIP제어번호: CIP2015015924)

난세에 대처하는 10가지 태도

| 이희진 · 장준호 |

아름다운날

왜 다시 '임진왜란'인가

이른바 '임진왜란壬辰倭亂'이라는 사건은 우리 역사에서 많은 교훈을 주는 주제로 받아들여지고 있다. 그런 만큼 이 주제에 대해 많은 연구가 있어왔고, 영화나 드라마 같은 콘텐츠로도 열거하기 힘든 만큼 많이 제작되었다. 이런 사정이니 많은 사람들이 임진왜란에 대해서는 중요한 사실들이 알려질 만큼 알려졌다고 생각하기 쉽다.

그런데 과연 그럴까? 실제로 한 인물에 대한 것이나 어떠한 사안에 대해 구체적으로 이야기를 나눠보면 사실 우리가 알고 있는 것들이 아주 단편적이거나 피상적인 데에 머물러 있다는 것이 쉽게 드러난다. 잘 알려진 인물이나 사건에도 마찬가지다. 진실이 가려져 있을 뿐만 아니라 심하게 왜곡되어 있기도 하다. 어떠한 사건이나 인물에 대한 평가가 한 두 가지 관점으로만 판단되거나 특정한 점만을 부각하여 강조해왔기 때문이다. 그래서 어떤 인물에 대한 평가는 터무니없이 후하고 다른 인물에 대해서는 지나치게 박하다.

우리가 알고 있는 지식에는 공백이 존재한다. 그리고 때로는 그 공백이 오히려 사건의 진실일 수 있다. 임진왜란과 관련된 인물에 대해서도 마찬가지이다. 여기서 다시 임진왜란과 그에 관여된 인물들에 대해 논하는 것은 두 가지 이유에서이다. 하나는 임진왜란을 전쟁의 당사자인 조선, 일본, 명, 3국의 주요인물을 중심으로 파악함으로써 이 전쟁을 단지 침략자와 방어하는 자, 가해자와 피해자의 구도에서 벗어나 절체절명의 상황에 처한 인간의 전쟁으로 살펴보고자 하는 것이고, 두 번째는 이 전쟁을 3국의 주요 인물들이 각자 처한 위치에서 어떻게 바라보고 어떻게 대처했는가를 알아보고자 함이다.

　전쟁의 포문을 여는 자, 그 전장에서 전투를 벌여야 하는 자가 같은 생각을 하고 있는 것은 아니다. 전쟁을 일으킨 군주 도요토미 히데요시의 생각과 그 전쟁의 선봉장인 고니시 유키나가의 목표는 전혀 달랐다. 준비 없이 맞은 황망한 전쟁의 대처 방법 역시 군주인 선조, 최전선의 장수인 이순신, 후방에서 군무를 조정해야 했던 정치가 류성룡의 입장이 제각각이었다. 조선의 청병 요청으로 출전을 결정한 명의 황제 만력제와 황명을 받고 출병한 이여송이 한 마음이었던 것도 아니었다. 그들 각자에게는 그들 각각의 상황과 셈법이 있었고, 결국에는 그에 따른 처신이 역사와 인생의 승패를 갈랐다.

　참극을 겪은 역사가 되풀이되는 현상을 두고 많은 사람들이 '왜 역사에서 배우지 않는가?'라고 말한다. 그 해답은 멀리 있는 것이 아니다. 정확하게 어떤 일이 일어났고, 어떻게 흘러갔는지를 냉정하고 세심하게 분석하고 이해하지 않는다면 실제적으로 도움이 될 수 있는 것은 아무엇도 배울 수가 없다.

　우리는 지나간 난세의 역사를 통해 오늘날의 난세를 이겨내는 법을 배워야 한다. 지금 우리나라가 국제정치적으로 처한 상황이나 어느 때보다 극심한 생존경쟁에 내몰린 개개인들의 처지가 임진왜란의 그 상황과 너무도 비슷하게 닮아 있다. 다만 어떤 사건의 누구를 통해 무엇을 배울 것인지는 각자의 선택에 달려 있을 뿐이다. 이 책이 어려운 시절에 현명한 선택을 하는 데에 조금이라도 도움이 되기 바란다.

　공동 필자지만 집필 기간 동안 분주했던 필자의 사정상 똑같은 분량을 분담하지 못해, 짧은 시간 동안 무리할 만큼 많은 양의 원고를 집필하느라 고생한 장준호 선생에게 미안함과 감사의 뜻을 표하고 싶다.

2015년 6월
이희진

차 례

❶ 이순신 어떤 상황에서든 싸움의 주도권을 잡는다

❷ 선조 내가 살아야 조선이 있다

이 순 신

어떤 상황에서든
싸움의 주도권을 잡는다

이순신(李舜臣, 1545~1598)

"병법에 반드시 죽고자 하면 살고 살려고만 하면 죽는다고 했으며, 또 한 사람이 길목을 지키면 천 사람이라도 두렵게 한다고 했음은 지금 우리를 두고 한 말이다."

위기 때마다
되살아나는 이순신

'임진왜란' 하면 무조건반사처럼 떠오르는 인물이 이순신이다. 아니 임진왜란에 국한하지 않고 우리나라 역사의 위인으로 가장 먼저 떠오르는 인물을 꼽으라고 해도 많은 사람들이 이순신을 떠올릴 것이다. 2014년에 개봉된 이순신의 해전을 다룬 영화 〈명량〉은 좀처럼 깨기 어려울 우리 영화사의 최고 관객동원수를 기록하기도 했다. 이순신을 소재로 한 영화나 드라마가 진부할 정도로 반복해서 생산되고 있는데도 국민들이 이처럼 지속적인 열광을 보이는 이유는 무엇일까. 우리는 왜 많은 역사 인물 가운데 유독 이순신을 우리 삶의 현장 속으로 끊임없이 불러내는 것일까.

여기에는 정치적인 문제와 사회적인 문제 두 가지가 결합되어 있는 듯하다. 예측 불가능할 정도로 변화하고 있는 국제 질서와 국내의 정치적 불안정을 우리는 위기라고 인식하고 있다. 또한 대중들의 정치적 관심과 인식은 높아진 데 반해 정치인들이 보여주는 모습은 국민들의 기대와 요구에 못 미치고 있다. 또한 이런 상황들과 맞물려 삶이 더욱 각박하고 힘겨워진 개인들이 이순신 같은 리더의 출현을 고대하고 있다. 최악의 상황에서도 불굴의 의지와 지략으로 승리를 이끌어낸 그의 모습을 통해 현실의 어려움을 이겨내고픈 사람들의 심리가 투영되어 있는 것이다.

우리는 그를 성웅이라 부른다. 그러나 이순신의 위대함은 원래부터 타고난 것이 아니라, 자신에게 주어진 환경과 자원을 최대한 활용하여 최고의 결과를 만들어냈다는 데 있다. 임진왜란이 일어나지 않았더라면 이순신은 강직한 선비 기질을 가진 무관 중 한 사람으로 평범한 삶을 살았을지도 모른다. 그러나 뜻하지 않았던 전란은 그를 백척간두에 선 나라를 구한 영웅일 뿐만 아니라 불가능을 가능으로 바꾼 위대한 인간으로 만들었다.

이순신과 그의 전투에 대해서는 이미 많이 알려져 있지만 여기서는 임진왜란 당시 이순신의 주요 행적을 뒤따라가며 그가 어떻게 '지지 않는 싸움,' '이기는 전투'를 하는 승자가 되었는지 정리해보기로 하자.

전투에 임하기 전에
해결해야 할 두 가지 과제

『손자병법』에서 손자는 '적이 오지 않기를 바라지 말고, 적이 올 때를 대비하라'고 임전태세의 중요성을 언급하고 있는데, 이순신은 언제나 적이 올 때를 대비하는 장수였다.

이순신은 일본의 침략이 우려되는 상황에서 1591년(선조 24) 전라좌수사에 임명되었다. 그가 전라좌수사에 부임하면서 가장 먼저 한 일은 전라좌수영 본영과 예하 부대의 군비 상태를 점검하는 것이었다. 이순신이 관할해야 하는 지역은 5관 5진으로, 순천·낙안·보성·광양·흥양의 5관과 전라좌수영 관할의 여도진·순천의 방답진·흥양현의 녹도·발포진·사도진 5진이었다. 이순신은 관할 지역을 직접 점검하고 관리 소홀과 규정 위반이 있을 때는 각 진의 첨사와 군관, 담당 관리와 장인匠人까지도 처벌하였다. 그런 조치는 평상시에도 자신이 맡은 임무에 소홀함이 없는 엄격한 자세를 갖게 한 것이며, 지위 고하를 막론하고 처벌의 형평성과 일관성을 보여주는 것이었다. 또한 거북선을 새롭게 건조하여 언제일지 모르는 전란에 대비하고 있었다.

1592년 4월 15일 마침내 이순신에게 일본군 침략 소식이 전해졌다. 경상우수사 원균은 다급히 이순신에게 구원을 요청했다. 구원 출정을 앞둔 이순신에게는 해결해야 할 두 가지 과제가 있었다.

첫째는 전투에 대한 두려움과 공포를 차단하는 것이었다.

전라좌수영으로도 일본군이 침입할 수 있다는 우려로 그의 부대에서도 벌써 탈영자가 속출하고 있었다. 탈영병에 대한 지휘관 이순신의 태도는 단호했다. 그는 포망장捕亡將을 정해 탈영병 두 명의 목을 베어 군중들을 경계하도록 했다. 탈영은 살 수 있는 길도 아닐 뿐더러 탈영병에게는 무자비하고 치욕적인 죽음만이 따르리라는 걸 보여준 것이다.

둘째는 지휘관 스스로 평정심을 잃지 않는 것과 군사들에게는 필사적으로 싸워야 할 동기를 부여하는 것이었다. 이순신은 늘 위태로운 전투에 임해야 했지만 장수로서의 책임감과 임무수행자로서의 평정심을 잃지 않았다. 전투를 지휘해야 할 자신이 두려움이나 혼란에 빠지면 군 전체가 무너질 것이기 때문이었다. 또한 일본군의 침략상을 군사들에게 환기시켜 왜적들에 대한 분노를 이끌어냄으로써 적을 응징해야 한다는 전투의 동기를 심어주었고, 사생결단의 각오로 출전하되 물러서는 장수에게는 군법의 지엄함을 보여 출정을 독려하였다.

이러한 태도를 엄수하면서 전쟁에 임한 결과 매 전투마다 승리할 수 있었다.

전투 승리의
방정식

이순신은 첫 출전으로 옥포·합포·적진포 해전에서 연이은 승전을 거두었다. 객관적인 여러 조건에서 열세였던 이순신이 일본 수군과 전투에서 승리할 수 있었던 이유는 무엇일까?

그는 '지지 않는 전쟁'을 하기 위해 철저하게 작전을 구상하고 대비하였다. 우선 평소에 해전에 대비한 병사들의 훈련이 잘 되어 있어 전함이었던 판옥선을 잘 운용하였다는 점을 들 수 있다. 평소의 훈련은 아무리 강조해도 지나치지 않는 것이었다. 아무리 좋은 장비와 무기를 가지고 있어도 그것을 운용하는 것은 병사들이다. 훈련된 병사들만이 어떤 상황에서도 효율적으로 능수능란하게 병기를 다룰 수 있다. 평소에 병기를 다루는 훈련이 되어 있지 않은 병사들이 전투에 투입된다면 아무리 성능이 좋은 무기라도 제대로 활용하지 못한 채 고스란히 수장시킬 수밖에 없다. 더구나 전투용 선박은 평소에 전시 상황에 따른 운용을 훈련하고 대비해놓지 않으면 퇴각하는 데만 속도를 낼 뿐이다.

준비된 전투는 연이은 승전을 가져다주었고 이순신을 비롯한 군사들의 사기를 충만하게 해주었다. 조정에 올린 「당포하왜병장」에는 율포해전을 치르고 난 후 지속된 전투의 승전으로 조선 장수들과 군사들이 마음도 상쾌하게 가덕·천성까지 향했다고 적고 있다. 이순신 함대에게 전투는 공포와 두려움의 대상이 아닌, 또 하나의 신화를 만들 수 있는 기회였다.

더욱 중요한 승리의 비결은 전투의 주도권을 확보하였다는 점이다. 즉 침략자를 맞아 방어하기에 급급했던 것이 아니라 전투가 치러질 곳에 먼저 나가 적을 기다려 상대가 움직일 때를 놓치지 않고 적을 공격했던 것이다. 이렇게 하려면 먼저 지형과 지세를 잘 파악하고 있어야 했고 적의 움직임에 대처해 우세한 공격지점을 미리 정해두어야 했다.

이순신은 전투의 주도권을 잡기 위해 지형, 지세를 전투 수행에 중요한 환경으로 이용하였다. 특히 사천해전은 그것을 잘 보여주는 사례이다. 이순신과 원균의 함대가 사천 선창에 이르렀을 때, 일본군은 지세가 험한 곳에 400명이 장사진을 치고 주둔하고 있었고 선창 아래는 일본 전선 12척이 정박해 있었다. 무엇보다 일본군이 높은 곳에 진을 치고 있었기 때문에 그 자리에서 공격하는 것은 쉽지 않았다. 활의 사정거리가 짧아 높은 지대에 있는 일본군을 살상할 수 없는데다, 판옥선으로 공격하는 것도 썰물 때가 되어 돌진하기 어렵다고 판단하였다. 결국 이순신은 수로의 형세와 물때를 고려하여 유인작전을 택했고 결국 적군을 넓은 바다로 끌어내 격파하는 데 성공했다. 해전에서는 고려해야 할 것들이 많다. 적군의 주둔 지형과 지세, 수로와 물때, 적들의 사기까지도 고려한 종합적인 작전을 구상했기에 승리할 수 있었던 것이다.

또 한 가지 빼놓을 수 없는 승전 비결은 팀워크였다. 이순신은 전투의 주도권을 확보할 지역을 선정하고, 일본군의 주둔 상황에 대응한 전략을 휘하 장수들에게 숙지하게 하였다. 당항포해전은 이순신 함대의 작전과 팀워크가 얼마나 잘 수행되었는지를 보여주는 사례이다. 당항포해전에서 이순신은 거북선을 활용하여 먼저 돌격하게 해서 일본군의 전열을 깨뜨린 후 판옥선으로 사면을 에워싸면서 협공을 가했다. 그러면서도 일본군을 한 번에 격파하지 않고 진형을 변형하여 그들의 진격로와 퇴로를 확보해준 다음, 빠져나가기에 급급한 일본군을 다시 한번 거북선으로 돌격한 후 재차 사면을 에워싸 저들을 중앙에 몰아넣고 공격하여 전투를 마무리 지었다.

이러한 전략은 군 전체의 팀워크가 잘 맞지 않으면 구사하기 어려운 작전이다. 어느 한 곳이라도 어긋나면 전열이 무너질 수 있기 때문이다. 이 당항포해전에서 이순신은 일본군의 병력 규모와 주둔하고 있는 지형 등을 고려한 작전을 구사했던 전략가로서의 모습을 여실히 보여주었다.

그는 매 전투 때마다 마음의 평정심을 잃지 않도록 노력했다. 평정심은 어떤 상황에서도 두려움에 떨거나 당황하지 않고 침착하게 작전을 수행하기 위해서도 필요했지만, 감정에 치우치지 않고 정확한 판단을 하는 데에 가장 필요했다. 기세를 몰아 적군을 더욱 몰아칠 수 있는 상황에서도 당장의 감정에 휘둘리지 않고 전투를 멈춰야 할 때를 알아야 했기 때문이다. 그것은 적의 전력을 최대한 소비하게 만들되, 아군의 전력 손실을 최소화하여 다음 전투를 대비하기 위해 꼭 필요한 전략적 판단이었다. 전쟁이 그 한 번의 승전으로 끝나지 않을 것이었기 때문이다. 이러한 이순신의 철저한 임전태세가 일본 수군과의 전투에서 아군의 피해를 최소화하면서 다음 전투를 준비할 수 있게 한 원동력이었다.

전투의 주도권을
확보하라

전쟁은 기세의 싸움이기도 하다. 승전의 기억은 병사들의 사기를 충만하게 하고 그 기세는 다음 전투에 어떤 무기도 대신할 수 없는 힘이 된다. 하지만 때로는 승리의 기억을 지우고 완전히 새로운 마음가짐으로 전투에 임하는 것이 현명할 때도 있다.

이순신은 1592년 6월 2차 출전을 마치고 돌아와 휘하 장수들에게 다음과 같이 명하였다.

한번 승첩했다 하여 소홀히 생각하지 말고 군사를 위로하고 달래어 전선을 다시 정비해 두었다가 급보를 듣는 즉시 출전하되 처음과 끝이 한결같이 하라.

이순신은 스스로 앞선 전투의 승전에 대한 기억을 지우고자 한 것이다. 즉 이제는 과거 승전의 영광에서 벗어나 가덕·거제 등지에 재차 출몰하는 일본 전선과 전라도 금산까지 일본군이 진격하고 있는 전체적 전황을 직시하고자 한 것이다. 지난 승리의 영광에 도취되어 있을 때가 아니라고 판단한 것이다.

1592년 7월 4일 이순신은 3차 출정을 단행하였다. 그는 일본 전선 70여 척이 영등포 앞바다로부터 거제와 고성의 경계인 견내량에 정박하고 있다는 사실을 파악하였다. 적세를 파악한 이순신은 일본 수군 모두를 한산도 앞바다로 끌어내 섬멸할 계획을 수립하였다. 그 계획에는 일본 수군이 정박하고 있는 견내량의 지형에 대한 고려와 전투가 벌어질 경우 일본 수군의 행동까지도 예측한 전투의 큰그림이 전제되어 있었다.

우선 이순신은 견내량의 지형이 매우 좁고 암초도 많아서 판옥선을 운영하는 데에 따른 어려움을 고려하였다. 이 밖에도 일본군이 연해안의 높은 지대에 그들의 진지를 구축하고 싸움이 불리해지면 육지로 도망하기 때문에 완전한 소탕이 어렵다는 점을 염두에 두어야 했다. 따라서 이순신은 싸울 장소를 한산도 앞바다로 정했다. 한산도는 일본군이 도망하려 해도 사방이 헤엄쳐 나갈 길이 없고, 혹시 한산도에 오르더라도 굶어죽을 수밖에 없다는 점에서 최적의 전투 장소였기 때문이다.

이순신이 먼저 판옥선 대여섯 척으로 선봉으로 나온 적선을 추격하여 엄습할 것처럼 하자, 일본 수군을 이끄는 와키자카 야스하루協板安治는 전선 여러 척으로 일시에 조선 전선을 추격하게 하였다. 조선 수군이 속임수를 써 퇴각하자, 일본 전선들이 계속 뒤쫓아왔다. 이순신은 조선 수군이 한산도 바다로 거짓 퇴각하자, 휘하 장수들에게 명령하여 학익진(鶴翼陣, 고대 진법의 하나로 학이 날개를 펴듯 진영을 갖추고 적을 공격하는 진법)으로 진영을 벌려서 일시에 진격하여 각종 총통을 쏘아 일본 전선 2, 3척을 격파하였다. 이에 일본군이 사기가 꺾여 도망치자 조선 장수와 병사들은 승세를 몰아 돌진하여 화살과 총통을 일시에 발사하며 일본 전선을 분멸하고 적을 사살하였다.

이 해전이 이른바 한산도대첩이다. 한산도대첩의 승전으로 중위장 권준은 층각대선 1척을 나포하고, 광영 현감 어영담도 돌진하여 층각선 1척을 나포하는 등, 적선 47척을 분파하고 12척을 나포하는 전과를 올렸다. 일본군 400여 명은 형세가 불리해지자 한산도에 배를 버리고 육지로 도망하였다. 이 해전을 진주대첩·행주대첩과 함께 임진왜란 3대첩이라고 한다.

한산도대첩은 일본수군의 주력을 한산도 앞바다에서 격파하여 해상으로 북진하려던 일본군의 계획을 좌절시켰다는 점에서 아주 중요한 전투였다. 류성룡은 『징비록』에서 한산도해전을 다음과 같이 평가했다.

적군은 본디 수군과 육군이 합세하여 서쪽으로 내려오려 했는데, 이순신이 이 한 번의 싸움으로 적군의 한쪽 세력을 꺾었기 때문에 평행장(고니시 유키나가, 필자주)이 비록 평양을 점령했으나 형세가 외로워져서 감히 나아가지 못했다. 우리나라에서 전라도·충청도·황해도·평안도 연해 지역 일대가 보전됨으로써 군량을 보급시키고 조정의 호령이 전달되도록 하여 나라의 중흥을 이룰 수 있었으며, 요동의 금주·복주·해주·개주·천진 등도 소란을 당하지 않아서 명나라 군사가 육로로 나와 구원함으로써 적군을 물리치게 된 것이다. 이 모든 일이 이순신이 단 한 번의 싸움에서 이긴 공이니, 아아 이것이 어찌 하늘의 도움이 아니겠는가!

류성룡은 한산도대첩을 일본군의 수륙병진정책을 좌절시키고, 나아가 조선은 물론 명나라까지도 지켜낸 전투라고 평가할 정도로 큰 의의를 부여하였다.

그러나 정작 이순신은 한산도대첩의 승전을 그가 장수로서 치른 전투 중 하나로 여겼을 뿐 어떠한 의미도 부여하지 않았다. 그것은 그가 조정에 올린 장계에서 한산도해전을 다른 전투의 승전을 보고할 때와 다르지 않게 담담하게 기술한 것에서도 알 수 있다. 이는 그가 휘하 장수들에게 했던 말과 같이 '한 번의 승첩으로 긴장을 늦추지 않고 처음과 끝을 한결같이'했던 것이다. 그는 말과 행동의 일치하는 장수요, 언제나 냉정한 평정심을 지키려는 지휘관이었다.

적이 우리를
두려워하게 만들라

이순신은 작전을 수행하면서 경상도 내륙의 적도 면밀히 정찰하였다. 이제 이순신에게는 일본군의 본영이라고 할 수 있는 부산을 공격할 수 있는가가 중요한 문제로 다가왔기 때문이다. 탐망 결과 일본 전선 500여 척이 부산 선창에 줄지어 정박하고 있었다. 그에 비해 삼도 수군 연합함대를 구성했던 조선 수군은 전라좌우도의 전선은 판옥선 47척과 협선 92척이었고, 원균이 가진 7척 정도가 전부였다. 일본군이 연이은 패배로 사기가 꺾여 있는 상황이긴 하였으나, 조선 수군에 비해 전선과 병력 면에서 절대적으로 우세하였다.

절대적으로 이순신의 마음은 복잡할 수밖에 없었다. 정탐을 하였으니 여기서 배를 돌려야 하는가? 부산의 일본 본영을 공격하여야 하는가? 두 개의 길 사이에서 고심하던 이순신은 공격을 결심한다. 한산도 해전으로 큰 패전을 경험한 일본군이 전열을 수습하여 반격하기 전에 기습적으로 적의 본진을 공격해야 한다고 판단한 것이다.

이순신은 공격에 앞서 이억기와 원균에게 '우리 군사의 위세로써 만일 지금 공격하지 않고 군사를 돌이킨다면 반드시 적이 우리를 멸시하는 마음이 생길 것이다.'라고 부산 공격을 감행할 뜻을 피력하였다. 그리고는 독전기를 휘두르며 진격하여 장사진(長蛇陣, 긴 뱀처럼 한 줄로 길게 벌인 군진의 하나)으로 돌격하였다. 일본군과 본격적인 교전이 시작되자, 조선의 수군 장수들은 사생결단의 각오로 돌진하였다. 조선 수군은 천자·지자 총통과 장군전·피령전·장편전·철환 등을 발사하며 하루 종일 교전하였다. 이 부산포해전으로 조선 수군은 일본 전함 100여 척을 격파하였고, 전사한 일본군도 상당하였다. 이 전투로 이순신은 적세를 직접 확인하였고, 다시 반격할 수 없을 정도로 일본군의 전의를 상실시켜버린 것이었다.

이순신 스스로도 「견내량파왜병장」에서 부산포해전을 다음과 같이 평가했다.

무릇 전후 4차 출전하고 열 번 접전하여 모두 다 승리하였다 하여도 장수와 군졸들의 공로를 논한다면 이번 부산 싸움보다 더할 것이 없습니다. 전일 싸울 때에는 적선의 수가 많아도 70여 척을 넘지 않았는데, 이번은 큰 적의 소굴에 늘어선 470여 척 속으로 군사의 위세를 갖추어 승리한 기세로 돌진하였습니다. 그래서 조금도 두려워하지 않고 하루 종일 분한 마음으로 공격하여 적선 100여 척을 깨뜨렸습니다. 적들로 하여금 마음이 꺾여 가슴이 무너지고 머리를 움츠리며 두려워서 떨게 하였던 바, 비록 머리를 벤 것이 없으나 힘써 싸운 공로는 먼저번보다 훨씬 더하므로 전례를 참작하여 공로의 등급을 결정하고 별지에 기록하였습니다.

이순신은 열 번의 전투 가운데 열 번을 승리하면서, 부산포해전의 승전에 가장 큰 의미를 부여하였다. 일본군의 총본영인 부산을 공격하여, 일본군이 반격하려고 하는 의지마저 무너뜨렸다고 판단했기 때문이었다.

이순신의 연이은 승전보에 조정에서도 수군의 역할을 인정할 수밖에 없었다. 비변사에서는 전라좌수영에 공문을 보내 일본군을 토벌하는 데 있어 해전만한 것이 없으니 전선을 더 건조할 것을 명하였다. 이순신은 이러한 비변사의 공문이 있기 전 이미 수적으로 우세인 일본군과 지속적인 전투를 벌이기 위해서 전선을 더 건조하기 위한 군비를 확충하였고, 전라좌수영 본영과 휘하 관할 진포에 명령을 내려 전선을 더 구축하도록 하였다.

승리를 위한
세 가지 용병술

전쟁에 임하는 지휘관으로서 가장 중요한 자질은 용병술일 것이다. 전쟁에 있어서 용병술은 생사를 결정하는 문제이기 때문에 지휘관이 어떠한 방식으로 자신만의 명령체계와 조직을 만들어내느냐에 따라 전투의 승패가 결정될 수 있다. 휘하 장수들과 병사들을 하나로 만들어 자신보다는 조직 전체를 더 중히 여기고 결정적인 순간에는 희생을 불사할 수 있게 만들어야 하는 것이다. 그렇다면 이순신은 어떠한 방식으로 자신의 부대를 통합하고 이끌어 갔는가.

첫째, 이순신은 상황에 따라 병사들의 심리를 파악하고 이에 적절하게 대처할 줄 알았다.

전란 초기 일본군에게 일방적으로 패하고 있다는 소식이 들려올 때는 병사들이 실제적인 두려움과 가상의 공포감을 극복할 수 있도록 해주어야 했다. 이에 이순신은 대의명분을 통해 적과 왜 싸워야 하는지를 명확히 하였다. 그는 일본군이 자행한 약탈과 살육 등에 대한 피해 내용을 소속 지휘관과 병사들과 공유하고, 도성이 함락되고 국왕이 파천을 해야 했던 사정을 언급하며 나라의 치욕을 갚아야 함을 호소하였다. 이것은 조선 수군이 왜 일본군을 맞서 싸워야 하는지에 대한 동기를 부여하고 정신 무장을 위한 것이라 할 수 있다.

이렇게 병사들에게 적군에게 유린당한 나라의 군사로서 가져야 할 충성심과 전투의욕을 고취시키는 한편, 실전에서도 동원할 수 있는 모든 것들을 동원해 군의 위세를 높이도록 했다. 즉 주력선인 판옥선 외에 협선과 포작선을 모두 동원하여 일본군의 기세에 맞섰고, 첫 승전을 통해 지휘관들은 물론 병사들의 자신감과 사기를 진작시켰다. 또한 한 번의 승전에 만족하지 않고 이어지는 전투들에서도 더욱 철저한 준비로 승리를 거둬 군사들이 작전에 임하는 마음이 상쾌할 정도였다.

그러나 승전의 기세를 이어가는 것이 전부는 아니었다. 때로는 승리에 대한 자만심이 오히려 다음 전투에 독이 될 수 있음을 알고 이에 대처하였다. 이순신은 2차 출전 후 출정군을 해산하는 자리에서 소속 지휘관에게 '한 번 승첩했다 하여 소홀히 생각하지 말고 군사를 위무하고 전선을 다시 정비해두었다가 급보를 듣는 즉시 출전하되 처음과 끝이 한결같이 하라.'라고 임전태세를 확고히 할 것을 독려하였다. 이것은 승전하고 돌아온 장수들에게 진의 해산이 곧 다음 전투의 시작이라는 인식을 확고하게 심어주기 위한 것이었다. 일희일비하지 않고 순간의 감정에 휘둘리지 않는 냉철한 전략가의 모습을 보여주고 있다고 하겠다.

둘째, 이순신은 질책과 호의를 적절히 사용하였다.

지휘관에게 있어 소속 지휘관과 병사 관리의 핵심은 징계와 보상을 일정하고 형평성 있게 처리하는 데 있다. 약속과 군령 위반시에는 지위 고하를 막론하고 예외 없이 징계하였고, 탈영병은 철저하게 군령에 의거하여 효수하였다. 그러나 전공을 세울 때는 용감하게 적을 섬멸한 자를 우선하여 전투에 집중할 수 있도록 하였고, 전투가 끝난 후에는 그들의 공로를 상세히 기록하여 조정에 보고하고 포상하도록 조치하였다.

힘써 싸운 병사들에게는 물질적 욕구를 충족시켜 주었다. 목숨을 걸고 싸우는 병사들에게 정신만 강조해서는 전투력에 한계가 올 수밖에 없다. 이순신은 역전의 노고를 아끼지 않은 자들에게는 전투의 승리가 가져다주는 달콤한 열매를 만끽하도록 하였다. 전리품 가운데 의복과 쌀·포목 등을 병사들에게 나누어 주어 그들을 위무한 것이다. 이것은 결국 승리에는 보상이 따른다는 것을 병사들에게 확인시켜 주어 정신적 무장과 더불어 전투력을 고취시킨 것이다.

사력을 다해 싸우다 전사한 장수들은 반드시 예우해 주었다. 이순신은 수급을 얻지 못하였어도 역전한 공은 부산포해전보다 더한 것이 없다 하여, 자신의 신상 기준에 따라 장수들의 등급을 매겨 조정에 보고하였다. 또한 이 해전에서 녹도 만호 정운이 전사하자 장계를 올렸다. 임진왜란이 일어난 이래로 충심으로 적과 싸웠고, 세 번에 걸친 출전에서도 항상 먼저 돌진하였던 정운이 부산포해전에서 죽음을 무릅쓰고 돌진하다 일본군이 쏜 조총에 이마를 관통당하여 전사했음을 알렸고, 그를 1587년 전라좌수영 관할의 흥양에 침입한 왜구와 손죽도에서 싸우다 전사한 이대원李大源의 사당에 배향해 주기를 조정에 청하기도 하였다. 여러 장수 가운데 차사원差使員을 정하여 각별히 호상하도록 조치하였다. 이렇듯 이순신은 부산포해전에서 역전하다 전사한 정운을 최대한 예후함으로써 나라를 위해 목숨을 바치면 죽음 이후에도 그 공을 기린다는 것을 장수들에게 각인시켜 주었다. 일반 전상자와 사상자에 대해서도 그들의 시신을 가족에게 인계하여 제사 지내도록 하고, 남겨진 가족의 생계까지도 휼전을 통해 해결할 수 있도록 했다.

셋째, 이순신은 지휘관인 자신이 먼저 언행일치를 보여줌으로써 병사들에게 신뢰감을 얻었다.

이것은 먼저 철저한 전쟁 준비와 작전구상으로 신중한 전투를 진행한 것을 통해 확인할 수 있다. 이순신은 옥포해전에 앞서 '가볍게 움직이지 말고 침착하게 태산같이 신중한 행동을 취하라.'라고 명령하였는데, 그 자신이 작전 수행에 있어서 탐망과 정세에 대한 확실한 정보를 가지고 출전하였다. 또한 전투에 임해서는 일본군의 총탄에 어깨의 관통상을 당하면서도 역전하였다. 총 지휘관이 죽음을 무릅쓰고 전방에서 진두지휘하고 있으며 병사들과 위험과 희생을 함께 나누는 것을 몸소 보여준 것이다. 이는 소속 부하들뿐만 아니라 일반 병사들에게까지 지휘관에 대한 신뢰감을 두텁게 하는 것이다. 한 번의 실천은 백 가지 말보다 큰 감동과 힘을 준다.

전투보다 무서운
내부의 갈등

1593년 1월 8일 조명연합군은 고니시 유키나가가 점령하고 있던 평양성을 탈환하였다. 조선 조정에서는 이순신에게 유서를 내려 명군이 평양과 황해도·서울을 차례로 회복할 것이니, 수군을 이끌고 도망가는 일본군의 길목을 막아 격퇴할 것을 명령하였다. 그러나 조정의 거듭된 명령에도 불구하고 이순신은 퇴각하는 일본군의 병력이 많은 점을 고려하여, 조선 수군만으로 그들을 모두 섬멸하는 것을 불가능하다고 판단하였다. 이에 이순신은 휘하 수군을 정비하고 의병장 성응지와 승장 삼혜·의능 등도 수군 전력에 포함시켜 해전을 준비하였다.

조정에서는 다시 선전관을 파견하여 이순신에게 명군의 평양 수복 사실을 알리고 서울에서 도망하는 일본군을 수군 전력을 모두 동원하여 한 척도 돌아가지 못하도록 하라고 명하였다. 이순신은 선조의 명에 따라 웅천 앞바다로 출전하였다. 웅천은 일본군의 본영이 있는 부산으로 들어가는 길목으로, 웅천에 주둔한 일본군을 격퇴하지 않고서는 부산의 일본군을 공격할 수 없었다. 3도 수군 연합 함대가 1593년 2월 네 차례에 걸쳐 일본군을 유인하여 공격하려 하였다. 그러나 일본군은 전선을 포구 깊숙이 감추고 진지를 구축한 채 주둔하고 있을 뿐 교전 자체를 회피하였다. 조선 수군은 유인 작전으로 웅천에 있던 일본군을 격퇴할 수 없다고 판단하여 전선의 대열을 나누어 좌우로 일제히 진격하여 총통과 화살로 적진을 공격하였다. 이른바 웅천해전으로 일본군 적선 3척과 100여 명을 사살하는 전과를 올렸다.

이순신은 웅천해전을 통해 조선 수군만으로는 일본군을 모두 격퇴하라는 조정의 명령이 사실상 불가능하다는 것을 확인하였다. 이에 그는 육군과 수군이 동시에 공격하고자 경상우도 순찰사 김성일에게 육군의 지원을 요청하였다. 그러나 일본군은 조선 수군과의 해전에서 연이은 패전의 충격으로 교전 자체를 피하고 있었고, 육군이 일본군의 배후를 습격하여 바다 쪽으로 내몰아주지 못했기 때문에 적진에 대한 근본적인 타격은 이루어지지 못했다.

이순신은 웅천해전의 승전을 보고하는 장계에서 '신하된 자로서 당연히 적들이 달아나는 길을 살피고 끊어서 배 한 척도 돌아가지 못하도록 맹세하여야 하겠습니다.'라고 선조의 명령을 반드시 지킬 것을 결의하였다. 그의 이 서원誓願은 무관으로서 왕명에 대한 목숨을 건 결의이며, 이순신은 이것을 지키기 위해 노량해전에서도 죽음을 두려워하지 않았던 것이라 할 수 있다.

그런데 선조와 조정 대신들은 경상도 연안에 주둔한 일본군을 격퇴한다면 전쟁의 마침표를 찍을 수 있을 것으로 기대하였다. 이 때문에 이순신에게 지속적으로 부산으로 출전할 것을 명령하였다. 조정에서는 교착상태에 빠진 전황에 대한 올바른 인식도 없이, 이순신이 출전하여 승전보를 전해주기만을 기대하고 있었다. 그러나 이순신은 전투에 필요한 수군을 모집하고 군량을 마련하는 등에도 어려움을 겪고 있었다. 또한 유인 작전을 펼쳐도 일본군이 교전을 회피하는 상황에서 이순신이 거느린 수군만으로는 이 상황을 타개할 수도 없었다.

이순신은 조정의 명령과 기대에 부응하기 위해 고심하였다. 우선 그는 원균, 이억기 등과 일본군의 서진을 저지할 방책을 논의한 끝에 전략적 요충지인 견내량과 한산도 바다 가운데를 가로막아 진을 쳤다. 그동안 전라좌수사인 이순신은 본영인 여수에서 군량과 전선을 정비하여 경상우수영의 바다에서 작전을 펼치고 승전을 거두었다. 매 출전마다 관할 수역을 벗어나 작전을 펼쳐야 하는 한계가 있었기 때문에 일본군의 서진의 길목을 차단하기 위해 한산도로 진을 옮긴 것이었다.

1593년 11월 이순신은 삼도수군통제사를 겸하라는 선조의 명령을 받았다. 그러나 삼도수군통제사가 된 이순신에게 쉬운 것은 하나도 없었다. 육군 장수들은 해전은 생각하지 않고 수군을 육군으로 징발하였다. 명군과 의병도 수군을 징발하여 자신의 병력을 보충하였다. 이순신은 수적으로 우세한 일본 수군과 해전을 치르기 위해 지속적으로 병력을 증강시켜왔다. 그러나 애써 확보한 전선을 운용할 사부와 격군을 채우지 못하는 상황이었다. 장비는 있으나 그것을 운용할 군사가 부족한 상황에서 이순신은 답답할 수밖에 없었다.

이순신이 군비 확충에 노고를 아끼지 않는 가운데도 병사病死하는 군사들이 속출하였다. 1594년 1월 21~22일에 400여 명의 군사가 병으로 죽어나갔다. 2월 9일 고성 현령은 백성들이 굶주려 서로 잡아먹는 비참한 상황을 보고하였다. 전쟁이 장기화되면서 백성과 진중 병사들의 삶은 말이 아니었다. 통제사 이순신도 일본군과 대치가 계속되는 동안 건강 상태가 악화되어 공무를 보지 못할 정도에 이르렀다.

한편 이 시기에 이순신은 원균과 갈등을 겪고 있었다. 전공 여부와 포상을 둘러싼 알력과 전투 방식에 대한 인식의 차이 등으로 인한 이들의 갈등은 조정에까지 알려지게 되었다. 조정에서는 이순신과 원균의 갈등을 해결하고 일본군을 격퇴할 방안을 놓고 일곱 차례에 걸쳐 어전 회의를 하였다. 이 과정에서 원균에 대한 재평가가 이루어진 반면, 이순신은 자신의 명령에 따르지 않는다는 선조의 의구심이 증폭되어 하옥되고 말았다.

전란에 임하는 무관의 자세
'원망 없는 백의종군'

선조는 일본군의 재침이 예상됨에도 이순신이 방비를 하지 않고 초기에 맞서지 않은 점을 문제 삼았다. 윤두수는 이순신이 조정을 받들지 않고 싸움을 꺼려 한산도만 지킨 결과 정유재란을 막지 못하였다 지적하였고, 지중추부사 정탁도 이에 동조하였다.

선조는 이순신의 장계 내용까지도 의심하는 극도의 노여움을 보이면서 통제사를 원균으로 교체할 뜻을 내비쳤다. 이러한 선조의 의견에 김응남, 윤두수, 이산해는 이순신을 해임하고 원균을 삼도수군통제사로 교체할 것을 요청하였다. 반면 이정형은 이순신의 판단이 옳았다고 하여 원균으로의 교체를 재고할 것을 주장하였다. 또한 그는 원균이 포악한 성질로 인해 군사들의 신임을 잃었고, 경상도가 무너진 것도 원균의 책임이라고 하였다.

이와 같은 이정형의 건의에 따라 선조는 이순신과 원균을 통제할 제삼의 인물을 내세울 것을 제기하기도 했다. 한편 윤두수는 별다른 대안 없이 원균과 이순신을 모두 통제사로 삼을 것을 요청하기도 했다. 이에 선조는 서로 구원하지 않을 가능성이 있다고 하여 윤두수의 의견에는 반대하였다. 김응남도 전황에 대한 심각한 고려도 하지도 않은 채 이순신에게 죄를 물어야 한다고 주장하였다.

결국 선조가 원균으로 삼도수군통제사를 교체할 뜻을 재차 내비치자 이정형은 원균으로 통제사를 삼았을 때 실패할 것을 우려하였다. 이러한 이정형의 재고 요청에도 불구하고 선조는 원균을 삼도수군통제사로 교체할 것을 결정하였다. 이 선조의 판단이 얼마나 엄청난 결과를 가져올 것인지 이때까지 아무도 알지 못했다.

이순신은 1597년 2월 6일 체포되고, 3월 4일 의금부에 수감되었다. 12일에는 신문이 시작되었다. 선조는 비망기로 우부승지 김홍미에게 전교하여 이순신의 죄를 다음과 같이 열거하였다.

> 이순신은 조정을 기망한 것은 임금을 무시한 죄이고, 적을 놓아주어 치지 않은 것은 나라를 저버린 죄이며, 심지어 남의 공을 가로채 남을 모함하기까지 하며 방자하지 않음이 없는 것은 기탄함이 없는 죄이다. 이렇게 허다한 죄상이 있고서는 법에 있어서 용서할 수 없는 것이니 율律을 상고하여 죽여야 마땅하다.

이제 선조에게 이순신은 자신이 의주까지 내몰릴 때 나라를 구하고, 행재소(行在所, 궁을 떠난 임금이 머무는 곳)에 의연곡을 보내 구해주던 충신은 아니었다. 선조에게 이순신은 임금을 무시하고, 조정을 기망하고 일본군을 공격하지 않은 대역 죄인일 뿐이었다. 또 원균의 공로를 가로채고 모함하고 방자하였으니, 법률에 의하면 죽어 마땅하다고 했다.

이순신은 전란이 일어날 때부터 일본군을 격퇴하기 위해 하루도 편할 날이 없었다. 그럼에도 현명하지 못했던 국왕의 판단 착오로 그는 죄인이 되어 있었다. 국가와 왕을 위한 이순신의 우국충정은 그렇게 짓밟혔다.

4월 1일 그나마 죽음을 면한 이순신은 옥문을 나왔다. 백의종군을 해야 하는 그에게는 건강을 수습할 여가도 주어지지 않았다. 어머니의 죽음을 슬퍼할 시간, 장사를 제대로 치를 여유조차 얻지 못하고 길을 떠날 수밖에 없었다. 그러나 그는 공을 인정해주지는 않고 죽을 길로만 내모는 왕을 원망하지도, 하루아침에 백의종군하게 된 자신의 불운을 한탄하지도 않았다. 군주의 인정이나 세간의 명예와 상관없이 오직 하늘이 자신에게 맡긴 소명을 다하고자 할 뿐이었다.

1597년 7월 18일 새벽 백의종군 중인 이순신에게 칠천량해전의 패전 소식이 전해졌다. 이순신은 통탄함을 참을 수 없었다. 도원수 권율도 어떠한 대책도 세우지 못하고 있었다. 조정에서는 이순신 외에는 달리 대안이 없었다.

1597년 8월 이순신은 재차 삼도수군통제사에 임명되었다. 그러나 그에게는 지위 외에 군사도 전선도 없었다. 이순신은 곧바로 남아 있는 군사와 무기를 수습하기 위해 구례와 고산현을 지나 남원으로 들어갔다. 옥과현에서 피난민을 만나 이들을 타이르고 순천에서 말 세 필과 화살을 수습하였다. 순천에 도착하여 중 혜희에게 의병장의 사령장을 주었다. 순천 관사와 곳간의 곡식 및 군기는 그대로 남아 있었다. 이순신은 총통을 옮겨 묻고, 장전과 편전을 수습하고 순천에 머물렀다. 8월 9일 저녁 보성 조양창에서 곡식을 수습하였다. 8월 18일 회령포에서 배설이 도망하며 남긴 전선 12척을 인수하였다. 8월 26일 일본 수군이 이진에 이르렀다는 임준영의 보고가 접수되었다. 8월 30일 진도 벽파진에 진을 쳤다. 두려워하던 경상우수사 배설은 9월 2일 새벽을 틈타 도망하였다.

한 사람이 길목을 지키면 천 사람이라도 두렵게 한다

이순신은 결전을 준비하고 있었다. 진을 벽파진에서 우수영 앞바다로 옮겼다. 수가 적은 수군으로 명량을 등지고 싸울 수는 없었다. 이순신을 휘하 장수들을 불러 모아 놓고 다음과 같이 다짐했다.

병법에 반드시 죽고자 하면 살고 살려고만 하면 죽는다고 했으며, 또한 사람이 길목을 지키면 천 사람이라도 두렵게 한다고 했음은 지금 우리를 두고 한 말이다. 너희 여러 장수들이 살려는 생각을 하지 마라. 조금이라도 명령을 어기면 군법으로 다스릴 것이다.

명량해전을 앞둔 이순신에게 있어서는 죽음 또한 작전과 전투의 일부일 뿐이었다. 9월 16일 아침 별망군이 '적선이 헤아릴 수 없을 만큼 많이 곧장 우리 배를 향하여 옵니다.'라고 보고하였다.

이순신은 곧 출전 명령을 내려 닻을 올리고 바다로 나아갔다. 그러자 일본 전선 330여 척이 조선 수군을 에워쌌다. 수적으로 절대적 열세에 있던 조선 수군 장수들은 중과부적임을 알고 도망할 궁리만 할 뿐이었다. 이순신은 두려움에 떨고 있는 장수들의 사기를 높여주어야 했고, 자신도 위협감을 떨쳐내야 했다. 절체절명의 순간에 이르렀다고 판단한 이순신은 자신을 죽음으로 몰아넣듯 앞으로 돌진하였다. 동시에 지자·현자포 들을 발사하였다. 일본군도 그 기세에 감히 진격하지는 못했으나, 이순신의 배는 일본 전선에 몇 겹으로 둘러싸여 한 치 앞도 예측할 수 없는 상황이었다. 전선에 타고 있는 군사들은 서로의 얼굴을 돌아보며 겁에 질려 있었다. 이순신은 평정심을 잃지 않고 외쳤다. "적이 비록 천 척이라도 우리 배에게는 맞서 싸우지 못할 것이다. 일체 마음을 동요치 말고 힘을 다하여 적선을 쏘아라!"

그러나 조선 수군은 여전히 공포에 질려 먼바다에서 전세를 관망할 뿐 진격하지 않았다. 이순신은 배를 돌려 군령으로 중군장 김응함을 효시하고 싶었으나, 배를 돌리는 순간도 적에게 기회를 주는 것으로 생각하였다. 이에 호각을 불고 중군에게 초요기(招搖旗, 장수들을 부르고 지휘하는 데에 쓰던 신호용 군기)를 올렸다.

그때서야 중군장 미조항첨사 김응함이 차차 돌진하고, 거제현령 안위도 이순신의 전선에 접근하였다. 거제현령 안위는 이순신의 명령에 앞으로 나오긴 하였으나 여전히 겁에 질린 채였다. 이를 본 이순신은 "안위야 군법에 죽고 싶으냐? 도망간다고 해서 어디 가서 살 것 같으냐."며 호통을 쳤고 그때서야 안위는 적선 가운데로 돌진했다. 이순신은 다시 중군장 김응함에게 "너는 중군장으로서 멀리 피하고 대장을 구하지 않으니, 그 죄를 어찌 면한 것이냐. 당장 처형할 것이로되 적세 또한 급하므로 우선 공을 세우게 한다!"는 말로 그를 질책하면서도 역전을 독려했다.

김응함과 안위의 전선이 돌격하여 싸우려 할 때 일본 전선 세 척이 한꺼번에 안위의 전선으로 달려들었다. 안위와 전선에 타고 있는 사람들이 죽음을 각오하고 싸우다 힘이 다하였다. 이순신은 전선을 돌려 총통을 빗발치듯 쏘며 돌격하여 안위의 전선을 에워싼 일본 전선을 모두 격침시켰다. 녹도만호 송여종, 평산포 대장 정응두의 전선이 연이어 돌진하여 협공하고 총통을 쏘았다. 이순신의 전선에 타고 있던 항왜(항복한 왜군) 준사의 말에 따라 붉은 비단 옷을 입고 있는 일본 장수 구루시마 미치후사를 건져 올렸다. 그리고 그를 토막 내어 베도록 하니 일본군의 사기가 꺾였다.

조선 수군은 일본 수군의 사기가 꺾인 틈을 타 총통을 잇달아 쏘고, 화살을 빗발처럼 쏘아댔다. 그 소리가 엄청나서 바다와 산을 뒤흔들 정도였다. 이순신은 기세를 몰아 일본 전선 30척을 격침시켰고 일본 수군은 더 이상 버티지 못하고 퇴각하였다.

이 전투가 명량해전이다. 이순신은 명량해전을 승전으로 이끈 후 '천행天幸'이라 하였다. 9월 29일 이순신은 명량해전의 승첩을 조정에 보고

하였다. 1597년 11월 선조는 제독 총병부에 이순신의 장계 내용을 소개하고, 명량대첩의 승전에 대해서 다음과 같이 보고하였다.

한산도가 무너진 이후부터 남쪽의 수로에 적선이 종횡하여 충돌이 우려되었으나 현재 소방의 수군이 다행히 작은 승리를 거두어 적봉이 조금 좌절되었으니, 이로 인하여 적선이 서해에는 진입하지 못할 것입니다.

전라도가 일본군에 의해 유린되고 있는 것과 달리 이순신은 일본군을 명량에서 격파하여 그들의 수륙양면 정책을 다시 좌절시켰다.

명량해전의 승전이 조정에 보고된 후, 1598년 4월 비변사는 칠천량해전에서 패한 장수들에 대한 징계 문제를 다음과 같이 거론하였다.

원균이 주장으로서 절제를 제대로 하지 못하여 적들로 하여금 불의에 기습을 감행하도록 하여 전군이 함몰되게 하였으니 죄는 모두 주장에게 있다 하겠습니다. 그러나 그 아래 각 장사들의 공죄功罪에 대해서도 신상필벌을 행하여 군기軍紀를 바로잡지 않으면 안되겠습니다.

비변사가 원균의 책임 문제를 제기했지만 선조 역시 그 책임에서 자유로울 수가 없었다. 이순신을 통제사에서 해임하고 그 자리를 원균에게 맡긴 이가 선조였다. 원균에게 책임을 물을 경우 인사를 잘못한 자신의 실책을 인정하는 꼴이 되는 것이었다. 선조는 애둘러 '원균 한 사람에게만 핑계를 대지 말라.'며 궁색한 답변을 했으나, 원균의 패전은 고스란히 선조가 가져가야 할 책임이었다. 『선조실록』의 사론에는 만약 선조가 통제사를 체직시키지 않았더라면 어찌 칠천량의 패전이 있었겠으며, 양호가 일본군의 소굴이 되었을 것인가라는 사신의 평가가 실려 있다. 국왕의 선택 하나가 국가에 어떠한 결과를 가져다주는지를 생각하게 하는 말이다.

죽음도 전투의 일부
마지막까지 할 일을 다하다

1598년 11월, 7년 간에 걸친 전쟁도 이제 막바지로 치닫고 있었다. 도요토미 히데요시가 사망하고, 일본군은 본국으로 돌아가려고 서두르고 있었다. 그러나 이순신은 선조에게 장계로 맹세한 "일본 전선을 단 한 척도 돌려보낼 수 없다."는 약속을 지키려 했다. 그것은 참혹한 전쟁이 다시 일어나지 않도록 하는 유일한 방법이기도 했다.

1598년 11월 8일 육지에서 순천 왜교의 적들이 초열흘 사이에 철퇴한다는 정보가 입수되었다. 조정에서는 빨리 진군하여 돌아가는 일본군을 막을 것을 명하였다. 왜교에 주둔하고 있던 고니시 유키나가는 도독 유정에게 돼지 두 마리와 술 두 통을 바치고 퇴각의 길을 열어줄 것을 요청했다. 그 이후에 일본군은 명 도독의 진중에 2~3차례 드나들었다.

하지만 일본과 명의 장수들은 목숨을 도모하며 손을 잡을 수 있어도 조선의 장수 이순신은 그들을 그대로 돌려보낼 수 없었다. 그는 11월 18일 마지막 전투를 위한 의식을 준비하였다. 자정에 배에 오른 이순신은 손을 씻고 무릎을 꿇고 '이 원수를 무찌른다면 지금 죽어도 여한이 없겠습니다.'라고 하늘에 빌었다.

이순신은 진린에게 고니시 유키나가를 구하러 온 시마즈 군이 도착할 때 조선 수군이 먼저 나가 요격한다는 것을 알렸다. 진린은 허락하지 않으나 이순신은 나팔을 불며 출진하였다. 밤 12시에 노량에 이르렀다. 일본 전선 500여 척을 맞아 아침까지 역전하던 이순신은 일본군이 쏜 총탄을 맞고 배 위에서 쓰러졌다. 당황한 군사들은 어찌할 바를 몰랐다. 이순신은 애통한 죽음을 맞으면서도 '싸움이 한창 급하다. 내가 죽었다는 말을 내지 말라.'고 명하였다. 군사들의 사기 저하를 우려했기 때문이었다. 대장선에 함께 타고 있던 조카 이완은 그 명을 받들어 이순신의 시신을 가린 뒤 독전하여 일본군을 격퇴하였다. 임진왜란의 마지막 전투인 노량해전으로 일본 전선 2백여 척이 격침되고 사상자가 수천에 이르렀다.

류성룡은 『징비록』에서 이순신의 전사 소식에 조선군과 명군의 분위기를 다음과 같이 기술하였다.

우리 군사와 명나라 군사들은 이신순이 전사하였다는 말을 듣고 연달아 모든 진영이 통곡하여 마치 자신의 어버이가 세상을 떠난 것처럼 슬퍼하였고, 그의 영구 행렬이 이르는 곳마다 백성들은 곳곳에서 제사를 베풀고 영구차를 붙들고 울면서 말하기를 "공께서 우리를 살려 놓으시더니 지금 우리를 버려 두고 어디로 가십니까?"하며 길을 막아서 영구

차가 지나갈 수가 없었고, 길가는 사람들도 눈물을 흘리지 않는 이가 없었다.

위의 기사를 통해서도 알 수 있듯이 이순신은 조선군과 명군에게도 신뢰받는 지휘관이었으며, 백성들에겐 살아서도 영웅이요 죽어서도 죽지 않은 성웅이었다.

이순신의 죽음은 그 당대뿐 아니라 오늘날까지도 많은 국민들을 안타깝게 하고 있다. 어떤 이들은 도망가려는 적을 쫓은 그의 출전을 무리했다 탓하기도 하고, 어떤 이들은 노량에서 살아남았다 하더라도 목숨을 온전히 보전하기 어려웠을 것이라고도 한다. 그러나 분명한 것은 그가 마지막 전투인 노량해전의 무대에서 맞이한 죽음까지도 신화로 남게 했다는 사실이다. 이로써 그는 역사상 유례를 찾을 수 없는 성웅이 되었다. 싸움을 잘하는 장수는 많지만 이순신만큼 어려운 상황에서 백전백승을 할 수 있는 장수는 흔치 않고, 군주의 불신과 억울한 누명에도 일체의 사심을 갖지 않고 오직 나라를 구한다는 일념으로 끝까지 싸우는 장수는 더욱 찾기 어려울 것이다.

역사에서 장수를 기억하는 방식은 승전인가 패전인가이다. 그만큼 장수에게 있어 전투의 승패 여부는 그가 훌륭한 장수인가 아닌가를 판단하는 중요한 기준이 되었다. 역사는 이순신을 영웅으로 기록하였다.

2 선조

내가 살아야 조선이 있다

선무공신녹권

전쟁이 일어나자 자신의 목숨을 부지하기에 급급했던 선조는 전쟁이 끝난 후 자신의 실책을 감추고 실추된 권위를 회복하기 위해 여러 가지 시도를 했다. 그중 하나가 원균과 이순신을 같은 반열인 선무 1등 공신에 책봉한 것이다.

조선의 제14대 국왕,
사상 초유의 전란을 맞다

전근대 국가에 있어서 세습군주국의 국왕은 특별한 하자하하瑕疵만 없다면 선왕先王들이 이룩해 놓은 후광에 따라 정책을 충실히 수행하면서 불의의 사고에 대처하기만 하는 것으로도 부족함이 없다. 특히나 세습군주는 백성들에게 학정虐政을 베풀지 않는다면, 그 자체만으로 존경의 대상으로 군림할 수 있다. 상식 밖의 비행을 행하지 않으면 반정反正으로 왕위를 위협받지도 않는다. 그러다가 재위 기간이 길어지면 즉위 초에 품었던 성군의 이상을 실현하기 위한 개혁과 혁신과도 거리를 두며, 자리를 보존하는 것 자체가 왕의 일이 되어버리기도 한다. 어쩌면 변혁과 개혁을 시도하는 것이 위기를 초래하는 화근이 될 수 있으므로 최소한의 역할만으로 죽음에 이르기 전까지 왕권을 지키는 것이 목표일 수도 있을 것이다.

　난세는 영웅을 탄생시키기도 하지만 그 반대의 경우도 생생하게 드러내는 법이다. 임진왜란이 없었다면 선조는 당파싸움에 골머리를 좀 앓았을지언정 앞뒤 좌우를 잘 저울질해가며 오랫동안 보위를 지킨 왕으로만 남았을지도 모른다.

그러나 전쟁이 일어났고 그 전쟁의 위태로움은 왕의 민낯을 적나라하게 드러나게 해주었다. 다른 논평을 붙일 것도 없이 그가 전세에 따라 어떻게 처신했는지를 보는 것만으로도 선조가 어떤 인물이었는지 충분히 알 수 있다.

조선의 14대 왕 선조는 명종이 후사 없이 승하하자 16세의 나이에 국왕으로 즉위하였다. 그의 치세는 1592년 임진왜란이 일어나기 전까지 국내외적으로 안정된 상태였다고 할 수 있다. 1589년 정여립의 역모 사건이 발생하고 여진족과 왜구의 국지적인 출몰이 있었지만, 선조와 조선의 안위를 걱정할 정도의 사건들은 아니었다. 특히 선조는 선왕들도 하지 못했던 종계변무宗系辨誣 문제를 해결하는 외교적 성과를 올리기도 했다.

종계변무란 조선 건국 초기부터 선조 때까지 200여 년 간에 걸쳐 명나라의 『대명회전大明會典』에 이성계의 가계가 고려의 권신 이인임李仁任의 후손으로 기록되어 있는 것을 시정해달라고 주청한 사건을 말한다. 이를 시정하기 위해 조선 역대 국왕은 명나라에 주청사를 여러 차례 보냈었다. 1581년(선조 14) 김계휘金繼輝를, 1584년(선조 17) 황정욱黃廷彧을 주청사로 파견하는 노력 끝에, 1589년(선조 22) 성절사 윤근수尹根壽가 『대명회전』 전부를 받아 옴으로서 종계변무의 문제를 완전히 해결하였다.

이 일은 조선 왕실의 가계를 바로잡는 당연한 일이었지만 조선 역대 국왕들이 해내지 못한 일이었다. 선조의 외교적 역량을 보여주는 성과임과 동시에 조선 왕조의 숙원 사업을 달성하였다는 점에서도 국왕으로서의 권위를 한층 높일 수 있는 중요한 치적 중 하나였다.

그러나 선조는 국제적인 정세를 파악하는 데 밝은 임금은 아니었고, 정세를 주도하기 위해 과감한 결단을 내리는 유형도 아니었다. 변화하는 국제정세를 보는 안목이 있었다면, 재난이 일어나기 전에 전쟁을 억지할 수 있었을지도 모른다. 그러나 정여립 역모 사건으로 공안 정국이 유지되고, 일본 사신으로부터 전쟁의 우려가 흘러나오고 있는 상황에서도 선조와 조정 대신들은 그것이 엄청난 전란의 전조임을 감지하지 못했다.

물론 선조가 일본의 움직임을 전혀 무시했던 것은 아니었다. 일본에 통신사를 파견한 것도 침략에 대한 우려가 있어 이를 확실하게 판단하기 위해서였다. 그러나 통신사로 다녀온 복명 사신들의 보고가 엇갈리면서 의견이 분분한 상황이 되자 선조 역시 갈피를 잡지 못했다. 정책 결정의 최고 책임자로서 확고한 리더십을 갖지 못하고 되도록 자신의 위치에서 편안히 안주할 수 있는 방향으로 이끌려갔다. 선조의 이러한 태도는 전란의 와중에도 변함이 없었고 오로지 자신의 안위를 우선하는 방향으로만 심화되었다.

대비하지 못한 전쟁
대안은 몽진蒙塵

1592년 4월 13일 임진왜란이 발발했다. 위험성을 알고 있었음에도 대비하지 못한 전쟁이었다. 임진왜란 초반 조선의 관군 장수들은 일본군과의 전투에서 분전하였다. 그러나 부산첨사 정발과 동래부사 송상현이 전사한 이후로 관군 장수들은 일본군이 이르기도 전에 풍문만 듣고서 자신의 임지를 버리고 도망하였다. 전선이 제대로 형성되기도 전에 무너졌고 일본군들은 조선 땅을 쉽게 유린했다.

일본군의 신속한 북상에 놀란 선조는 이일과 신립을 파견하여 이를 막고자 했지만, 그들은 선조의 기대에 부응하지 못했다. 이일이 4월 24일 상주 전투에서 패전했다는 소식이 조정에 전해지면서 궁중 내부에서는 도성을 버리고 떠나자는 의견이 나오기 시작했다. 거기에 4월 28일 믿었던 신립의 패전 보고까지 전해지자 선조는 대신과 대간들을 만나 도성을 버리고 파천하자는 논의를 공론화하였다.

몽진하자는 의견에 대해 대다수의 종신과 대신들은 반대했다. 종묘와 사직이 있는 도성을 버릴 수 없다는 것이 이유였다. 그러나 선조가 보기에 그들의 주장은 실질적인 대책은 없는 원론에 불과했다. 그 원론은 일본군의 침략으로부터 자신을 지켜줄 수 있는 방안과는 거리가 멀었다. 그들은 그저 명분을 앞세워 대책도 없이 도성을 수비하자고 청할 뿐이었다. 오직 영의정 이산해만이 옛날에도 파천한 사례가 있다며 선조의 파천 제안에 동의하였다.

영의정 이산해가 선조의 파천 논의에 동의하자, 대간들은 이산해를 탄핵하였다. 선조는 대간들의 이산해의 탄핵을 받아들일 수 없었다. 이산해를 파직한다는 것은 파천을 하지 않고 도성을 지키겠다는 선언이기 때문이었다. 선조의 생각엔 파천 이외에 별다른 대안이 없는데 파천에 반대하는 대신들은 일본군의 북상을 막을 대책은 내놓지 않은 채 도성 고수만을 외치고 있을 뿐이었다. 도성을 수비할 상비군도 마련하지 못한 상황에서 도성 사수는 말 그대로 희망사항일 뿐이었다. 선조에게 일본군의 북상은 자신의 숨통을 조여오는 것과 다르지 않았다. 자신이 생명을 보존할 유일한 대안은 가능한 한 일본군의 위협이 없는 곳으로 가는 것이었다.

도성을 떠나기로 결심한 선조지만 아무런 계획 없이 도성을 나설 수는 없었다. 우선 반대하는 대신들의 반발을 잠재우기 위해 도성을 사수하겠다는 허언으로 대신들을 잠잠하게 만드는 한편 안주목사를 지낸 이원익을 평안도로 보내 민심을 안정시키도록 하였다. 그러면서 한쪽으로는 파천을 위해 해서지방 관찰사를 지낸 최흥원을 황해도로 보내 몽진 어가를 맞이하도록 준비시켰다.

선례가 있다는 이산해의 주장에 따라 파천에 찬성한 신잡은 선조에게 사람들의 의구심을 잠재우기 위해 서둘러 세자를 책봉할 것을 건의하였다. 재위가 20여 년이 흘렀고, 서출 장남인 임해군이 아니라고 해도 후사를 이을 왕자들이 많았음에도 선조는 세자 책봉을 미루고 있었다. 대신들도 이 문제에 대해서는 나서기를 꺼렸는데 거기에는 이유가 있었다.

1589년 좌승지 윤선각의 건저(建儲, 왕의 자리를 계승할 왕세자를 정하는 일) 문제 제기에 이어 대신들 사이에서도 세자 책봉 문제가 거론되었다. 이 무렵 선조는 인빈 김씨와의 사이에서 얻은 신성군을 마음에 두고 있었다. 1591년 류성룡은 정철에게 세자 책봉을 건의하자고 제의했고, 정철과 류성룡은 영의정 이산해와 건저 문제를 놓고 약속 날짜를 정했다. 그러나 이산해는 두 차례나 약속을 지키지 않았을 뿐 아니라 오히려 인빈 김씨의 오빠인 김공량에게 '정철이 세자를 세우기를 청하고 신성군 모자를 없애버리려 한다.'고 거짓말을 하였다. 김공량은 이산해에게 들은 말을 즉시 인빈에게 전했고, 인빈은 선조에게 정철이 자신과 신성군을 죽이려 한다고 울면서 하소연하였다.

선조는 애초에 인빈의 말을 믿지 않았으나, 전후 사정을 모르는 정철이 경연에서 건저 문제를 제기하고 말았다. 선조는 인빈의 말대로 정철이 세자를 세우는 문제를 꺼내자 호통을 쳤다. 정작 이 경연 자리에 정철이 음모를 꾸미고 있다고 말한 당사자인 이산해는 나타나지 않았고, 정철에게 먼저 건저 문제를 논의하자고 했던 류성룡은 입을 다물었다. 이 사건을 계기로 양사(사간원과 사헌부)에서는 정철이 조정의 기강을 마음대로 하여 그 위세가 세상을 뒤엎었다 하여 파직할 것을 청하였다. 이로 인해 정철을 비롯한 서인들이 양사의 탄핵을 받아 실각하고 말았다. 그 사건 이후로는 그 누구도 감히 세자 책봉에 대해 말을 꺼내지 못하는 상황이었다.

그러나 나라도 국왕의 자리도 위태로운 때에 이르자 선조는 신잡의 건의를 받아들여 대신들과 세자 책봉을 논의하였다. 이전에도 세자 책봉에 대한 상소들이 많았기 때문에 선조도 세자 책봉을 고심해둔 바가 있었다. 하지만 대신들 중 그 누구도 먼저 입을 여는 사람이 없었다. 이미 건저 문제를 제기했던 정철이 유배형에 처해진 전례가 있는데다, 혹시 추천한 왕자가 선조의 의중에 없거나 책봉된 왕자가 다를 경우에 발생할 수 있는 정치적 부담 때문이었다. 선조의 입장에서도 사세는 급박해도 자신의 후계를 이을 세자를 책봉하는 것이 쉬운 문제는 아니었다. 한 번 세자를 책봉하고 나면 특별한 사유가 아니라면 번복할 수 없으니, 전란이라는 특수 상황을 감안하더라고 신중할 수밖에 없었다. 또 전시에 세자의 역할을 수행해야 하는 점도 고려해야 했다.

선조는 광해군을 지목하였다. 대신들도 선조의 선택에 모두 일어나 환영하였다. 다른 말을 할 상황도 아니었다. 또한 선조는 파천에 앞서 왕자들을 각 도에 파견하였다. 류성룡과 이항복의 건의를 받아들여 근왕병을 모집하기 위해서였다.

그러고 나서 선조는 몽진길에 올랐다. 조선 역대 국왕 가운데 처음이었다. 몽진길에 오르기 직전까지도 대간과 관리들은 도성을 버려서는 안된다며 울부짖었다. 그러나 선조는 애초부터 도성을 지킬 의지가 없었고, 도성을 사수하자고 하는 대신들도 대안이 없었다. 선조에게 종묘와 사직 그리고 조선은 자신이 살아야만 지킬 수 있는 것이었다. 우선 살아야 했다. 이후에 일어나는 일련의 사건들은 살아 있으니 감내해야만 할 것들이었다.

생존 앞에서
권위는 사치

선조는 도성을 나섰다. 언제 돌아올지 기약할 수 없는 길이었다. 착잡한 심정으로 뒤를 돌아보니 남대문 안 큰 창고에서 시작된 불로 도성은 화염에 휩싸이고 있었다. 선조에게 자신의 대에 와서 조선의 종묘사직이 다하는구나 하는 절망감이 엄습해왔을 것이다. 그러나 가야만 했다. 앞길에 어떤 난관이 있다 하더라도 떠나야 했다. 몽진길에 내리는 비는 선조가 겪어야 할 고난의 서막이었다.

몽진 과정에서 선조는 자신과 조선이 처한 현실을 목도했고, 그대로 받아들 수밖에 없었다. 밭 갈던 농민들로부터 질타가 이어졌고, 임진강을 건널 때에는 대소 관원들이 서로 먼저 건너려고 임진나루가 아수라장이 되었다. 동파역東坡驛에서는 파주목사가 준비한 선조의 수라상을 호위하던 군사들이 빼앗아 먹는 일까지 발생했다. 생사의 기로에 선 인간들에게는 권위도 예의도 염치도 가릴 여유가 없었다. 목숨을 보전하기 위해 도성을 버린 왕 역시 저들과 마찬가지였으므로 영이 서기를 바랄 수 없었다. 선조는 개성에 도착해서야 끼니를 해결하고 잠시나마 숨을 고를 수 있었다.

그렇게 수모를 당하며 힘들게 개성에 도착한 선조와 조정 대신들이 한 일은 무엇이었을까.

그들은 다시 논란을 시작했다. 향후 전란에 대한 대책 마련은 젖혀두고 나라 일을 그르쳤다는 전란의 책임 소재를 둘러싸고 공방을 이어

갔다. 대간들은 영의정 이산해가 수상으로 역할을 다하지 못하여 나라를 그르치고, 도성을 버리자고 한 책임을 물어 탄핵하였다. 대간의 탄핵은 이산해를 대상으로 한 것이지만 결국 나라의 수장으로서 도성을 지키지 못하고 파천을 단행한 국왕의 실정失政에 대한 책임을 묻는 것이기도 했다. 선조로서는 이산해 탄핵을 받아들일 수 없었다. 그나마 개성에서 오래 머무를 수도 없었다. 이미 도성이 함락되었다는 소식이 행재소에 전해졌기 때문이었다.

선조와 대신들에게 개성을 떠나 평양까지의 몽진 길은 노숙과 결식을 해가며 강행해야 하는 생존의 몸부림이었다. 그렇게 험한 여정을 거쳐 평양에 도착해서야 선조는 백성들의 환대를 받았다. 평양에 도착해서야 국왕으로서 체면도 섰다. 평양은 일본군의 위협으로부터 다소나마 안전한 곳이었다. 우선 임진강이 1차 방어선으로 임진강을 건너는 일본군을 저지할 수 있고, 임진강 방어선이 무너진다 해도 평양성은 대동강을 끼고 있어 방어하기에 비교적 유리했기 때문이다.

그러나 6월 1일 임진강 방어선이 무너지자 평양성도 안전을 보장할 수 없는 곳이 되었다. 선조는 대신들에게 향후 거취를 의논하도록 하였다. 조정 대신들은 평양성을 사수하자는 쪽과 평양성을 버리고 북상하자는 의견으로 나뉘어 팽팽히 맞섰다. 평양을 버리고 떠나고 싶은 선조의 의중을 읽은 정철의 주장에 심충겸과 이덕형을 비롯한 여러 대신들이 동조하였다. 반면 윤두수, 이유징, 박동량 등은 평양성 출성을 반대하였다. 평양을 지키자고 하는 윤두수 등의 말에 선조는 '국사는 그대들에게 맡겼으니 잘들 하시오.'라고 퉁명스럽게 맞받았다.

결국 선조는 정철과 여러 대신들의 의견을 수렴하여 자신은 평양을 떠나 피난하고, 평양성을 지키고자 하는 대신들과 광해군이 함께 평양성을 사수하도록 명하였다. 선조 나름대로 두 편으로 나뉜 의견을 모두 수렴하여 결정한 것이었으나, 그 결정에서 무엇보다 중요했던 것은 자신의 보신保身이었다.

내가 살아 있어야
조선이 있다

그러나 선조가 평양성을 나가는 것은 녹록치 않았다. 우선 선조가 평양성을 나간다는 소문이 퍼지자, 평양의 군민들이 동요했다. 평양 군민들은 선조가 강력한 의지로 자신들과 함께 평양성을 지키기를 희망하였다. 그러나 선조는 평양을 지키는 것은 지키려고 하는 자들의 몫이라고 생각하였다. 선조는 광해군을 내세워 민심을 안정시키려 하였으나, 부로父老들은 국왕이 직접 평양성을 지키겠다고 약속해줄 것을 요구하였다. 평양을 지키겠다는 군민들의 강한 결의가 선조에게는 더욱 부담으로 작용하고 있었다.

일본군이 북상하고 있다는 소식이 전해지자, 이산해를 탄핵했던 대간들도 평양성을 떠날 것을 요청하였다. 도성을 버린 것에 대한 책임을 거론하던 대간들은 평양을 떠나는 것에는 누구보다도 적극적이었다. 이에 류성룡은 평양을 떠나자는 정철의 의견에 반대하면서 평양성을 지킬 것을 선조에게 간청하였다. 좌의정 윤두수도 류성룡의 의견에 동조하였다. 그러나 정작 선조는 평양을 지킬 생각이 없었다. 선조에게는 평양을 나가 어디로 갈 것인지가 문제였지 평양 사수는 안중에도 없었다. 위기의 순간마다 선조는 국왕으로서 리더십을 보여주기는커녕 자신과 내명부의 여인들의 안전을 무엇보다 우선하였다.

선조는 대가(임금을 태운 탈것)가 어디로 가야 하는지 대신들에게 의견을 물었다. 당시 평양성 내에서는 선조와 대신들이 평양성 사수와 출성 후 가야 할 곳을 놓고 의견이 분분하였다. 윤두수는 재차 선조에게 평양을 지켜야 할 이유를 강조하였다. 그러나 선조는 자신의 의지를 막아서는 윤두수에게 '경의 말은 대단히 답답하오.' 라며 불만을 토로하였다. 『기재잡기』에는 당시 상황이 상세히 묘사되어 있다. 즉 선조가 거취를 의논할 때 '얼굴빛이 처참하고 말씨가 대단히 비장하여 신하들이 감히 얼굴을 쳐다보지 못하였다.'고 적고 있다. 선조에게 일본군의 북상으로 인한 신변에 대한 두려움과 자신의 의도대로 따라주지 않은 대신들에 대한 분한 감정이 교차되고 있었던 것이다.

선조에게 평양은 이제 국왕으로서 권위를 세워주었던 환영의 땅이 아니라 한시라도 빨리 벗어나고 싶은 사자굴이 되어 있었다. 그렇다고 대가를 이끌고 평양을 나가자니, 가야 할 곳도 정해지지 않는 상황이었다. 출성 후에 성난 민심으로 어떤 일이 벌어질지도 모르는 상황에서 선조의 마음은 답답하기만 하였다. 평양성의 사수를 주장하였던 윤두수도 더는 선조의 의지를 꺾을 수 없었다.

임진강 방어선이 무너졌다는 소식이 전해진 후 대신들 가운데는 국왕과 조선의 앞날을 걱정하기보다 자기 살 길을 더 중요하게 여기는 사람도 있었다. 승지 민여경閔汝慶, 노직盧稷 등은 임진강의 방어가 무너졌다는 소식을 듣고 병을 핑계로 어전에 나타나지 않았다가 제일 먼저 성을 나가 도망쳤다. 나머지 대신들도 동요하기는 마찬가지였다. 6월 10일 선조가 평양을 출발하려 하자 궁인들이 앞서 나가기도 했다. 성난 평양 군민들은 자신들을 버리고 가는 어가 행렬을 순순히 보내주지 않았다. 그들은 난을 일으켜 몽둥이로 궁중의 계집종을 내리쳐 떨어뜨렸다. 호조판서 홍여순洪汝淳은 평양 군민들에게 구타를 당하여 앞으로 나아가지 못하고 부축을 받아 성 안으로 들어왔다. 평양 군민들은 거리마다 칼과 창을 들고 국왕과 조정 대신들을 향해 분노를 쏟아내며 어가가 성을 빠져나가지 못하도록 막고 있었다. 부로와 남녀가 모두 궁문 밖을 메우고 통곡하며 부르짖었다.

어느 정도 예상은 했었으나 믿었던 군주에 대한 군민의 반발은 그 이상이었다. 성난 군민들은 궁문을 파괴하고 여러 재상을 쫓아내려고 하였다. 이러한 상황을 아는지 모르는지, 선조는 활과 화살을 차고 뜰 가운데서 산보를 하면서 평양성을 빠져 나갈 승여乘輿가 준비되기를 기다리고 있었다. 성난 군민들이 어가를 가로막고 농성을 계속하는 바람에 중전은 끝내 성을 나서지 못했다. 마침내 관찰사 송언신이 그 휘하를 시켜 난을 주동한 사람을 찾아내 참수해 효시한 뒤에야 군중이 진정되었다.

평양을 나갈 수 없게 된 선조는 6월 10일 출성을 정지하도록 하고 군중을 안심시킨 뒤 해산하도록 했다. 선조와 대신들의 말을 믿는 사람은 없었다. 그러나 이유징이 정행(停行, 움직임을 중지함)이라는 글자를 판에 써서 보이게 하자 성 앞에 모인 사람들이 해산하였다. 6월 11일 선조는 민심을 기만하고 나서야 평양을 출발하였다.

죽더라도
명나라에서

선조는 이제 조선에 남은 피난처는 없다고 생각했다. 선조는 대신들에게 최선의 선택은 도성과 평양이 아니라 일본군의 위협을 피해 조선을 떠나는 것이라 말했다.

당초에 일찍이 요동으로 갔었더라면 좋았을 것인데 의논이 일치하지 않아 이와 같은 지경에 이르게 되었다. 나는 처음부터 항상 왜적이 앞에서 나타난 뒤에는 피해 가기 어렵다는 일로 말하곤 하였다.

요동으로 들어가겠다는 것은 결국 조선을 버리는 것과 다를 것이 없었다. 선조는 '내가 천자의 나라에서 죽는 것은 괜찮지만 왜적의 손에 죽을 수는 없다.'며 속내를 드러냈다. 나라와 백성이 어떻게 되든 조선의 왕인 자신은 조선 땅에서 일본군에 손에 죽을 수는 없다는 것이었다.

이른바 선조의 '요동내부' 제기로 호종 대신들 사이에서도 갈등이 일어났다. 대가가 이동할 곳을 두고 의견이 분분했지만 이제는 명나라로 들어가겠다는 것으로 확대되었다. 최흥원은 요동의 인심이 몹시 험하다고 하여 요동 행에 우려를 나타냈다. 이항복은 선조의 의도에 맞춰 요동으로 들어갈 것을 이야기했고, 평양을 떠나자고 했던 정철은 요동으로 들어가는 것에는 찬성하지 않았다.

선조에게는 자신과 내빈의 생명만 보장되면 그것이 가장 최선책이었다. 종묘사직과 신주를 지키는 것은 후사로 책봉한 광해군의 몫이었다. 대신들이 요동으로 들어갔을 때 내부를 받아줄지 여부와 인심의 와해를 우려해도 선조는 오직 요동으로 들어갈 생각뿐이었다. 대신이 제안하는 피난처는 일본군도 올 수 있는 곳이며, 요동 행은 피난만을 위한 것이 아닌 명나라 군사를 동원하여 조선을 회복하는 계책이라고 둘러댔다. 본인이 직접 명군을 이끌고 조선을 회복하겠다는 것이었다.

선조의 초조함은 청병사로 갔던 이덕형이 돌아오는 것을 기다릴 만큼의 여유도 없었다. 선조는 더 이상 대신들이 가라고 하는 곳으로 가기보다는 명나라로 들어갈 수 있는 의주로 가려고 하였다. 따라서 선조 자신과 내전과 비빈은 요동으로 들어가고, 광해군은 영의정과 함께 북도로 갈 것을 제안하였다. 생사의 기로에 선 선조에게는 자신의 목숨을 담보로 어떤 일도 할 생각이 없었다. 대신들에게 명확한 대안이 없을 경우 굳이 신의를 지킬 이유도 없고, 지켜서도 안된다고 생각하였다.

6월 14일 선조는 세자와 길을 나누기로 결정하고 대가가 가는 곳도 대신들에게 알리기보다 시위하는 관원만 알도록 했다. 자신이 명으로 들어갈 때 필요한 수행 대신도 자원하여 선택에 따르도록 하였다. 선조는 지평 이정신과 호조판서 한준에게 자신을 수행하도록 하였으나, 한준은 이에 응하지 않고 성을 빠져나갔다.

선조는 광해군에게 분조分朝할 것을 명하며 다음과 같이 말했다.

국사가 이미 이 지경에 이르렀으니 다시 희망이 없구나. 우리 부자가 함께 한 곳으로 갔다가 일이 만일 갑작스럽게 되면 뒤에는 아무 일도 못하게 된다. 이제 나는 상국에 가서 호소할 것이니 세자는 종묘와 사직의 신주를 받들고 급히 강계 등지로 가서 나라를 회복하기를 도모하라.

아버지 선조는 18세의 어린 세자에게 나라의 회복을 맡기고 자신은 요동을 향해 출발했다. 평양성에서 성을 사수하자고 울먹이던 백성들이 눈에 밟히긴 했어도 자신이 살아야 조선도 있었다. 살 수만 있다면 당장에 벌어지는 권위의 실추는 전란을 겪는 국왕으로서 견뎌야 했고, 견딜 만했다. 백성들이 일본군의 칼날 앞에 놓은 고깃덩이의 신세가 된 것은 안타까운 일이지만 그것을 직접 목격한 적이 없었다는 점에서 피부에 와 닿지도 않았다.

선조는 대가를 급히 달려 의주로 왔지만 대신들의 강력한 반대에 부딪혀 요동으로 들어가는 것도 쉽지 않았다. 그러던 중에 평양에 주둔한 일본군이 북상을 멈추고 의주가 안정되자 사람들이 의주로 모여들기 시작했다. 그러나 선조는 여전히 자신의 신변에 대해 두려움을 갖고 있었다. 얼마 뒤 명나라가 내부를 청한 자문을 보고 조선을 관전보(寬奠堡, 명이 설치한 관아)의 빈 관아에 거처시키려고 한다는 소식이 들려왔다. 그제야 선조는 의주에 오래 머물 계획을 하였다. 내부에는 실패했지만 어쨌든 명에서 자신의 신변을 보호해준다니 안심한 것이었다. 그러나 관전보에 거처를 두는 것은 앞서 선조가 평양성을 버리고 떠나려고 할 때 윤두수가 차선책으로 제시했던 것에 불과했다.

선조는 목숨을 보전하게 되었지만 백성들의 존경을 잃었다. 의주까지 몽진을 오면서 자신의 안위만을 생각하는 모습에 민심이 돌아선 탓이었다. 특히 어느 난민이 숙천부의 관아 기둥에 대가가 강계로 가지 않고 의주로 갔다는 내용을 써놓았는데, 이것은 일본군에게 선조가 간 곳을 알게 하려 한 것이었다. 난민의 눈에 선조는 더 이상의 자신들을 지켜줄 만백성의 아버지가 아니었다.

강화에 대한 반발과
협상에서의 소외

선조는 의주 행재소에서 안정을 되찾았다. 거기까지는 일본군이 미치지 않았기 때문이다. 국경지대에 위치한 피난 정부의 수장이었으나 여전히 조정의 명령은 통하였다. 이순신의 수군이 해상에서 일본군을 격퇴해 주었기 때문에 가능한 것이었다. 1592년 7월 선조는 공조판서 한응인을 명에 파견하여 조선을 구원해줄 것을 요청하였다. 명 내부에서는 조선 파병을 둘러싸고 의견이 나뉘었지만 병부상서 석성의 주청에 의해 원병이 파병될 수 있었다.

제1차 조승훈 부대의 구원은 실패로 돌아갔으나, 제2차 제독 이여송과 경략 송응창의 명군은 1593년 1월 평양성을 탈환하는 데 성공하였다. 명군의 평양성 탈환 전투는 일방적으로 수세에 몰리고 있었던 전세를 단번에 역전시킨 전투였다. 이 승전은 임진왜란 전개 과정의 큰 분수령이 될 정도로 중요한 사건이었다. 선조는 기쁨을 감추지 않았다. 명나라 사신들이 오자 자신이 먼저 그들을 향해 절을 하였던 선조는 평양성 전투의 승전 소식을 접하고는 경략 송응창의 참모들에게도 절을 올리기까지 하였다. 승전 소식에 너무 기쁘고 감사한 마음의 표시이긴 했어도, 일국의 왕이 사신과 참모 군사에게 절을 한다는 것은 스스로 권위를 떨어뜨린 지나친 행동들이었다.

게다가 승전의 기쁨은 잠시였다. 평양성 전투 승전에 자만했던 이여송 부대가 벽제관 전투에서 패전했고, 그 이후로는 교전 자체를 거부함으로써 전쟁의 양상은 꼬이기 시작했다. 조선은 명군이 일본군을 적극적으로 격퇴해주기를 요청했으나 전쟁을 하기 싫었던 명군 지휘부는 강화협상을 통해서 전쟁을 마무리 짓고자 했다.

선조 입장에서 강화협상은 받아들일 수 없는 것이었다. 일본군이 아무런 이유 없이 조선을 침략하여 국토를 유린하고, 자신의 아들들을 포로로 잡았으며, 선대 왕의 능을 파헤친 것을 생각하면 일본과 강화를 한다는 것은 있을 수 없었다. 새로 경략으로 임명된 고양겸顧養謙이 대신 요동에 도착하여 참장 호택胡澤을 보내 차부(箚付, 수장이 일의 처리를 적어 보내는 공문서)를 가지고 들어와 조선 군신을 타일렀다.

왜놈들이 아무 까닭도 없이 너희 나라를 침략하여, 칼로 대나무를 쪼
개는 형세로 서울과 개성 등 세 도회지를 점령하고 너희 토지와 백성
중 10분의 8, 9를 차지했으며, 너희 왕자와 배신들을 사로잡았다. 황상
께서 크게 노하시어 군대를 일으켜 한 번 싸워 평양을 빼앗고 두 번 싸
워 개성을 수복하자, 왜적은 마침내 서울에서 달아났고 사로잡은 왕자
와 배신들을 돌려보냈다. 국토 2천여 리를 수복하느라 소비된 군비軍
費가 많으며, 군사와 말이 죽은 것 또한 적지 않다. 우리 조정에서 속국
을 대접한 은의恩義가 이와 같으니 황상의 망극한 은혜가 또한 이미 과
분한 것이다.
　이제는 군량도 다시 운반할 수 없으며 군사도 다시 싸울 수 없게 되
었는데, 왜적 또한 우리의 위세를 두려워하여 항복하기를 청하고 또 봉
공을 원한다. 명나라 조정에서도 왜적의 봉공을 허락하고 이를 용납하
여 외신外臣으로 두고자 하며, 왜적들을 몰아내어 모두 바다를 건너가
게 하여 다시는 너희 나라를 침략하지 못하게 할 것이며 전쟁을 종식
시키려 한다. 이것은 너희 나라를 위하는 장구한 계획이 될 것이다.
　지금 너희 나라는 양식이 다 떨어져 백성이 서로 잡아먹고 있는데 또
한 무엇을 믿고 구원병을 청하는가? 이미 너희 나라에 군량도 주지 않
고 왜적에게 봉공도 거절하면 왜적은 기어코 너희 나라에 분노를 나타
내어 조선은 반드시 망하고 말 것이다. 어찌 일찍이 계책을 세우지 않
는가.

이 말은 강화협상이 이루어지지 않을 경우 조선은 망하고 말 것이라

는 협박도 담고 있다. 이에 조선 조정에서는 의론을 결정하지 못했다. 강화를 절대 받아들일 수 없다는 선조의 입장이 확고했기 때문이었다. 그러나 결국 강화협상은 진행되었고 그 과정에서 정작 당사자인 선조는 소외당했다.

명과 일본은 심유경과 고니시 유키나가가 본국을 속이면서까지 강화를 성사시키려 하였으나 협상은 끝내 파탄으로 종결 나고 말았다. 조선이 명에 다시 사신을 청하여 전후 사정을 얘기하자 병부상서 석성과 심유경이 모두 죄를 받았다. 강화협상의 파탄은 일본군이 재침하는 정유재란을 불러왔고 명군도 재차 출병할 수밖에 없었다.

실추된 권위 회복을 위한
실정의 정당화

국왕이 도성을 버리고 국경 도시 의주에까지 피난을 가고 명에 내부하려고 했다는 사실은 백성들의 부정적인 평가를 받기에 충분하였다. 이순신의 연이은 승전과 의병들의 활약이 이어지면서 그들에게 거는 민간의 기대가 커지는 데 반하여, 선조의 권위는 위협을 받고 있었다. 또한 전국을 누비며 분조를 이끄는 광해군의 역할이 커져갈수록 선조의 입지는 좁아질 수밖에 없었다.

전쟁이 정리되어가면서 선조는 실추된 권위를 회복하고 왕권을 공고히 하기 위해 자신의 실정을 정당화하는 작업에 들어갔다. 백성들을 버리고 몽진을 하고 내부를 시도하면서까지 목숨을 지킨 것은 왕권을 지키기 위한 것이기도 했다. 따라서 자신의 정치적 입지를 다지기 위해서는 명분을 만들어 자신의 실정과 과오를 정당화할 필요가 있었다.

우선 임진왜란이 일어나게 된 원인과 책임 소재에 있어서 자신보다 신하들을 앞세웠다. 특히 류성룡이 전란 대비를 소홀히 하여 왜란이 일어난 것이라 하여, 임란 초기부터 전쟁이 끝난 이후까지 류성룡에게 전란의 책임을 전가하였다.

이러한 그의 정치적 행보는 목숨이 위태로울 때는 자신의 실정임을 자책하였으나, 전쟁이 끝난 뒤 전후 처리를 해야 하는 과정에서는 실추된 권위를 회복하고 왕권을 공고히 하기 위해 명분을 만들고 재조지은 (再造之恩, 거의 망하게 된 것을 구원하여 도와준 은혜)을 강조함으로써 집권의 정당성을 확보하고자 한 데서도 드러난다. 자신의 굴욕적인 몽진과 내부 논란에 대처하기 위해 선조는 그 모든 것이 조선을 회복하기 위해 명에 청병請兵을 요청하기 위한 선택이었음을 강조했다. 이를 위해 선조는 평양성 전투에서 승전했던 이여송을 조선을 구한 영웅, 즉 재조지은의 상징으로 추앙하는 작업을 시도하였다. 그의 생사당을 세우고 화상을 봉안하여 그의 공로를 기리도록 한 것이다. 또한 명에 청병을 갔던 사신들을 호종 1등 공신에 책봉하였다. 청병을 위해 의주로 가서 청병사를 보낸 선조 자신이 전란 극복의 가장 큰 공로자임을 부각시키기 위한 조치였다.

반면 일본군과 생사를 건 싸움을 지속적으로 전개했던 조선 장수들의 공로는 높게 평가하지 않았다. 여기서 주목해야 할 점은 장수들의 공신 책봉이다. 삼도수군통제사 이순신을 해임하고 원균으로 대신한 후 칠천량해전에서 치욕적인 패전을 당했는데, 이 패전에 대한 책임은 전황 파악을 제대로 못한 잘못된 인사로 초래된 것이므로 선조 자신의 책임이 컸다. 그러나 원균의 패전을 강조할 경우 자신의 잘못을 인정하는 것이므로 원균과 이순신을 같은 반열인 선무 1등 공신에 책봉하여 자신의 실정을 감추려 하였다.

전란을 겪으면서 궁궐과 종묘가 모두 불에 탔고 왕과 조정의 권위는 바닥으로 떨어졌다. 국왕으로서 임진왜란이라는 전란을 막지 못한 책임과 함께 전란으로 피폐해진 조선을 재건하는 것도 선조가 해결해야 할 과제였다. 선조에게는 무엇보다 실추된 권위를 회복하고 국가를 재건하는 것이 중요했다.

그의 처세는 애민정신으로 무장한 성군으로 평가할 수는 없지만, 조선시대 내내 유교적 윤리에서 벗어난 임금으로 평가받지는 않았다. 즉 선조는 권력의 누수를 차단하고 전란을 극복한 임금으로, 선종宣宗에서 선조宣祖라는 묘호를 받았다. 즉 조선을 다시 건국한 것과 같은 공로가 있다는 평가인 것이다.

하지만 이러한 선조의 평가는 당대의 미봉책일 뿐이었다. 그가 군주로서의 모든 허물을 가리고 자신의 행위를 오히려 추켜세우려 어떤 일들을 벌였는지를 세상은 모르지 않았고, 역사는 진실을 후세에 전했다. 후손들은 이순신을 영웅으로 숭배하고 있지만 선조는 비겁한 군주로 남았다.

평가는 당대가 아니라
역사가 내리는 것

선조는 임진왜란이라는 미증유의 전란을 당해 많은 굴욕과 고초를 감내하면서 살아남았다. 한 나라의 국왕으로서 '내가 있어야 조선이 있다.'고 한 것을 일방적으로 탓하기는 어렵다. 전시에 군주가 목숨을 잃으면 더 큰 위기를 불러올 수도 있기 때문이다. 그러나 나라를 잃으면 군주도 있을 수 없다. 나라를 빼앗긴 군주의 삶이 어떠했는지는 우리 역사가 잘 말해주고 있다. 더구나 결전의 태세로 왕을 지키겠다는 백성들을 기만하면서까지 오로지 자신의 피난처를 찾는 데만 급급했던 것은 백성이 믿고 따를 만한 군주의 모습이라 할 수 없다. 무엇보다도 피난지에서조차 전쟁의 모든 책임을 대신들에게 미루고 자신의 책임은 회피했다가, 전쟁이 끝난 뒤에는 누구보다 자신의 공을 앞세운 것은 자신의 안위 외에는 그 어떤 것도 안중에 없었던 이기적인 면모를 적나라하게 드러낸 것이다.

군주의 공과를 평가하는 기준은 여러 가지가 있을 수 있다. 어떤 시점과 어떠한 가치를 가지고 그 인물을 평가할 것인가에 따라 달라진다. 조선시대와 같이 유교적 가치에서 벗어난 군주인가 아닌가를 평가의 기준으로 삼는 경우에는 애민정신은 부재하지만 권력을 지키기 위해서는 어떤 굴욕도 감내해내고 자신의 치적을 내세우기 위한 권모술수에 능하고, 최고 권력의 자리를 두고는 아들과 밀고 당기기에 노련한 군주로 선조를 평가할 수 있다.

반면 지금의 민주적 가치에서 최고 권력자의 역할과 가치를 국민의 안전과 소통에 둘 경우 선조는 지도자로서 부적격한 자이며 최고의 리더가 되어서는 안 되는 인물로 평가할 수밖에 없다. 전제 왕조의 군주가 되었든 민주국가의 수반이 되었든 그의 제일의 책무는 국민들의 안전이지 자신의 안위가 아니라는 것은 시대를 초월해 변함없는 기준이 되어야 할 것이다.

3

도요토미
히데요시

위기의 돌파구를
밖에서 찾는다

도요토미 히데요시(豊臣秀吉, 1536~1598)

도요토미 히데요시는 불우했던 시절에는 자기가 살기 위해 권력을
쫓았고, 그 권력을 잡은 다음에는 이를 지키기 위해 다른 사람들을
희생시키며 단맛을 즐기는 행태를 보였다.

불우했던 성장 과정과
그 영향

도요토미 히데요시豊臣秀吉는 오와리 국尾張國 아이치 현愛知縣 나카무라에서 태어났다. 그의 아버지는 기노시타 야우에몬木下彌右衛門, 어머니는 나카なか로 알려져 있지만, 사실 여부를 두고 논란이 많다. 그가 태어났던 해 역시, 1536년과 1537년을 두고 약간의 논란이 있으나 1537년이 유력하다.

친아버지 기노시타는 어릴 때 그의 모습이 원숭이를 닮았다고 해서 고자루小猿라고 불렀다고도 한다. 나중에 주군이 된 오다 노부나가織田信長 역시 비슷하게 불렀다. 그만큼 도요토미 히데요시가 원숭이를 닮았다 할 정도로 못생겼다는 것은 유명하다.

그의 아버지 기노시타 야우에몬은 농민 출신으로 하급 무사 지위까지 올라갔다. 하지만 전쟁에 나갔다가 전사해버렸다. 그 후 히데요시의 행적을 보면 이리저리 떠돌았다. 어머니가 재가하게 되자 의붓아버지와 함께 지내다가 8세 때 고메이지라는 절에 맡겨졌다. 그러나 그곳의 생활에 적응하지 못하고 나와서, 15세 즈음에는 죽은 아버지의 유산 일부를 가지고 집을 나와 방랑했다고 한다. 그렇게 된 원인은 어머니 나카가 재혼하며 얻은 양아버지 지쿠아미竹阿弥의 학대 때문이라고 보는 것이 보통이다.

이렇게 보면 그는 친아버지를 잃은 후 양아버지의 학대를 피해 집을 뛰쳐나와 무사가 되기로 결심하고 스루가 국으로 향했다는 얘기가 되는 것이다. 그렇지만 다른 이야기도 나온다. 이는 그의 친아버지에 대한 시비와도 연결되어 있다. 지쿠아미가 히데요시의 실제 아버지라는 주장부터, 행상인 출신, 기술자 집단 출신 등 여러 이야기가 있다. 그렇지만 어찌 되었건, 미천한 출신으로 태어나 아버지를 잃고 떠돌아다니게 되었다는 점은 일치한다.

이렇게 그의 출신과 성장과정에 많은 이야기가 나오는 이면에는, 그가 천한 출신이었기 때문에 오히려 이를 감추려 하는 시도가 있었다는 뜻도 된다. 그 과정에서 히데요시를 미화해보려는 많은 이야기가 생겨났을 것이라는 얘기다. 조상을 확인하기조차 어렵게 만들어야 할 만큼 도요토미 히데요시가 천한 출신이라는 점을 감추기 어려웠다. 이 점은 도요토미 히데요시라는 인물의 행적을 해석하는 데에 주목할 만한 의미를 가진다.

도요토미 히데요시 이전에는 천한 출신이 일본의 통치자 반열에 올라섰던 사례가 없다. 이는 나름대로 큰 의미를 가진다. 우선 이렇게 될 수 있었던 배경이다. 그만큼 당시 일본 사회가 이전과는 다른 양상을 보이고 있었다는 점을 보여준다. 그리고 도요토미 히데요시의 등장이 일본의 사회 변화에 하나의 계기가 될 수 있었다는 뜻도 된다.

물론 그의 등장 이후에도 일본 사회에 근본적인 변화가 일어났다고 보지는 않는다. 그렇다고 해서 이것이 의미가 없다는 뜻은 아니다. 최고 통치자의 출신에 파격적인 변화가 있었음에도 무엇 때문에 이 점이 일본 사회의 변화로 이어지지 않았느냐는 것도 나름대로 시사해주는 바가 클 수 있기 때문이다.

그 원인은 일본의 사회 분위기와 도요토미 히데요시 자신의 선택에 있었다고 할 수 있다. 일본 사회에는 사람들을 지배하는 부류의 씨앗이 따로 있다는 인식이 강했다. 이른바 귀종貴種이라고 하는 집단 이외에는 지배자의 자격을 인정하지 않았던 것이다. 이 때문에 도요토미 히데요시는 지배자의 자격을 얻느라고 여러 가지 방법을 써야 했다. 그는 섭정과 관백의 자리를 차지하고 국정을 장악했던 후지와라藤原의 가문으로 들어가고자 했다. 그래서 그 가문의 후예인 고노에 사키히사近衛前久의 양자가 되었다. 이렇게 하여 귀종 가문으로 편입된 다음인 1585년 7월 11일 관백의 자리에 취임한 것이다. 그리고 나서 9월 9일 조정으로부터 도요토미豊臣라는 새로운 성씨를 하사받았다. 이렇게 정지작업을 해놓고, 12월 25일 다이죠다이진太政大臣 자리에 올라 실권을 장악했다.

이런 과정을 거치기 전에 무로마치 막부의 마지막 쇼군 아시카가 요시아키足利義昭의 양자가 되려 했다는 이야기도 있다. 이 시도가 아시카가 요시아키의 거부로 실패하자, 다른 방법을 찾다가 고노에 가문으로 편입되는 선택을 했다는 이야기도 있다. 그렇지만 이런 이야기는 후세의 창작이라고도 한다.

이렇게 해놓은 다음에도 히데요시의 출신 미화는 계속되었다. 대표적인 사례가 『덴쇼기天正記』라는 책의 편찬이다. 이 책은 도요토미 히데요시 자신의 행적을 서술한 것이다. 그런데 이 내용 중에 히데요시의 할아버지가 모략을 받아 유배되었다가 복권되는 이야기가 나온다. 이 과정에서 히데요시의 어머니가 궁궐로 들어가 시녀로 일하다가, 고향으로 돌아간 지 얼마 후 히데요시가 태어났다는 것이다. 이런 식으로 히데요시가 천황의 사생아임을 암시하고 있다. 이렇게 해서라도 무사들의 수장이 천황의 혈통 중에서 나온다는 전통적 관념을 깨지 않으려고 한 셈이다. 이는 의미심장하다. 먼저 도요토미 히데요시 자신이, 귀족만이 통치자의 자리를 차지할 수 있는 풍조를 바꾸려 하지 않았음을 알 수 있다. 자신도 이러한 풍조를 바꿀 수 없다고 생각했는지, 아니면 자신이 잡은 기득권을 유지하는 데에 유리하다고 생각했는지는 몰라도 천한 출신이 통치자 반열에 오를 수 있다는 사고방식을 내세우려 하지 않았음은 분명하다.

이는 고려의 만적萬積과 비교된다. 만적은 '왕후장상王侯將相의 씨가 따로 없다.'는 명분을 내세우며 노비인 자신들이 집권하는 체제를 꿈꾸었다. 그렇지만 도요토미 히데요시는 실제로 권력을 잡았으면서도 이러한 명분을 내세운 적이 없다. 오히려 집권한 뒤에 자신 같은 천한 출신이 권력을 장악할 수 있는 방법을 근본적으로 차단하는 조치를 두기도 했다. 구체적인 내용은 나중에 설명하겠지만, 가타나가리刀狩라는 정책이 그것이다.

출신이나 성장과정이 어쨌건, 젊은 시절의 히데요시가 정착하여 안정된 생활을 하지 못하고 떠돌아 다녔음은 분명하다. 그만큼 그가 젊은 시절을 불우하게 보냈다는 뜻이 된다. 이는 나중에 그가 권력을 잡은 이후의 정책에 상당한 영향을 준 것으로 보인다.

신망을 얻기 위한
일거수일투족

어른이 된 히데요시는 기노시타 도키치로木下藤吉郎라는 이름으로 행세했다. 떠돌던 중 한때 도우미라는 곳에서 정착했다는 이야기도 있다. 그 지방의 성주였던 마쓰시타松下의 시종으로 들어가 조리토리(草履取り, 무인의 집에서 주인의 짚신을 들고 따라다니던 미천한 하인)부터 시작한 뒤, 신임을 얻어 그의 측근으로 빠르게 출세했다는 것이다. 그러나 그가 빠르게 출세하는 데 대한 주위 사람들의 시기와 질투 때문에 모함을 받아 마쓰시타 곁을 떠날 수밖에 없었다고 한다.

이후 또다시 유랑생활을 하다가 자리를 잡게 된 곳이 유력한 센코쿠 다이묘戰國大名이자 당시 일본을 통일할 야심을 가지고 있던 오다 노부나가의 휘하였다. 오다 노부나가의 아래로 들어가게 된 계기 역시 이야기가 갈린다. 먼저 그가 18세가 되던 해인 1554년 무렵 고향으로 돌아가던 중, 어릴 때 친아버지와 알고 지내던 사람으로부터 들었던 지인들이 그 지방의 성주였던 오다 가문에서 일할 수 있도록 주선해주었다는 이야기가 있다.

이와는 달리 좀 더 극적인 이야기도 있다. 『선조실록』 등에는 그가 노부나가의 아래로 들어가는 과정이 설화처럼 남아 있다. 오다 노부나가가 행차에 나섰던 어느 날, 히데요시는 옷을 벗은 채 오다 노부나가가 탄 수레 앞에 드러누워버렸다. 이를 본 부하들이 히데요시를 죽여버리려고 하자 오다 노부나가는 부하들을 말리며 사연을 물었다. 이때 히데요시는 '가난해서 도저히 살아갈 수 없다.'고 대답했고, 그 말을 들은 오다 노부나가는 히데요시를 말단 하인 고모노小者로 들였다는 것이다.

그런데 오다 노부나가의 아래로 들어간 히데요시는 온갖 잡일을 게을리하지 않았다고 한다. 변소지기 일을 시키면 냄새가 나거나 티끌 하나가 남지 않도록 깨끗하게 청소했다. 오다 노부나가의 신발을 만들도록 시키면 정성을 다해 신발을 만들어 바쳤고, 추운 날이면 주군의 신발을 품에 넣어 따뜻하게 만들어 놓을 정도로 충성을 다했다고 한다. 심지어 시장에서 물건을 사오게 해도 다른 하인들과 달랐다. 보통은 비싼 값을 치르거나 비싸서 사오지 못하는 일이 다반사였으나, 히데요시는 매번 싼 값으로 좋은 물건을 사다 바쳤다. 실은 히데요시가 매번 자기 돈을 물건 값에 보태서 구입했다는 것이다.

이와 같이 히데요시는 노부나가의 눈에 들기 위해서는 무슨 짓이라도 하는 타입이었다. 기지 또한 뛰어났다. 노부나가가 실수로 깊은 우물 속에 금 술잔을 빠뜨린 적이 있었다. 이때 히데요시는 큰 물동이 수백 개를 구해서 물을 담았다가 한꺼번에 우물에 쏟아부어, 우물이 뒤집

히면서 물 위에 떠오른 금 술잔을 재빨리 끄집어내는 기지를 발휘했다고 한다. 이러한 히데요시의 정성이 노부나가의 인정을 받아 출세길이 열렸다.

그가 더욱 크게 인정을 받게 된 것은 세이슈淸州의 성곽 축대가 태풍으로 무너질 지경이 되었을 때라고 한다. 노부나가 휘하의 부하들이 20여 일이 지나도록 아무런 대책을 제시하지 못하고 우왕좌왕하고 있을 때, 그는 복구계획을 수립하고 실행으로 옮겨 훌륭하게 마무리함으로써 더욱 신임을 얻게 되었다는 것이다.

그는 25세 되던 해인 1561년, 무사 집안인 아사노 나가카쓰浅野長勝의 양녀로 들어갔던 스기하라 사다토시杉原定利의 딸 네네ねね와 결혼했다. 이 무렵부터 히데요시라는 이름을 사용했다고 한다.

히데요시가 결혼한 지 얼마 지나지 않은 1566년, 노부나가가 미노로 진출에 나섰다. 그때 히데요시는 노부나가가 이끄는 군대의 말단을 지휘하는 하급 장교에 불과했다. 그럼에도 불구하고 이때부터 능력을 보여 승승장구하다가 1573년 노부나가로부터 오미의 한 성을 포상으로 하사받아 성주가 되었다. 히데요시는 이때 성姓을 하시바羽柴로 바꾸었다.

1577년 노부나가의 명을 받고 주코쿠中國 지방 정벌의 선봉에 나섰을 때에도, 그는 사람들의 예상을 뒤엎고 짧은 시간 내에 큰 승리를 이끌어냈다. 그 승리 이후 노부나가는 넷째 아들을 히데요시에게 양자로 주며 관계를 더욱 돈독하게 다졌다. 그러면서 히데요시는 하리마播磨 등 수개국의 영지를 둔 다이묘로 성장하기에 이르렀다.

주군이 죽자
천하를 넘보다

그러던 1582년, 히데요시의 인생에 결정적인 계기가 되는 사건이 일어났다. 오다 노부나가는 경쟁 세력이던 모리毛利 가문이 차지하고 있던 추고쿠 지역을 확보하기 위해 히데요시에게 공략을 맡겼다. 1577년부터 시작된 이 원정의 초반에는 히데요시의 진격이 순조롭게 진행되었으나 모리 가문의 영토 깊숙이 진격하면서부터는 고전을 거듭했다. 급기야 1582년 빗추備中의 다카마츠高松 성 공략에서는 히데요시조차 한계를 느끼고 증원을 요청해왔다.

히데요시의 요청을 받은 오다 노부나가는 그를 돕기 위해 부하들에게 총동원을 지시했다. 그런데 이것이 화근이었다. 히데요시와 경쟁관계에 있던 아케치 미쓰히데明智光秀를 선봉에 세우자, 그가 주군을 배신하고 오다 노부나가가 원정 중 숙소로 정했던 혼노지本能寺를 습격하여 주군을 살해한 것이다. 이것이 일본 역사에서 유명한 '혼노지의 변本能寺の変'이다.

도요토미 히데요시는 오다 노부나가의 사망 소식을 듣자마자 기민하게 움직였다. 자신이 공략하던 모리 가문과 휴전을 맺은 뒤, 군대를 돌려 교토의 서쪽 야마자키에서 아케치 미쓰히데를 격파해버렸다. 이것이 이른바 야마자키 전투山崎の戦い이다.

이 전투에서 승리한 뒤인 6월 27일, 노부나가의 후계자 문제 및 영지 분할 문제를 매듭짓기 위해 기요스 성에서 회의가 열렸다. 여기에서 오다 가문의 최대 가신 역할을 해오던 시바타 가쓰이에와 히데요시의 입장이 갈렸다. 시바타 가쓰이에는 노부나가의 후계자로서 셋째 아들 간베 노부타카(神戸信孝, 오다 노부타카의 아들이었으나, 1568년 노부나가가 이세국을 평정했을 때 항복한 간베 성 스즈카鈴鹿 시의 성주였던 간베 토모모리神戸具盛의 양자가 되었다. 이후 이 가문의 후계자가 되었기 때문에, 간베 노부타카/간베 노부노리神戸信孝라고 칭했다)를, 히데요시는 3세에 불과했던 노부나가의 피살된 큰아들 오다 노부타다織田信忠의 아들 산보시(三法師, 오다 히데노부織田秀信)를 밀었다.

물론 이 갈등 자체는 쉽게 수습되었다. 히데요시가 산보시의 후견인으로서 간베 노부타카를 내세우는 타협안을 내서 시바타 가쓰이에도 수긍했기 때문이다. 그렇지만 히데요시는 아케치 미쓰히데를 격파한 공로로 그의 영지를 인수하여 노부나가의 가신 중 최대의 영지를 가진 영주로 떠올랐다. 그러면서 히데요시는 이때 또 자신의 성을 다이라平로 바꾸었다.

히데요시의 세력이 커지면서 가쓰이에의 견제도 심해졌다. 1582년 10월 가쓰이에는 히데요시에 대한 탄핵장을 여러 다이묘에 뿌렸고, 이는 결국 대규모 충돌을 불러왔다. 이 충돌이 이른바 시즈가타케 전투賤ヶ岳の戦い이다. 여기서 승리한 히데요시는 사실상 오다 노부나가의 자산을 물려받았다.

히데요시가 오다 노부나가의 실질적인 후계자라는 점은 오다 노부카츠를 대하는 태도에서 드러났다. 1584년, 히데요시는 오다 노부나가의 둘째 아들인 오다 노부카츠에게 나이가 많은 자신에게 예禮를 표시하러 오라는 명령을 내렸다. 사실상 자신이 오다 노부나가의 친아들보다 우위에 있다는 점을 확인시키려는 의도가 뚜렷했다. 힘이 생기면 주군의 가문도 찍어 누를 수 있다는 하극상의 사례를 직접 실현한 셈이다.

여기 반발한 노부카츠는 동맹관계에 있던 도쿠가와 이에야스德川家康와 협력하여 히데요시와에 맞섰다. 이 충돌에서 도쿠가와 이에야스가 선전했으나, 11월 11일 오다 노부카쓰가 도쿠가와 이에야스와의 상의 없이 강화를 맺으면서 이에야스 역시 히데요시에게 신종臣從을 맹세했다.

세력을 키운 히데요시가 이렇게 오다 가문의 일을 좌우하게 되자 노부나가의 아들들과 가신 시바타 카츠이에 등은 이를 불안하게 여겨 분쟁이 생겼다. 히데요시는 1583년과 1584년에 벌어진 싸움에서 이들을 제거했다. 뿐만 아니라 이들과 동맹을 맺고 있던 도쿠가와 이에야스 등과는 사실상의 굴복을 의미하는 화친을 맺었다.

이를 통하여 히데요시는 일본 조정을 좌우할 수 있는 힘을 얻게 되었다. 1585년 간파쿠關白 자리에 앉은 것이 그 시작이었다. 히데요시는 미천한 출신임을 극복하고 최고의 자리에 오르기 위해 후지와라藤原氏로 성을 바꾸고, 이듬해에는 다이죠다이진太政大臣이 되어 최고의 관직에 올랐다. 이어 조정으로부터 도요토미라는 성을 하사받았다.

이와 함께 히데요시는 굴복해오지 않은 다이묘들에 대한 공략에 나섰다. 그 결과, 기슈紀州·시코쿠四国·엣추越中·규슈九州 등의 지역을 복속시켰고, 1590년에는 마지막으로 저항하던 호조北条 가문을 굴복시키며 일본 열도 전체를 통제할 수 있게 되었다. 이후에도 일부의 저항이 있기는 했지만 히데요시는 이러한 저항까지 분쇄해가며 권력기반을 다졌다. 도요토미 히데요시가 일본을 통치한 시기를 이른바 모모야마桃山시대라고 부르기도 한다.

출세의 길을 열어준
일본 사회의 변화

히데요시가 당시 사회에서는 상상하기 어려울 만큼 파격적으로 성장한 데에는 자신의 능력과 노력도 있었지만, 당시 일본 사회의 특이한 분위기도 작용했다. 이를 이해하기 위해서는 그때 일본 사회의 특징 몇 가지를 알아두어야 할 필요가 있다. 히데요시가 정치적으로 성장하던 시기의 특징을, 일본사에서는 이른바 '하극상의 시대'라 부른다.

이렇게 부르는 이유는 크게 두 가지를 지목할 수 있다. 하나는 조정의 혼란에서 시작된 전국적 세력구도의 재편이다. 히데요시와 그 주군이었던 오다 노부나가가 전국 통일에 나서기 이전에 일본 통치의 핵심 세력이었던 무로마치室町 막부 체제에서 각 지역을 장악하던 세력은 슈고다이묘守護大名라 불리던 집단이었다. 이들은 일본 역사상 유일하게 두 명의 천황이 존재했던 이른바 일본의 '남북조시대'에 빈발했던 내란에 이용하기 위하여 막부의 후원을 업고 세력을 키워왔다.

그런데 1464년 오닌應仁의 난을 계기로 상황이 달라지기 시작했다.

막부를 중심으로 전국의 슈고다이묘들이 동군과 서군으로 나뉘어 서로 싸웠던 대규모 내란이었던 이 사건의 결과, 이들의 경제적 타격이 컸다. 이 때문에 지방의 다이묘들에 의지하기 위해 교토를 떠나는 자들이 많이 나타났다. 그러면서 슈고다이묘 휘하에 있던 가신이 주군을 몰아내고 그 자리를 차지하는 일이 빈번하게 일어났다.

상위 신분층에서 일어났던 이러한 현상은 농민들에게까지 번졌다. 그것이 이른바 잇키一撥라는 형태로 나타났다. 그 원인은 사무라이들이 권력을 장악하는 시대로 접어들면서 만들어진 장원莊園이 농민의 입장에서 불편했다는 점에서 시작되었다. 농사에 필요한 물 같은 것 때문에 협력해야 할 처지에 있는 마을이 서로 다른 영주들의 통제를 받게 됨으로써 곤란을 겪는 경우가 생겼기 때문이다. 뿐만 아니라 영주 또는 지토地頭가 부당한 요구를 하는 경우가 많았고, 정국이 불안해지며 분쟁이 생길 때마다 피해를 입었다.

이러한 문제를 해결하기 위해 묘슈名主나 백성들은 점차 단결을 모색했다. 그 결과 농민들이 근처 지역과 연대하여 소惣라든지 소손惣村이라고 하는 자치 조직을 만들게 되었다. 그러면서 농민 하나하나가 영주에게 연공을 내는 대신에 햐쿠쇼우케百姓請라고 하여 소 단위로 연공을 바치는 관행이 생겼다. 슈고다이묘들도 이를 막지 않았다. 여러 마을이 연결되어 있으면 지배하기에 편리하다고 생각했던 것이다.

그렇지만 슈고다이묘들의 의도와 달리 백성들도 소를 통해 한 덩어리로 단결하여 행동하게 되었다. 그러자 농민들은 장원 영주나 슈고다이묘, 무사들의 부당한 압박에 저항하기 시작했다. 연공의 감면을 요구하기도 하고, 부당한 요구를 하는 영주의 대리인들을 파면해달라고 요구하는 경우도 있었다. 평화적인 방법으로 저항하는 경우도 있었지만 무력을 쓰는 경우도 있었다. 이 경우를 '쓰치잇키土一揆'라고 부른다. '잇키'라고 하는 것은 '마음을 합하여 행동한다.'라는 뜻이다. 처음에는 무사들 사이에서 결성되었지만, 이 시점에서는 농민들도 잇키를 결성했다.

이러한 상황을 이용하여 지방 토호 고쿠진國人들이 농민들을 거느리고 슈고다이묘 세력을 몰아내고 자치를 하는 경우도 생겼다. 이렇게 상위 신분층에서는 아랫사람이 윗사람을 쫓아내고, 무사와 농민은 폭동을 일으키는 풍조가 이른바 일본의 전국시대戰國時代를 불러왔다.

이와 같이 오닌의 난을 겪은 이후 막부와 쇼군의 권위는 완전히 땅에 떨어졌다. 권위를 잃어버린 쇼군은 대부분 유력한 다이묘나 세력을 가진 무장들에 의해 옹립되었다가 추방당하는 비운을 맞았던 것이다. 이러한 시대를 거치면서 막부와 관련 없이 스스로 힘을 키워 슈고다이묘를 쓰러뜨리고 지역을 독자적으로 지배하는 세력이 나타났는데, 이것이 바로 센코쿠다이묘戰國大名이다.

히데요시가 정치적으로 성장하는 데에는 이러한 현상이 불거졌던 사회 분위기가 상당한 영향을 주었다고 할 수 있다. 신분 질서가 엄격했던 이전 시대였다면 히데요시처럼 미천한 신분이 통치권을 장악하기는 어려웠을 것이기 때문이다.

권력을 집중하기 위한
체제 개혁

히데요시가 일본열도 전체를 통제할 수 있는 지위에 올랐다고는 하지만, 아직 모든 다이묘를 군사적으로 제압한 것은 아니었다. 따라서 강력한 군사력을 보유한 다이묘들을 통제할 정책이 필요했다. 히데요시는 다이묘들의 영지를 조정하는 수법으로 이들을 견제하는 정책을 썼다. 이른바 '영지 전봉轉封', 다이묘들의 영지를 바꾸어 봉한다는 뜻이다. 이 정책에는 다이묘를 중심으로 한 일본열도의 사무라이가 모두 히데요시의 가신이라는 의식을 심어주는 의미도 있었다. 이를 통하여 다이묘가 오랫동안 영지를 지배하며 그 지역 사람들과 키워왔던 유대관계를 끊어버리는 동시에, 다이묘는 단지 히데요시가 보낸 지방관에 불과하다는 의식을 심는 효과가 있었던 것이다.

이를 위해 히데요시는 공을 세운 다이묘에게 영지를 수여할 때에 그동안 지배해 온 곳이 아닌 다른 영지로 이동시키는 일이 많았다. 그러면서 기회가 있을 때마다 다이묘의 영지를 바꾸어, 신뢰하지 못하는 다이묘는 되도록 자신의 중심지에서 먼 곳으로 옮겨 놓았다. 뿐만 아니라 다이묘들의 협력 정도에 따라 영지를 추가·유지·삭감했다. 이 때문에 다이묘들은 히데요시의 눈에 들기 위해 애쓸 수밖에 없었다. 이렇게 해서 히데요시와 다이묘들과의 관계는 평등한 관계에서 주종관계로 전환되었다.

그러면서 히데요시 자신의 직할지를 확대해갔다. 그 결과 히데요시의 직할지는 양적으로도 일본열도 전체 생산력의 1/10 이상에 달했을 뿐 아니라, 가장 발달된 기나이畿內 지방 등에 집중되어 있었다. 뿐만 아니라 교토·오사카와 같은 전략거점도 수중에 넣었다. 여기에 금은 광산까지 국가 재산이라는 명분을 내세워 실질적으로는 자신이 관리했다. 이러한 경제적 기반을 바탕으로 히데요시는 다른 다이묘들이 단독으로는 넘보지 못할 세력을 확보하게 되었다. 그리고도 심복 다이묘와 혈족들을 교토 같은 요충지에 배치하여 새로 복속시킨 다이묘들을 견제하도록 했다.

히데요시가 이러한 정책을 펴는 중심지로 선택한 곳이 지금의 오사카이다. 이곳을 그의 중심지로 택한 이유는 기나이 지방의 중심지일 뿐 아니라, 교토와도 가깝고 서쪽으로 세토나이카이(瀬戸內海, 일본 혼슈本州 서부와 규슈九州·시코쿠四國에 에워싸인 내해)와도 접한 교통의 요지이기도 했기 때문이다. 이곳은 평야로 둘러싸인 구릉 위에 있어 전략적인 이점도 있었다.

히데요시는 확보한 직할지를 관리하기 위하여 부교奉行라는 직위를 만들기도 했다. 이는 특정 지역의 행정, 재판, 사무 등을 담당하는 직위를 말한다. 당시 다이묘들이 먼 곳으로 군대를 보낼 때에는 군량과 무기 등의 수송을 상인에 의존할 수밖에 없었다. 그래서 유력한 상인에게 부교라는 자리를 주며 밀착 관계를 형성하는 경우가 많았던 것이다. 히데요시의 부교로 활약하며 성장했던 집단 중 하나가 고니시 유키나가小西行長가 속해 있던 고니시 가문이다. 나중에는 각 다이묘들도 자신의 영지를 관리하기 위하여 이 관직을 두었다.

이렇게 통치체계를 정비해놓은 히데요시는 다음 단계로 사회를 안정시키기 위한 조치를 취했다. 그중에서 첫 번째로 꼽히는 것이 이른바 '타이코 켄치太閤檢地'라는 것이다. 당시 이 정책을 시행한 히데요시가 타이코라는 자리에 있었기 때문에 이렇게 불렸다. 이 제도는 토지를 새로이 측량하여 수확량에 따라 조세를 납부하도록 하는 것이었다. 합리적인 세금을 매기기 위해서는 정확한 수확량을 파악할 필요가 있었고, 이를 위해 신고를 통해 대충 파악하는 방식으로는 한계가 있었다. 그래서 히데요시는 검지관檢地官을 파견하여 그 토지를 실제로 측량하여 조사하는 방법을 취하였다.

이렇게 철저한 경작지 조사를 통해 전국 토지에 등급을 매기고, 이를 기초로 산출한 생산량에 따라 연공年貢 즉 세금을 결정하였다. 경작지마다 연공부과 기준이 되는 수확량을 모두 쌀로 환산하여 연공의 단위를 전국적으로 일원화시켰다. 전체 수확량의 2/3를 연공으로 납부하는 원칙을 세우고 논의 연공은 화폐로 낼 수도 있게 해주었다. 그리고 토지마다 연공 부담자를 정하여 촌락 단위로 등록시켰다. 이렇게 해서 촌락의 크기는 쌀의 생산량으로 표시되고, 다이묘의 영지 단위도 총생산량으로 표시했다. 이는 농민에게 연공 부담의 기준인 동시에, 다이묘에게는 유사시 동원할 수 있는 군역軍役의 기준이 되었다. 이렇게 토지제도를 정비한 결과, 종래 하나의 토지에 몇 사람의 경작자를 두고 중복해서 수취하던 복잡한 관계가 정리되고 하나의 경작지에 한 명의 경작인만 인정하는 원칙이 정해졌다.

1582년부터 1593년까지 지속적으로 실시된 토지조사에서 농지면적과 수확고, 경작자가 명확하게 기록되었다. 이에 대한 저항이 있었지만, 히데요시는 저항을 제압하고 시행을 밀어붙였다. 이렇게 해서 전통적인 장원제는 종말을 고하고 전국적으로 통일된 토지제도가 확립되었다.

막아버린
신분상승의 기회

다음으로 꼽히는 것이 이른바 가타나가리라는 정책이다. 이는 간단하게 말해서, 백성들의 무기류 소지를 금지하는 조치였다. 이에 비해 무사는 하층 무사라 해도 농민이나 상공업자가 되는 것을 금지하고 이들을 촌락으로부터 분리하여 성 아래의 도시(城下町, 조카마치)에 거주하도록 했다. 이렇게 신분에 따른 직업·거주지의 구별이 정해져 고정되었고 또한 병농 분리의 원칙도 확립되었다.

통치하는 입장에서 보자면 백성이 무기를 가진 상태에서 무사와 이웃으로 지내기 때문에 불필요한 싸움과 저항이 생겨난다고 볼 수 있다. 그래서 사회 불안과 경작 부진이 야기되고 세금이 잘 걷히지 않으니 이러한 조치를 취할 필요가 있었다. 그렇지만 농민의 입장에서 보자면 의미가 완전히 다르다. 원래 잇키라는 것 자체가 영주 또는 지토의 부당한 요구 또는 정국 불안으로 인한 피해에 대응하기 위해 농민들이 단결하며 만들어진 것이다. 이렇게 농민들이 단결해서 저항할 수 있었던 데에는 천황 중심의 공권력이 무너진 이후 촌락 단위로 무장해서 불안해진 치안으로 인한 위협을 스스로 무장해서 극복해왔던 역사적 배경이 있었다. 이는 히데요시 같이 미천한 신분이 최고 통치자 반열까지 오를 수 있었던 배경이기도 했다. 히데요시는 그러한 배경이 되어왔던 농민의 무장을 해제시켜버린 것이다. 그렇게 되면 이른바 잇키를 원천적으로 봉쇄해버리는 의미가 있다. 이는 농민이 억울한 꼴을 당하더라도 기득권층에게 선처를 호소하는 것 이외에는 방법이 없게 만들어 놓은 셈이었다.

결국 히데요시는 자신과 같이 미천한 출신이 기회를 틈타 상전 위로 올라갈 수 있는 상황을 원천적으로 막아버린 것이다. 이 점은 히데요시가 무엇을 추구했는가에 대한 강력한 시사가 될 수 있다. 어쨌든 결과적으로는 무사와 농민을 중심으로 신분이 분리되며 대도시를 중심으로 한 시장이 활성화되어갔다. 이를 통하여 상업의 발전과 농업 생산성의 향상을 보게 되었다.

히데요시는 오다 노부나가와는 달리 천주교를 신사와 사찰의 파괴, 승려 박해, 서민에게 개종 강요, 그리고 일본인을 노예로 파는 등 폐해가 크다는 이유로 금지했다. 이를 두고 순수한 일본 정신을 지켜 사회 혼란을 막았다고 평가하기도 한다. 하지만 이면에는 천주교 교리를 따르게 되면 전통적인 권위에 의지하는 통치술에 악영향이 있을 것이라는 두려움도 있었다. 또 불교 세력을 견제하기 위해 천주교를 이용했던 오다 노부나가와는 달리, 히데요시 집권 시기에는 저항하던 불교 세력이 웬만큼 정리되었기 때문에 장래 잠재적인 위협을 감수하고 천주교를 보호해줄 필요를 느끼지 않았다는 점도 지적된다.

히데요시는 이러한 정책을 통해 일본열도를 안정시켰다. 그렇지만 그는 여기서 만족하지 않았다.

조선 침공의
복잡한 속내

히데요시는 일본열도를 장악하자 중국 대륙에 대한 야심을 내비치기 시작했다. 그 원인에 대해서도 여러 가지가 지목된다. 일본 내부 갈등의 원인인 유력 다이묘의 힘을 약화시키고 해외 무역을 장악하려 했다는 전략적 이유는 기본이다. 여기에 더하여 미천한 출신이라 권력 기반이 약한 히데요시가 갈등을 밖으로 돌리려 했다는 정치적 이유부터, 주군이었던 오다 노부나가의 대륙 진출 계획에 영향을 받은 공명심과 영웅심리, 심지어 뒤늦게 얻은 아들 쓰루마쓰가 죽은 비통함에 전쟁을 일으켰다는 지극히 개인적인 이유까지 다양한 요소가 지목된다.

그렇지만 이런 이유들을 따로 떼어 생각해서는 납득할 만한 이유가 될 것 같지 않다. 그가 단순히 미천한 출신이라 정치적 기반이 약했기 때문에 전쟁이 필요했다고 보는 자체부터가 그렇다. 히데요시의 개혁에서 드러난 상황을 보면, 그의 세력 기반이 된 영지는 다른 다이묘와 비교할 수 없는 규모였다. 여기에 혈족과 심복을 의심 가는 다이묘 근처에 배치하여 견제한 점, 다이묘의 영지를 마음대로 바꿀 수 있었던 점 등을 고려하면 일본에서 그의 지위가 가까운 장래에 흔들릴 상황이 었다고 볼 수가 없다. 또한 뒤에 드러났듯이, 대부분의 다이묘가 꺼리는 원정을 강행할 수 있었던 점 자체가 그의 권력 기반이 어느 정도 탄탄했는지 보여주는 근거가 될 수 있다.

같은 맥락에서 경쟁이 될 만한 다이묘를 견제하려 전쟁을 일으켰다는 이유도 마찬가지다. 히데요시가 경쟁 상대로 의식해야 했던 다이묘 중의 대표격이라면 나중에 실제로 권력을 이어받았던 도쿠가와 이에야스를 빼놓을 수 없다. 그런데 당장 도쿠가와 이에야스는 조선 침략에 거의 동원되지 않았다. 그래서 다른 다이묘에 비해 힘을 비축할 수 있었던 그가 나중에 일본열도를 장악할 수 있었다는 분석이 나오는 것이다.

의심 가는 다이묘를 견제할 의도였다면 어떤 핑계를 대서라도 조선 침략에 동원해야 했을 도쿠가와 이에야스를 빼놓은 이유를 납득하기 어렵다. 오히려 조선 침공에 앞세운 고니시 유키나가나 가토 기요마사 등은 히데요시의 아래에서 성장한 다이묘들이다. 이들의 전력이 타격을 받는다면 일본 내부에서의 반란을 일어났을 때 히데요시에게 좋을 일이 아니다. 그러니 유력한 다이묘를 견제하려는 의도 자체만 가지고서는 조선 침략의 이유를 설명하기 어려울 것 같다.

해외 무역은 평화적인 방법을 통해서 할 수도 있는 사업인데 굳이 관계를 파괴하는 전쟁을 하려 했다는 점에서 설명이 되지 않는다. 물론 공명심·영웅심리, 아들 쓰루마쓰의 죽음 같은 개인적인 이유는 속을 뒤집어볼 수 없는 인간 내면의 일이라 공인받을 만한 이유가 되기 어렵다.

그러고 보면 진짜 이유는 좀 복합적인 것 같다. 이 점을 시사한다고 보이는 히데요시의 언사가 있다. 1585년 9월 교토에서 도요토미 히데요시가 히스토야나기 스에야스柳末安를 만나 했다는 말이 그것이다. 무엇 때문에 가토 미쓰야스加藤光泰의 영지를 빼앗아 히스토야나기 스에야스에게 주는지 설명하면서 "원래 20석밖에 가지지 못한 자에게 500석, 1000석씩 여러 번 나누어 주다가, 2만 관짜리 오가키 성과 7천 석에 대관 자리까지 주었는데도 만족하지 않는다."는 푸념을 했다.

그가 단순히 이런 말을 했다는 것만을 근거로 보자는 뜻은 아니다. 사실 이 문제는 히데요시 개인의 문제가 아니라 일본 통치구조의 근본적 문제였다. 일본에서는 12세기 경 천황 중심의 통치체제가 무너지고 막부幕府가 천황을 허수아비로 내세워 통치하는 체제가 성립했다. 이렇게 이른바 무가武家라 불리는 세력의 집권 시대를 열었던 미나모토노 요리토모源賴朝가 고안해냈던 체제는 무사집단 사이의 관계를 안정시키는 측면이 있었지만 근원적 문제도 안고 있었다.

이 체제에서 쇼군과 무사집단의 관계를 유지시켜주는 것은 은상恩賞으로 보상해주는 시스템이었다. 이런 체제가 일본열도가 내란으로 혼란스럽던 시대에는 권력을 다지는 데에 쓸모가 있다. 그런데 외부의 침공을 받거나 내란이 해소되어버리면 그 문제점이 드러난다.

몽골의 침공은 그 대표적인 사례였다. 몽골의 침공에 맞서 싸웠던 일본 무사집단은 여기에 드는 비용 대부분을 스스로가 부담해야 했다. 그런데 몽골의 침공을 물리친 전쟁은 패배한 측의 영지를 빼앗아 나누어 주던 일본 내부의 내전과는 달리 은상으로 나누어 줄 영지를 확보할 수 있는 구조가 아니다. 따라서 막부는 전쟁에서 공을 세운 무사들에게 은상으로 나누어 줄 토지나 재물을 확보할 수 없었다. 은상을 바라고 주어야 할 곳은 많았지만 그만큼 나누어 줄 능력이 없었던 가마쿠라 막부는 결국 은상을 지급하지 못하겠다고 선언해버렸고, 이후에는 그 후유증을 이겨내지 못하고 붕괴의 길을 걸었다.

히데요시 역시 비슷한 고민을 해야 했다. 일본열도를 형식적으로라도 통일한 이상, 그는 열도 안의 모든 다이묘들을 끌어안아야 하는 입장이 된 셈이다. 그런데 다이묘들의 욕심은 끝이 없었다. 영지가 그들의 모든 기반이 되는 구조에서 욕심을 내는 것은 당연했다. 전국을 통일했다 해도 히데요시가 다이묘들의 도움을 받을 일이 없지는 않다. 문제를 그럴 때마다 도움을 준 다이묘들은 영지를 요구한다는 점이다. 내란이 한창인 시절에야 적의 편에 선 다이묘의 영지를 빼앗아 주면 그만이지만, 전국의 다이묘를 끌어안아야 하는 시점에서는 그것이 불가능하다. 결국 외부에서 영지를 찾아야 하는 구조가 되는 셈이다.

조선 침공의 근원적인 원인은 여기서 찾아야 할 것 같다. 그래서 히데요시는 광활한 영토를 가진 중국 대륙에 눈을 돌린 것이고, 그 첫 번째 관문이라 할 수 있는 조선이 우선적인 복속 대상으로 결정되었다고 할 수 있다. 히데요시가 나중에 벌어진 강화협상의 조건 중 하나로 조선의 4개 도를 달라는 요구를 했던 것도 다이묘들에게 나누어 줄 영지의 확보라는 측면과 무관하지 않다.

전쟁 중의 죽음과
엇갈리는 평가

물론 대부분의 다이묘들은 이런 발상을 좋아하지 않았다. 아무리 영지가 더 생긴다고는 하지만 조선 침공은 어느 정도 승산이 나오는 일본 내전과는 본질적으로 다르다. 바다를 건너 낯선 곳으로 가서 익숙하지 않은 세력과 전쟁을 해야 한다. 더구나 궁극적인 정복 대상이 중원을 장악하고 있는 명 제국으로 설정되어 있다. 영지를 미끼로 사탕발림을 한다 해도 이런 위험을 무릅쓰고 불확실한 전쟁에 나서야 하는 다이묘들은 대부분 심기가 편치 않았다.

그럼에도 불구하고 히데요시는 밀어붙였다. 그리고 그 결과는 머지 않아 나타났다. 침공의 초기에는 순조로웠지만 시간이 흐르면서 각지에서 일어난 의병과 이순신의 조선 수군, 명의 원군 등의 요인으로 고전하게 되었다. 결국 1593년 명과의 강화협상이 시작되었다.

서로의 요구 조건이 터무니없을 만큼 차이가 났던 강화협상이 어떻게 해서 4년에 걸쳐 진행될 수 있었는지에 대한 이야기는 협상 실무자였던 고니시 유키나가를 다루면서 하는 편이 나을 것이다. 강화가 진행되던 중에도 간파쿠 자리를 물려주었던 조카 도요토미 히데쓰구豊臣秀次를 제거하게 된 사건 등 많은 파란이 있었다.

그렇지만 강화협상은 히데요시가 일찌감치 죽어주지 않는 한 예고된 것이나 다름없는 파탄을 맞았고 1597년, 다시 전쟁이 재개되었다. 재개된 전쟁을 강행하는 과정에서 히데요시는 죽음을 맞았다. 결국 그는 조선 침공을 강행하다가 죽은 셈이다.

이러한 그의 죽음과 행각에 대한 평가는 엇갈린다. 많은 사람들이 그를 망상에 사로잡힌 권력자라고 본다. 하지만 일각에서는 뛰어난 정치적인 감각으로 일본 통일을 완성하고 토지제도를 개혁함으로써 제법 통일국가다운 면모를 보여주었다는 평가를 받기도 한다. 그런 기반 위에 감행된 조선 침공도 세계에 그 위엄을 떨쳐보겠다는 의지의 표현으로 보는 경우도 있다. 그렇지만 이는 일시적으로 정비한 국력을 얻은 것 없는 전쟁에 쏟아 붓는 결과를 낳고 말았다. 그리고 많은 사람들이 죽어가는 와중에도 히데요시는 화려한 연회를 즐겼다고 한다. 이상국가를 꿈꾸었던 인물이 할 행동은 아닌 것이다.

도요토미 히데요시는 불우했던 시절에는 자기가 살기 위해 권력을 좇았고, 그 권력을 잡은 다음에는 이를 지키기 위해 다른 사람들을 희생시키며 단맛을 즐기는 행태를 보였다.

비천한 신분에 못난 외모로 태어났지만 그는 자기 힘으로 출세했다. 주군의 눈에 들기 위해 수단과 방법을 가리지 않았고 마침내 자신이 최고의 자리에 올랐다. 그러나 그 이후의 행보는 입지전적인 인물에게 갖게 되는 사람들의 기대에 미치지 못하는 것이었다. 그는 신분에 따라 거주지를 제한하고 농민들의 무기 소지 등을 제한함으로써 자신과 같은 신분의 사람들이 자신처럼 출세할 수 있는 통로를 막아버렸고, 민초들이 힘을 합하여 권력에 저항할 수 있는 길마저 막아버렸다.

더구나 특별히 내세울 만한 명분이 없었던 조선 침공을 무리하게 감행함으로써 국력을 낭비하고 백성들을 죽음의 전선으로 내몰았다. 내부의 불만이나 위기를 외부로 화살을 돌려 잠재우려 했는지는 모르지만, 7년을 끌다가 그의 죽음으로 허망하게 끝나버린 임진왜란을 통해 도요토미 히데요시가 얻은 것은 아무것도 없었다.

결국 도요토미 히데요시는 자신의 욕심을 위해 권력을 손에 넣었고 이를 개인적 욕망을 채우기 위해 이용했던 인물 이상은 아닌 것으로 보인다.

4 만력제

대국의 재력으로
위기를 버틴다

만력제(萬曆帝, 1563~1620)

명의 파병은 조선의 구원 요청을 수용하는 형식으로 이루어졌지만,
사실은 명 자체의 필요성 때문이었다. 명군의 참전은 조선을 구원한
다는 목적보다는 조선이 일본에게 넘어갈 경우를 우려하여 요동을
방어하고, 궁극적으로 중국의 수도인 북경을 보호하려는 의도였다.

동아시아 3국전쟁,
임진왜란

임진왜란은 애초에 조선과 일본의 전쟁이었다가 명군이 참전하면서 동아시아 국제전쟁으로 확대되었다. 이미 오래전부터 학계에서는 임진왜란을 동아시아 차원의 국제전쟁으로 파악하려는 시각이 제시되어왔다. 신종 만력제(神宗, 萬曆帝 1563~1620)는 임진왜란 때 조선에 구원병을 파병해주었던 명의 황제이다. 임진왜란을 논하면서 그의 존재와 역할을 빼놓을 수 없음에도 그동안 그의 입장에서 전쟁을 바라보려는 시도는 많지 않았다.

만력제에게 1592년의 임진왜란은 어떤 의미가 있었을까? 만력제에게 임진왜란은 자신의 재위기간 중에 제국의 심장부인 북경이 이민족에 의해 위협을 받은 사건이었다. 조부인 가정제가 경험했던 왜구는 북경에서 수천리에 있는 절강·복건성을 유린했던 존재였다면, 조선의 평양을 함락시키고 북상하려고 했던 일본군은 자신의 목에 칼을 겨눌

수도 있는 현실적인 위협으로 다가왔다. 또한 조선에 상국으로서 체면을 유지하고 그 영향력을 행사하기 위해서라도 파병을 미룰 수는 없었다. 만력제가 명 제국의 국가 재정을 고갈시키면서 타국의 전쟁에 개입한 것은 결국 자신의 안전을 위한 것이었지 조선을 위한다는 것은 명분에 불과하였다는 사실을 우리는 염두해두어야 한다.

열 살에 즉위한
제국의 황제

만력제는 목종 융경제(穆宗, 1537~1572)가 재위 7년 만인 36세에 급사하자 열 살의 어린 나이로 황위를 계승하였다. 어린 군주가 즉위했을 경우에는 숙부나 종형 등이 황제를 대신하여 섭정을 하는 것이 일반적이었다. 그러나 명나라 군주제도는 이전의 역대 왕조와는 다르게 섭정을 허용하지 않는 것이 특징이었다. 즉 규정에 따라서 황태자를 제외한 황제의 숙부, 형제, 적·서의 황자들 및 그 자손들은 모두 성년이 되면 수도를 떠나 외지의 봉지封地로 떠나야 했다.

또한 황태후가 가족을 끌어들여 이른바 외척이 정치에 간섭하는 것도 금지되어 있었다. 후비后妃는 양가良家에서 선발되었지만 대부분 한미한 가문 출신들이었다. 만력제의 외조부 이위李偉는 생활도 어려운 형편이라 딸이 후비로 책봉되고 나서야 백작의 봉호를 받았을 정도였다.

만력제는 1578년 혼인을 올리기 전까지 어머니인 자성태후와 함께 건청궁乾淸宮에서 거주했다. 아버지 융경제의 급작스런 서거로 만력제는 준비가 되지 않은 상태에서 황제로 즉위했다. 명나라의 군주제도의 특성상 섭정과 외척의 정치 관여가 금지된 상태에서 태후의 역할은 중요할 수밖에 없었다. 자성태후는 아들이 황제의 책무에 충실한지, 학업에 성실하게 임하고 있는지 등에도 관심을 가질 수밖에 없었다. 황위를 계승하였지만 아들은 어린아이에 지나지 않았기 때문이다. 그러나 황제인 이상 정사政事를 돌보지 않을 수 없었다. 만력제 치세 초기에는 조회에 임할 때 의복의 소매 안에 다른 사람에 의해 작성된 쪽지를 꺼내어 그것을 보면서 정사를 돌보았다. 이 시기의 만력제는 황제의 직책을 의례적으로 수행하였을 뿐, 정치를 이해할 나이도 아니었다.

어린 황제의 즉위는 황실의 입장에서는 위기의 시작이기도 했다. 즉 궁정 내부에서 음모를 꾸미는 환관과 고관들에게 만력제는 천자가 아닌 어린 소년에 불과했기 때문이었다. 이러한 시기에 대학사 장거정은 위기를 맞은 황실의 안녕과 만력제를 지켜줄 유일한 인물이었다. 장거정은 수반으로서 지위와 만력제의 교육도 담당했다. 만력제를 지도할 선생은 모두 장거정에 의해 선발되었다. 그는 만력제를 가르칠 교과서를 만들고, 기회가 있을 때마다 자신이 직접 만력제를 가르치는 등 전반적인 교육을 모두 책임졌다.

만력제는 문화전文華展에서 즉위 이후 매일 경서와 서예 그리고 역사를 학습했다. 경서 수업을 마치면 선생은 쉴 수 있었지만 만력제는 쉴 수 없었다. 쉬는 시간을 이용하여 백관들이 상주한 내용을 살펴봐야 했기 때문이다. 낮에 수업이 끝나면 문화전에서 점심을 먹고, 자유시간인 오후에도 분부를 받아 경서 암기와 글쓰기 연습 등을 해야 했다.

어린 황제 만력제는 열심히 학업에 임하였다. 학습받은 경서나 역사에 대한 내용을 다음 날 암송해야 했기 때문이다. 학업을 게을리하면 선생인 장거정에게 호된 질책을 받았고, 복습을 충분히 하여 거침없이 암송을 해내면 그에 따른 칭찬을 받았다. 더구나 어머니 자성태후가 아들이 황태자일 때부터 시종하던 환관 풍보를 통해 만력제의 모든 상황을 보고 받았다. 만력제가 기대에 어긋난 행동을 하면 자성태후는 오랫동안 아들을 꿇어앉혀 벌을 세우기도 했다. 자성태후는 아들에 대한 교육에 매우 엄격하였고 아들은 그런 어머니를 무서워했다. 어린 시절 만력제는 황제이기 이전에 배우고 익혀야 할 것이 많은 어린이였다.

명재상이 남긴
빛과 그늘

이와 같이 교육에 관한 한 지극히 엄격했던 어머니 자성태후와 선생 장거정의 지도 아래 만력제의 학습은 진보하였다. 장거정은 엄격한 제왕교육을 주도하면서 동시에 만력제의 신뢰를 바탕으로 혁신정치를 단행하였다.

장거정은 내정 개혁도 단행하여 관료의 기강을 바로잡고 내각의 권한을 강화하였다. 그는 관료에 대한 감찰을 강화하고 행정부서의 개편을 단행하여 불필요한 관리를 퇴출시켰다. 그의 개혁 가운데 가장 중요한 것은 전국적 토지측량과 호구조사의 실시였다. 지주가 조세와 요역을 피하기 위해 은닉한 토지를 조사하여 국고수입을 확보하기 위해서였다.

장거정의 개혁 정치로 1572년부터 1582까지 만력제 즉위 10년 동안 명나라는 국가 재정이 충실해지고, 경지 면적이 약 3할 정도가 증가하는 등 활기를 되찾아가고 있었다. 또한 만력제의 조부 시절인 가정제 시대 북방을 위협했던 노환虜患도 발생하지 않았고 동남의 왜구倭寇들도 근절되어 안팎으로 태평성대라 할 만했다. 이와 같이 명이 재정적으로 안정을 구축할 수 있었던 것은 전적으로 장거정의 공로였다.

그런데 1582년 장거정이 돌연 사망하였다. 만력제가 19세가 된 해였다. 이 해는 만력제 개인에게도 명나라의 입장에서도 의미가 있는 한 해였다.

장거정의 병은 처음에는 가벼운 복통 정도라고 생각되었지만 예상과 달리 병이 위급해져 죽음에 이르고야 말았다. 그는 1580년 말 황명으로 전국적인 경지 측량을 추진하고 있었고 전국의 부세賦稅를 정리하는 일에 힘을 쏟고 있었다. 1582년 6월 10년 동안 문란해진 정치를 바로잡았던 장거정은 향년 57세로 세상을 떠났다.

장거정의 죽음은 여러 가지 면에서 의미가 있었다. 정력적이고 활동적인 인물의 갑작스런 죽음은 많은 사람에게 충격과 슬픔을 주었지만 동시에 어떤 이들에게는 즐거운 소식이자 기회의 도래로 받아들여졌다. 성인이 된 만력제는 한림학사의 속박 속에서 벗어날 수 있었다. 황태자가 태어나면서 자성태후도 아들의 생활에 더 이상 간섭하지 않았다. 만력제는 대학사에게 명하여 실록을 초록하여 선조들의 치적을 읽고자 했고, 환관에게 명하여 북경 시중에서 유통되는 서적들을 다양하게 구입하여 독서에 열을 올렸다.

한편 장거정의 관에 뚜껑이 닫힌 지 얼마도 되지 않아 숨을 죽이고 있던 불평파·반대파가 일제히 그를 공격하기 시작하였다. 만력제도 이제 어느덧 20살 성인이 되면서 더 이상 선생과 어머니의 말을 잘 듣는 어린아이가 아니었다. 어머니 앞에서 무릎을 꿇고 몇 시간이고 잘못을 반성하던 만력제는 이제 아침저녁으로 문안 인사도 하지 않았다. 만력제는 장거정이 추진해온 개혁들을 모두 혁파하였다. 관리들이 임의로 사용하지 못하게 한 역체(驛遞, 역참에서 공문을 주고 받던 일) 사용금지 조항과 육부를 압박하던 고성법考成法도 철회되었다. 행정부서를 개편하여 퇴출하였던 관리들도 다시 복직되었다. 외척들이 작위를 세습하지 못하게 하였던 조항도 가정제(世宗, 1507~1566)의 유훈을 들어 폐지하였다. 만력제는 장거정이 추진했던 개혁 정책들을 자신의 즉위 이전 상태로 복구하였다.

1583년 3월 만력제는 장거정에게 주었던 상주국·태사·문충공 등의 호칭과 시호를 박탈하였고, 금의위를 지휘하였던 그의 아들들도 서민으로 강등시켰다. 어사 양가립은 장거정이 요왕을 모함했다고 공격하였다. 이미 17년이나 지난 일이었으나 다시 논란이 야기되었고, 요왕의 후실이었던 왕씨가 장거정에게 금은보화 등 재산을 강탈당했다며 억울함을 호소하였다. 이에 만력제는 장거정의 재산을 조사, 몰수하였다.

온 집안을 뒤집고 사람들을 고문하는 등 재산을 몰수하기 위한 모든 방법을 동원하였다. 그러자 장거정과 그 형제들이 숨긴 황금 1만여 냥과 백은 10만 냥 등이 추가로 발견되었다. 엄청난 금액이었다. 관리들은 장거정의 가족들을 더욱 심하게 고문하여 집 밖에 숨겨둔 은 200여만 냥을 추가로 찾아냈다. 고문을 견디지 못한 장거정의 장남 경수는 스스로 목숨을 끊었다. 만력제는 충격에 빠질 수밖에 없었다. 그의 스승 장거정이 입만 열만 검약을 부르짖으며 개혁을 하였으나 그의 집에서는 엄청난 금액이 쏟아져 나왔다. 장거정의 호화스러운 사생활을 짐작하고도 남음이 있었다.

문란했던 명을 소생시켰던 장거정은 만력제 재위 동안 언급하는 것조차 어려웠다. 장거정은 1622년 천계제(熹宗, 1605~1627)때에 가서야 복직되었고 장례를 다시 치를 수 있었다. 1630년 숭정제(毅宗, 1610~1644) 예부시랑 나유의羅喩義 등이 장거정의 억울함을 호소하여 작위가 회복되었다.

요동을 방어하고
북경을 보호하라

장거정이 사망한 후 명나라의 정치는 다시 문란해지기 시작했다. 은을 중심으로 한 화폐경제가 사회 곳곳에 침투하여 사람들의 생활이 화려해졌다. 농촌은 피폐함이 지속되는 상황이었으나 도회지에서는 사치스러운 생활이 유행하였다. 사치스러운 풍조는 궁정도 마찬가지였다. 만력제는 궁전의 대규모로 신축·증축하였다. 또 사치스러운 견직물과 도자기들을 생산하도록 하였다. 사치의 극치를 보여주는 것은 황태자의 결혼 비용이었다. 만력제는 황태자의 결혼 비용으로 명 조정의 연간 수입을 웃도는 2,400냥의 은을 소비하였다. 장거정이 10년 동안에 독재 정치라는 비판과 부친의 복상도 하지 못한 탈정 논란으로 탄핵을 받으면서까지 쌓아놓았던 국고는 이제 바닥을 드러냈다.

국가 전반에 퍼진 사치스러운 풍조로 명 제국의 재정은 위기를 맞았다. 설상가상으로 만력제 재위 초기 안정되었던 국내외 정치 상황이 불안정해져갔다. 만력삼대정벌萬曆三大征伐로 불리는 영하寧夏에서 발생했던 몽골 출신 장군 보바이哱拜의 반란, 일본 도요토미 히데요시의 조선 침략, 파주播州의 추장 양응룡楊應龍의 난이 발생하여 명 제국의 쇠퇴를 가속화시켰다.

1592년 4월 13일 일본 제1군 선봉장 고니시 유키나가 군이 부산에 상륙하였다. 일본군의 파상공세에 조선 수도 한양은 20여 일만에 함락당했다. 조선 국왕 선조는 급히 몽진길에 올라 명에 원병을 요청하였다. 명나라는 일본에서의 첩보 활동과 조선 측으로부터 확보한 정보를 통해 일본군이 조선을 경유하여 자국을 침공하려는 의도가 있음을 알게 되었다. 명 조정에서는 많은 관원들이 조선에 대해 회의적인 생각을 갖고 있었다. 즉 조선이 일본과 함께 모의하여 명나라를 치려고 하는 것은 아닌가 하는 의구심을 품었다.

1592년 일본이 조선을 침략하였을 때, 명 조정에서는 남쪽 지방으로 함대를 보내 일본을 공격할 것인지, 조선의 변경에 군대를 주둔시킬 것인지, 평화를 위해 협상을 할 것인지를 결정하기 위한 논란이 벌어졌다. 마침내 만력제와 명 조정은 남만주와 북중국을 방어할 목적과 조선을 원조해서 종주국으로서의 체면을 지키기 위해 원군 파병을 결정하였다.

명의 원병 파견은 조선의 구원 요청을 수용하는 형식으로 이루어졌지만 사실은 명 자체의 필요성 때문이었다. 앞서 설명한 바와 같이 명군의 참전은 조선을 구원한다는 목적보다는 조선이 일본에게 넘어갈 경우를 우려하여 요동을 방어하고, 궁극적으로 중국의 수도인 북경을 보호하려는 의도에서 이루어졌다고 할 수 있다.

만력제는 1592년 6월 선조에게 황지皇旨를 보내 조선 국왕 선조를 위로하고 원병을 파병할 것을 알렸다.

왜적이 조선을 함몰시켜 국왕이 도피하였으니 짐朕은 매우 측은하게 여긴다. 구원병을 일단 파견하고 사람을 차견하여 그 나라 대신들에게 먼저 타이르되, 충성을 다하여 나라를 수호하고 각처의 병마兵馬를 속히 결집하여 성지城池를 굳게 지키며 요해처에 웅거하여 힘껏 회복을 도모하도록 하라. 어떻게 앉아서 망하는 것을 볼 수 있겠는가.

만력제가 내린 황지의 요지는 조선의 요청에 의해 구원병을 파병할 것이나 조선의 대신들도 일본군을 격퇴할 방안을 적극적으로 마련하라는 것이었다. 그러나 만력제가 원병 파병을 약속하는 황지를 내렸음에도 요동의 군진에서는 조선이 일본군의 향도가 되어 요동을 침범할 것이라는 의심을 여전히 풀지 않았다. 그리하여 송국신宋國臣을 보내 선조가 조선의 진짜 국왕이 맞는지를 확인하고 송국신이 돌아가 보고한 뒤에야 요동 군진에서는 비로소 의심을 풀었다.

명 조정에서 조선의 간곡한 원병 파병 요청과 자국의 안위를 위해서 파병을 결정하기는 하였지만, 명나라 내부에서 몽고 출신 보바이의 반란이 일어나 이를 진압하기 위해 이여송이 이끄는 요동의 정예병력을 영하로 파견해놓은 상태였다. 이런 상황에서 일본군의 공격으로 요동에 주둔하고 있던 병력을 파병하는 것은 요동지역 방어의 공백이 생기는 것이기도 했기 때문에 명 조정과 요동 군진에서는 섣불리 구원을 하지 못하고 머뭇거리는 상태였다.

1592년 7월 조선의 거듭되는 원군 파병 요청에 만력제는 기마병 3천 명을 파병할 것을 결정하였다. 그러나 명군은 곧바로 압록강을 건너지 않고 주저하였다. 가능하면 압록강변에 주둔하면서 조선의 동정을 살피려는 의도였다. 요동순무 학걸郝杰이 간곡하게 강을 건너 조선을 실망시키지 말 것을 요청하자 비로소 강을 건너왔다.

1592년 7월 17일 조승훈이 이끄는 명군은 평양에 주둔하고 있던 고니시 유키나가에게 대패하여 유격 사유와 대조변이 전사하였다. 주장 조승훈은 목숨을 건져 요동으로 퇴각하였다. 조승훈은 요동 군진에 돌아가 '조선 군사 일진一陣이 적진에 투항하였기 때문에 전투가 불리하였다.'고 패전을 변병하였다. 조승훈의 패보를 접한 만력제와 명 조정은 일본군의 전력이 생각보다 강하다는 사실을 깨닫게 되었다. 만력제

는 우선 전비를 충실히 하는 한편 심유경沈惟敬을 조선에 파견하여 화의
和議에 나서게 하여 시간을 벌도록 하였다. 그 사이 영하에서 보바이를
토벌하는 데 공을 세웠던 이여송을 불러 어왜총관禦倭總管에 임명하여
조선으로 출병시켰다.

명 조정의 계속되는
의심과 논란

당시 명 조정 내부에서는 조선에 군대를 파병하여 일본군을 막는 것에
대해 서로 다른 두 가지 의견이 대립하고 있었다. 어떤 사람은 일본군
을 국경에서 막아야 한다고 하고, 어떤 사람은 두 오랑캐(조선과 왜)가
싸우는 것이니 구원할 필요가 없다고 주장했다. 언관으로 있던 병부급
사중兵部給事中 허홍강許弘剛은 만력제에게 '무릇 변비邊鄙는 중국의 마당
이고 사이四夷는 곧 울타리일 뿐입니다. 사이가 지킨다는 말은 들어보
았지만 사이를 위해 지킨다는 말은 들어보지 못했습니다.'라고 하여 원
병 파견에 회의적이었다. 반면 석성石星을 수장으로 하는 병부관원兵部
官員들은 만력제에게 '조선이 위태로우니 해가 반드시 요동까지 미칠 것
입니다. 우리의 울타리를 견고히 하고 그 기세를 굳건히 해야 하니 또
한 멈출 수 없는 형세입니다.'라고 하여 요동 방어를 위해 조선을 도와
야 한다는 점을 분명하게 밝혔다.
　한편 조승훈이 패전하자 조선도 요동 군진에 사신을 보내 군사를 파

견해 구원해줄 것을 다시 요청하였다. 만력제는 다음과 같은 성지聖旨를 병부에 내려 조선을 안심시키고 재차 조선으로 출병할 것을 명령하였다.

조선은 본래 정성을 다 바친 우리의 속국이다. 도적의 난을 당하고 있는데 어찌 앉아서 볼 수 있겠는가. 요동 진무관遼東鎭撫官은 즉시 정병精兵 2지枝를 보내 구원하도록 하고 은 2만 냥을 그 나라에 보내 호군하도록 하고 대홍저사大紅紵絲 두 벌을 국왕에게 내려 위로하라.

만력제는 조선에 재차 정병을 파병할 것을 약속하고, 군사들을 위로하기 위해 은 2만 냥을 보내고 모시 옷 두벌을 내려 선조를 위로하였다. 그리고 유격 장기공張奇功을 파견하여 은을 풀어 말 먹이와 식량을 사들여 군량으로 사용하게 하였다. 또 참장 낙상지駱尙志를 파견하여 남병南兵을 거느리고 북안에 주둔하게 하였다.

1592년 9월 만력제는 재차 설번薛藩을 파견하여 다음과 같은 조칙을 내렸다.

짐이 지금 문무 대신 2원員에게 명하여 요양의 정병 10만 명을 통솔하고 가서 도와 적을 토벌하도록 하였다. 기필코 그대 나라의 병마와 함께 전후에서 협공하여 흉적을 모조리 죽여 하나도 남기지 말도록 해야 할 것이다. 짐이 하늘의 명명을 받아 화이華夷의 군주가 되어 지금 만국이 모두 편안하고 사해가 안정되어 있는데 어리석은 소추가 감히 횡행하므로 다시 동남변해東南邊海의 여러 진鎭에 조칙을 내리고 아울러 유구琉球·섬라暹羅 등의 나라에 선유하여 군사 10만 명을 모집해서 동쪽으로 일본을 정벌하여 경예(鯨鯢, 악인을 가리킴)를 주살하고 사해를 안정시키게 하였다. 그렇게 되면 작위를 주고 포상하는 성대한 전례를 짐이 어찌 아끼겠는가.

만력제는 조선의 구원 요청에 정병을 파병하여 일본군을 섬멸하겠다는 의지를 재차 강조하였다. 이에 조선 국왕 선조는 만력제의 조칙을 팔방八方에 선포하여 관군과 의병에게 명과 조선의 공동의 적인 일본군을 토벌하도록 명령하였다. 아직 명의 원병이 도착하지 않은 상황이었음에도 만력제의 조칙은 조선 조정과 관군·의병에게 일본군을 대적할 수 있다는 가능성을 부여해주는 것이기도 했다.

만력제와 명 조정에는 대규모의 원병을 조선에 파견해야 하는 문제가 다시 대두되었다. 명 조정에서는 조선에 재차 파병하는 문제를 놓고 논란이 빚어졌다. 이러한 상황에서 요동 순안어사 이시자李時孶는 일본군이 이미 평양을 함락시키고 요동으로 접근해오고 있다는 보고를 올렸다. 다급해진 만력제와 명 조정은 병부 우시랑右侍郎 송응창을 북경과 천진·요동을 방어하는 비왜경략備倭經略으로 임명하고 만일에 사태에 대비하였다.

1592년 9월 명 병부는 송응창에게 계요지방의 독무督撫들을 만나 일본군이 침입할 경우 방어를 위해 전차·화포·전선 등을 준비하고 참호를 파는 등 방어대책을 강구하였다. 또한 각 지방으로 하여금 한 사람의 왜적도 들이지 못하도록 하라는 명령을 내렸다.

그러나 만력제의 조선 원병 파병 명령이 떨어졌음에도 명군 지휘부는 신속하게 조선으로 출병하지 못했다. 우선 보바이의 난을 진압하기 위해 영하로 갔던 제독 이여송이 요동으로 복귀해야 했다. 즉 원정군을 파견하는 데 중요한 지휘관과 병력이 집결되지 않았던 상황이었다. 또한 군수 물자 준비와 조승훈의 패전으로 인해 신중한 군사 작전이 필요했기 때문이었다.

1592년 11월 만력제는 대병大兵을 출동시켜 조선을 구원할 것을 허락하고 먼저 은 3천 냥을 보냈다. 또한 그는 경략 송응창을 먼저 2만의 군사를 주어 출발시키고 곧이어 대군을 징발하고 장수를 정하여 조선으로 파견하도록 하였다. 결국 자국의 군사적, 경제적 이해 득실관계를 충분히 고려한 후인 12월에야 제독 이여송이 이끄는 4만 3천의 병력이 조선에 출병하였다.

명 내부의 갈등
강화론과 조선 직할통치론

1593년 1월 제독 이여송이 이끄는 명군은 평양성을 에워싸고 남병인 포병부대로 성을 공격하였다. 이 전투로 조명연합군은 평양성을 탈환하는 전공을 세웠다. 조선 조정은 도체찰사 류성룡의 장계를 받고 만력제에게 평양성 전투의 승전을 보고하였다. 그런데 명군 지휘부에서는 평양성 탈환 후 이여송이 이끄는 북군과 송응창이 이끄는 남군 사이에 전공을 둘러싸고 알력이 발생하였다.

이여송은 남병의 포병부대 지원 없이도 승리할 수 있다는 것을 증명하기 위해 퇴각하는 일본군을 추격하여 연전연승을 거두었다. 그러나 파주까지 진군했다가 벽제역碧蹄驛에 패전한 뒤 퇴각하여 개성에 주둔하였다. 이후 이여송은 왕필적王必迪을 개성에 남겨두고 평양으로 물러났다. 『명사明史』에는 벽제관 전투의 패전에 대해 다음과 같이 기록되어 있다.

벽제관에서 대패하니 이여송의 기운이 크게 꼬여 송응창·이여송은 급히 휴식을 취하고자 하였다. 그런데 왜 또한 군량미가 떨어지고 평양에서의 패배를 경계하여 뜻이 돌아가고자 하는 데 있었다.

명군과 일본군은 평양성 전투와 벽제관 전투에서 일전일퇴를 벌이면서 서로에게 상당한 충격을 주고 받았다. 일본군도 군량미의 부족으로 전투를 지속할 수 없었고 명군은 패배의 충격으로 전투 자체를 피하고자 했다. 명군 지휘부는 벽제관 전투의 패전 이후 심유경을 보내 일본과 강화를 논의하였다. 만력제는 명 예부의 건의를 받아들여 평양·개성·벽제·서울에 단을 설치하여 전사한 자국의 군사에게 위령제를 지내도록 허락하고, 단의 명호를 민충愍忠이라 하였다.

1593년 1월 벽제관 전투의 패전 이후 명군 지휘부는 강화협상을 통해 전쟁을 마무리 짓고자 했다. 조선 출병과 주전론主戰論을 주장하던 명 병부상서 석성도 벽제관 전투의 패전 후로는 주화主和로 돌아섰다.

명 조정 내에서 일본군의 대응에 대한 변화를 가져올 정도로 벽제관 전투는 임진왜란의 전개 과정에 있어 아주 중요한 사건이었다. 명이 주전에서 주화로 돌아선 이유는 평양성 전투에서 승리하였지만 군세가 일본군보다 나을 것이 없었고, 일본군이 서울에서 물러나자 자신들의 역할은 충분한 것으로 파악하였기 때문이다.

경략 송응창도 명 조정에 실제 전쟁 상황보다 과장된 보고를 올려 전투를 중단하고 휴식을 취하고 싶은 의사를 전달하였다. 송응창이 명 조정에 보낸 보고 내용을 통해 송응창과 명군 지휘부의 의도를 읽을 수 있다.

왜노倭奴는 모두 왕경(한양)에 결집되어 있는데 보고에 따르면 그 수가 실로 20여 만에 이른다고 합니다. 아군은 채 4만이 되지 않고 먼 거리를 달려와 전투를 한 뒤이므로 병·마가 모두 피로한 상황입니다. 강하고 약하며 많고 적음에 관계없이 이미 대응할 수 없는 형편인데 장마로 인해 사방이 온통 진흙탕이고 도랑의 물은 깊으니 하늘의 때와 지리적 이점 또한 우리에게 있지 않으니 잠시 휴식을 취하고자 합니다.

송응창의 보고를 통해 알 수 있듯이 그들은 더 이상 전투를 지속할 의사가 없었다. 송응창의 보고를 받은 석성은 명군의 사기가 이미 꺾여 계속 일본군과 전투를 할 수 없다고 판단하였다. 또한 당시 명은 내부에서 일어난 보바이의 반란과 양응룡楊應龍의 반란을 진압하고 있는 상황이었다. 석성의 판단으로는 조선에 파병할 군대를 늘리거나 군량을 늘릴 수 있는 상황도 아니었다. 따라서 명 조정 내에서는 많은 사람들이 평양과 개성을 이미 수복하였기 때문에 조선을 구원해주려던 목적을 이미 달성했다고 판단하였다. 이러한 상황 속에서 석성은 외교적 방법을 통해서 조선을 원조하는 데 들어가는 비용을 줄이고자 했다.

일본군도 명군이 용산의 군량 창고를 불태워 군량미가 부족했고 전염병이 돌고 있는 상황이었다. 고니시 유키나가도 평양 전투의 패전을 의식하여 퇴각하고자 했다. 이에 일본은 명군 지휘부에 먼저 강화협상을 제의하였고, 석성은 일본군의 제안을 수락하여 심유경을 보내 일본과 구체적인 내용을 협상하도록 하였다.

1593년 명의 대학사 왕석작王錫爵은 조선이 회복되었다며 만력제에게 하례를 받으라고 촉구하면서 명군의 철수 문제를 거론하기도 했다. 병과급사중 후경원候慶遠은 더 나아가 명나라가 굳이 일본과 원수가 될 필요가 없으며, 명군이 평양과 서울을 회복시켜준 것만으로도 그 역할 다했다고 평가했다. 따라서 조선에 정예병 약간을 남긴 뒤 철수하자는 주장을 하였다. 만력제는 후경원의 제안을 긍정적으로 받아들였고 명 조정에서도 명군 철수를 기정사실로 받아들이는 분위기였다.

한편 명 조정 일각에서는 강화론에 반대하는 주장도 제기되었다. 반대 이유는 일본과 강화를 맺으면 봉공을 허락하게 될 것이고, 일본인들이 봉공을 빙자하여 연해안 지역에 개시(開市, 무역시장)를 요구할 것이라는 예상 때문이었다. 더 나아가 일본인들이 작폐를 부려 남방의 경제 중심지에 우환이 생길지 모른다고 주장하였다. 또한 강화론을 반대하던 인사들이 강화 협상의 실무자인 심유경을 불신하였던 것도 반대의 중요한 요인이 되었다.

더 나아가 강화반대론자들 사이에서는 조선에 대한 직할통치론이 대두되기도 하였다. 계요총독薊遼總督 손광孫鑛은 조선의 쇠약과 부진을 국왕 등 지배층이 지닌 문제점에서 비롯된 것으로 파악하였다. 이에 원이 고려에 정동행성을 설치했던 것과 같이 명이 조선에 순무를 파견하여 조선의 신료를 관리하고 조세징수권 등을 갖자고 주장하였다. 이러한 조선의 직할통치론은 이후에도 여러 번 제기되었다.

그러나 결과적으로 명과 일본의 강화협상이 파탄으로 종결되면서 정유재란이 발발하게 되었다. 강화협상이 어긋난 원인은 양자 간의 입장이 근본적으로 달랐기 때문이었다. 즉 도요토미 히데요시는 전승국의 입장에서 조약을 체결하려 한 데 반해, 명 조정은 일본을 이적夷狄 가운데 한 나라로 생각하여 도요토미 히데요시를 단지 일본국 왕에 봉하고 조공을 허락하는 선에서 강화를 매듭지으려 했다. 더구나 심유경과 고니시가 이러한 이견을 각 조정에 제대로 보고하지 않고 서둘러 조약을 체결하려 한 것도 파탄의 원인이 되었다.

조선 파병으로 인한
재정 악화와 제국의 몰락

전근대 왕조국가의 정치는 제왕으로부터 시작되고 모든 정치적 평가의 최종 책임도 제왕이 진다. 한 시대를 이해하는 데 제왕의 역할을 파악하는 것이 무엇보다 중요하다고 할 수 있다. 하지만 간과해서는 안 되는 점은 제왕을 비롯한 여러 역사적 인물에 대한 평가는 관점에 따라 달라질 수 있다는 것이며, 특히 제왕의 정치관와 왕권의 성격도 변화할 수 있다는 것이다.

명의 제16대 황제인 만력제에 대한 평가도 역사학계에서는 다양한 측면에서 이루어지고 있다. 사치스러운 생활로 국고를 탕진하고 백성의 가난을 구제하지 못하였으며 정치 기강도 바로잡지 못한 인물로 평가하는가 하면, 약간은 우유부단했지만 정직·성실하고 재능이 있는 총명한 군주라고 평가하기도 한다. 또한 그의 재위 기간도 통치 중반에 나타난 부패상과 민란의 발생 등으로 더는 손을 댈 수 없을 정도의 암흑시대로 규정하고, 명왕조의 멸망의 원인은 만력제 시대에 이미 시작된 것이라고 보는 이들이 있다. 반면 만력제 시기야말로 명대사에서 재도약의 상승기로서 융경으로부터 만력 말기까지 각종 사회 개혁을 거쳐 경제가 다시 한번 발전하여, 자본주의 맹아를 출현시키며 사회 경제가 재차 발전한 시기라고 보는 견해도 있다.

만력제는 즉위 후 10년 간의 안정처럼 아무 일도 없이 황제 재위를 마치고 싶었으나, 국내외의 정세는 그런 그의 바람을 외면하였다. 만력제는 1592년 2월 영하에서 발생한 보바이의 난을 진압하기 위해 동북방면을 지키고 있는 이여송의 부대를 파견하고서 7개월 만에 영하성을 탈환하고 난을 제압하는 데 성공하였다. 만력제는 이 전란을 진압하기 위해 은 180여 만 냥을 전비로 소모하였다.

보바이의 난을 진압하기 위한 토벌 작전이 진행되는 중에 1592년 4

월 일본군이 조선을 침략하여 평양성을 함락시켰다는 것이 명 조정에 보고되었다. 만력제는 즉위 후 이때까지 이민족에 의한 침략을 받아본 경험이 없었고, 조정의 입장에서도 일본에 의해 수도 북경이 위협받을 것이라고는 상상도 하지 못했다. 그러나 제국의 수도 북경이 일본군의 칼끝 앞에 놓이게 된 상황에서 만력제는 자신과 자국의 안위를 위해서 조선의 원병 요청을 받아들여 군사를 출병시킬 수밖에 없었다.

만력제는 1592년 임진왜란 시기에 두 차례에 걸쳐 조승훈 휘하 3천여 명과 이여송·송응창 휘하의 4만 3천 명의 병력을 조선에 파병하였고, 이후 8천 명의 병사를 더 파견하였다. 또한 강화협상이 파탄으로 종결나면서 정유재란 시기에 양호 마귀 휘하의 5만 5천 명의 병력을 조선에 재차 파병하였다. 이 밖에 진린 휘하 수군 5천 명을 파병하였다. 명군은 자국의 방어를 위해 조선에 대략 14만 명 정도의 원병을 파병하였고 전비로 780여 만 냥을 소모하였다. 이는 국가 재정의 3분의 1을 일본군을 조선에서 막는 데 소모한 것이다.

설상가상으로 조선에 원병을 파병하여 일본군과 대적하고 있던 1597년 파주 토사 양응룡의 반란 사건이 발생하였다. 이를 진압하는 데도 2년에 걸쳐 연인원 20만 명의 관군이 동원되었다. 이 반란 사건의 진압을 위해 투입된 병력을 보면 임진왜란 때 조선을 구원하기 위해 파병하였던 병력보다도 훨씬 더 많은 관군이 투입되었음을 알 수 있다. 이를 통해 명이 양응룡을 진압하기 하기 위해 얼마나 많은 시간과 병력을 투입하였는지를 알 수 있다. 재정 지출도 컸다. 만력제는 양응룡의 난을 진압하기 위해 200여 만 냥을 전비로 소모하였다.

이러한 국내외의 위기 속에서도 만력제를 비롯한 황족들은 무절제한 사치 생활을 지속하였다. 만력제는 부족한 재정을 메우기 위해 환관을 광감세사로 전국에 파견하여 은광을 개발하도록 하고 상세를 징수한다는 명목으로 가렴주구를 일삼았다. 이로 인해 한때 명국의 중흥과 평화가 도래할 것 같았던 그의 재위 말년에는 각지에서 황제에 저항하는 민란이 발생하였다. 또한 조정에서도 동림파와 환관파의 당쟁의 격화되어 제국의 쇠락이 더욱 가속화되었다.

만력제는 열 살이라는 어린 나이에 즉위하여 장거정이라는 명재상을 기용하여 재위 10년 동안 국가 기강을 바로잡고 국가 재정을 튼실히 하여 쇠락해가는 명나라에 활기를 불어넣은 군주였다. 그러나 성인이 된 이후 복잡하고 냉혹한 정치 현실에 정치적 역량을 제대로 발휘하지 못하였고 국내외에서 발생한 변란을 진압하기 위해 많은 인적, 물적 재원을 소비해야만 했다. 그렇게 해서 조선에서는 나라를 다시 세우게 해주었다는 재조지은再造之恩의 대상으로 칭송을 받았지만, 결국 자신이 지키고자 했던 명나라는 훗날 오랑캐라 멸시하던 후금에게 내주게 되었다.

현장을 대면하고
현실적으로 대처한다

광해군(光海君, 1575~1641)의 묘

전시 상황에서 급하게 세자로 책봉된 광해군이 분조를 이끌면서
각지에 격문을 보내 의병을 봉기하도록 했던 일련의 활약들은 그
의 세자로서의 위치뿐만 아니라 위기를 관리할 수 있는 군왕의 자
질을 보여주는 시험대가 되었다.

서출 둘째 왕자

이혼李琿

광해군 이혼李琿은 1575년(선조 8) 선조와 공빈 김씨 사이에 2남 중 차남으로 태어났다. 그의 어머니 공빈 김씨는 사포서(司圃署, 왕실의 채소와 과수 등의 재배를 맡은 관청) 사포 김희철金希哲의 딸이었다. 선조는 1569년(선조 2) 번성부원군 박응순의 딸인 의인왕후 박씨를 정비로 맞았으나, 자식이 없었다. 반면 후궁인 공빈 김씨는 선조와의 사이에서 임해군과 광해군의 두 왕자를 얻었다.

선조와 의인왕후 박씨 사이에 후사가 없는 상황에서 선조의 왕위는 임해군이 이을 가능성이 가장 높았다. 선조는 첫 아들인 임해군을 얻고 건저를 생각하지 않을 수 없었다. 그 영향인지 1574년 임해군이 태어난 후 치러진 정시(庭試, 나라에 경사가 있을 때 대궐 안에서 보던 과거)에서 '악비청건저이론岳飛請建儲貳論'을 출제하였다. 이것은 중국 남송의 장군 악비가 금과의 전투에 출전하면서 송 고종에게 '우선 태자를 세워 인심

을 안정시켜야 한다.'고 한 것을 정시의 논제로 한 것이었다. 선조가 첫
아들인 임해군을 얻고 정시를 통해 후사에 대한 대신들의 생각을 수렴
하려고 했던 것으로 보인다.

한편 광해군을 낳은 공빈 김씨는 1577년 5월 27일 세상을 떠나고 말
았다. 해산 후 계속된 후유증 때문으로 생각된다. 1574년과 1575년에
태어난 임해군과 광해군 형제는 생모의 사랑을 받지 못하고 유년기를
보내야만 했다. 생모를 여읜 임해군, 광해군 형제가 자라는 동안 아버
지와 다른 후궁들 사이에서 이복형제가 연이어 태어났다. 선조와 인빈
김씨 사이에서 의안군, 신성군이 태어났고, 훗날 계해반정의 주역인
인조의 아버지 정원군과 의창군이 차례로 태어났다. 이 밖에 순빈 김씨
에게서는 임진왜란 때 임해군과 함께 함경도로 근왕병을 모집하기 위
해 떠났다가 일본군에 포로로 잡히게 되는 순화군이 태어났다. 선조는
적출 소생은 없었지만 모든 후궁들과의 사이에서 왕자를 얻었다.

선조는 임해군과 광해군에게 하락河洛을 왕자사부로 임명하여 학문
에 힘쓰도록 하였다. 『선조실록』에는 아홉 살이던 광해군이 스승인 하
락에게 『소학』을 배웠다는 내용이 나온다. 1585년 임해군 이진李珒은
허명許銘의 딸과 가례를 올렸고, 이후 광해군도 유자신柳自新의 둘째 딸
과 혼례를 올렸다. 광해군의 부인 유씨 집안은 6남 3녀로 형제가 많았
다. 광해군은 임진왜란 때 처가의 도움을 많았는데 처남 유희담과 유희
분을 거느리고 평안도, 함경도, 강원도의 전장을 함께 누볐다.

그러나 선조는 여러 왕자를 두고도 선뜻 세자를 책봉하지 못하고 있
었다. 1589년 좌승지 윤선각尹先覺은 차자를 올려 세자를 세울 것을 건

의했으나 이때도 선조는 결정하지 못했다. 임진왜란이 발생하기 전 조선 조정은 정여립 역모 사건으로 동인과 서인 간의 갈등이 격화되어 있었고, 선조가 대통을 이을 후사를 결정하지 못하는 사이에서 건저 문제를 둘러싸고 대신들의 고심도 깊어갔다. 정철이 건저 문제를 제기했다가 탄핵을 받고 귀양을 가게 된 이후에는 누구도 건저 문제를 거론할 수 없는 상황이었고, 의인왕후 박씨에게서는 적출 왕자의 회임懷妊 소식이 들려오지 않았다.

전란이 가져온
세자 책봉

세자 책봉의 향방이 어떻게 될지 예측하기 어려운 가운데 1592년 일본군의 침략으로 임진왜란이 발발하였다. 4월 13일 최전방 부산진이 무너지고, 연이어 4월 14일 동래부가 함락되었다. 경상좌병사 이각은 울산의 좌병영에서 좌도의 군사들을 이끌고 동래를 구원하려 출전하였으나 부산진이 함락되었다는 소식을 듣고 도망하였다.

조선 조정에는 4월 17일 경상좌수사로 자신의 임지를 버리고 도망한 박홍이 장계를 올려 임진왜란 발발이 보고되었다. 이에 조정에서는 이일을 순변사로 먼저 파견하고 신립을 도순변사로 파견하여 일본군의 침입을 죽령과 조령에서 막고자 하였다.

그러나 선조와 조정 대신들의 기대와 달리 이일은 일본군의 북상을 막아내지 못하였다. 이일의 패전 소식이 전해지자 궁중 내부에서는 도성을 버리고 떠나자는 의견이 나오고 있었다. 영의정이자 사복시 제조(궁중의 승여·마필 등의 일을 맡아보던 관청)를 맡고 있던 이산해와 사복시 이마(사복시 정6품의 잡직으로, 임금의 마필에 관한 일을 보던 관리) 김응수金應壽가 빈청에서 귓속말을 여러 번 교환하는 장면이 대신들의 눈에 포착되었다. 이것은 영의정 겸 사복시 제조 이산해가 파천을 준비하려고 한 것으로 이해할 수 있다. 이후 신립마저도 패전했다는 소식이 전해지자 다급해진 선조는 여러 대신들의 반대에도 불구하고 파천할 것을 결심하였다.

이때 우부승지 신잡은 파천에 앞서 민심을 안정시키기 위해서 세자 책봉을 건의하였다. 주서 조존세 등도 이에 동조하였다. 선조도 세자 책봉을 더는 미룰 수 없었다. 선조는 대신들에게 다음과 같이 일렀다.

나라의 위태로움이 이와 같으니 다시 형적形迹을 보존할 수가 없다. 경들은 누구를 세울 만하다고 생각하는가?

선조는 서출 왕자 가운데 누구를 세자로 책봉해야 할 것인가를 물었다. 그러나 대신들은 "이것은 사신들이 감히 아뢸 바가 아니고 마땅히 성상께서 스스로 결정하실 일입니다."라고 하여 누구도 나서지 않았다. 먼저 건저 논의를 꺼냈다 귀양에 처해졌던 정철과 같은 전철을 밟지 않기 위해서도 그렇고, 또 누구를 지목했다가 선조의 의중과 다르거나 책봉된 세자와 자신이 지지한 왕자가 다를 경우에 돌아올 정치적 보복과 그에 대한 논란에서 자유로울 수 없었기 때문이기도 하였다.

일본군의 북상으로 풍전등화의 위기 속에서 파천이 결정되었지만 선조는 세자를 신속하게 정할 수 없었다. 많은 왕자군들 가운데 자신의 대통을 이을 만한 군왕의 자질은 물론이거니와 전란 상황에서 어려운 정사를 도울 수 있는 사람을 찾아야 했기 때문이다.

시간이 한참을 흘러도 대신들은 말이 없고 선조는 결정을 내리지 못하고 있다가, 신잡이 "오늘은 기필코 결정이 내려져야 물러갈 수 있습니다."라고 압박하자 선조는 "광해군이 총명하고 학문을 좋아하여 그를 세자로 삼고 싶은데 경들의 뜻은 어떠한가?"라며 광해군을 세자로 책봉할 것을 피력하였다. 대신들은 모두 일시에 일어나 절하며 "종묘 사직과 생민들의 복입니다."라며 선조의 결정에 이의가 없음을 밝혔다.

이렇게 해서 임진왜란이라고 하는 전란으로 도성이 함락될 위기에 처하자 태생적으로 서출 차남이었던 광해군이 장남 임해군을 제치고 세자로 책봉되었다. 광해군에게 있어 세자 자리는 전란이 준 기회라고 할 수 있다. 그렇지 않았다면 세자는 더 먼 훗날에, 다른 사람의 자리가 되었을지도 모른다.

하지만 중요한 것은 선조가 많은 아들 가운데 광해군을 세자로 지목한 배경이다. 이는 그가 총명하고 학문을 좋아하고 자질이 있음을 부왕으로서 인정했음을 말해주는 것이다. 『선조수정실록』에서 선조가 광해군으로 세자를 책봉한 이유를 확인할 수 있다.

상의 장자인 임해군 이진은 성질이 거칠고 게을러 학문을 힘쓰지 않고 종들이 제마음대로 하도록 놔두어 폐단을 더욱 심하게 일으켰다. 그러나 광해군은 행동을 조심하고 학문을 부지런히 하여 중외中外 백성들의 마음이 복속하였으므로 상이 가려서 세웠다.

세자 책봉의 기준으로 광해군의 연령도 중요했다. 전란 과정에서 혹시 모를 변고가 생길 경우 즉시 즉위할 수 있어야 했기 때문이다. 1592년 임진왜란 당시 임해군은 19세, 광해군은 18세였다. 선조의 의중에 이미 임해군은 세자 책봉의 대상이 아니었던 것으로 보이며, 선조가 총애하던 신성군의 나이는 13세였다. 평시라면 어땠을지 모르지만 전란 중에 13세의 신성군으로 세자를 삼는 것은 쉽지 않았을 것이다.

어쨌든 파천을 앞두고 신잡의 건의로 시작된 세자 책봉은 선조 재위 25년 만인 1592년 4월 29일 서출로 두 번째 왕자인 광해군을 세움으로써 일단락되었다.

세자 책봉이 마무리되자 선조는 몽진을 위한 계획을 마련하였다. 류성룡은 왕자들을 여러 도에 나누어 보내 근왕병을 불러 모아 군기 회복을 도모하게 하고, 세자는 몽진 어가를 따라가도록 할 것을 선조에게 건의하였다. 선조는 류성룡의 건의에 따라 임해군을 김귀영과 윤탁연이 수행하여 함경도로 가게 하였다. 순화군은 황정욱과 그의 아들 황혁, 동지중추부사 이기와 함께 강원도로 들어가게 하였다.

1592년 4월 30일 새벽, 마침내 선조는 몽진 길을 떠났다. 세자 광해군도 부왕의 뒤를 따랐다. 세자에 책봉된 기쁨도 잠시, 언제 다시 돌아올지 모르는 파천길은 고난의 시작이었다.

신주를 모시고
분조를 이끌다

1592년 5월 7일, 온갖 고생 끝에 평양으로 들어온 선조는 다소나마 안정을 되찾을 수 있었다. 수라도 거르고 급박하게 피난했던 것과 달리 『선조실록』 5월 29일자의 기사에 따르면 선조는 하루에 세 차례의 수라를 들고 잠도 편안하게 들고 있다고 하였다. 그러나 일본군의 군사적 위협에 평양에서 더는 머무를 수 없게 되었다. 평양에 머무르던 대신들 사이에서도 평양성을 지킬 것인가 타 지역으로 이동할 것인가를 놓고 의견이 분분하였다. 선조는 대신들에게 평양성을 떠나고 싶은 의사를 다음과 같이 피력했다.

> 내 생각에는 여기 평양이 안전한 지역이 아니니 군신君臣이 함께 왜적의 칼날에 어육魚肉 될 수는 없다. 나는 이주하고 싶은데 대신들이 따르지 않는구나.

류성룡은 선조의 의도를 파악하여 우선 평양을 떠나 영변으로 갈 것을 건의하였고, 선조는 세자인 광해군에게 분조를 맡기고 6월 11일 영변으로 이동하였다. 이동하는 어가는 최흥원, 유홍, 정철 등이 호종하였다.

6월 15일 광해군은 부왕 선조의 분조 명령에 따라 신주를 받들고 험난한 길을 따라 회천을 지나 장동으로 이동하였다. 거기서 다시 원홍을 지나 평전에 도착하였다. 광해군이 이끈 분조는 험준한 산악지형을 이동하였고 나무를 베어 땅에 박고 풀을 얹어 지붕을 만들어 노숙을 하였다. 광해군은 험난한 산천을 다니면서 편안하게 지내지 못하다가 이천에 이르자 그곳에 머물면서 각지에 격문을 보내 의병이 봉기하도록 독려하였다. 광해군의 격문은 갈곳을 잃고 각지에 흩어져 있던 사대부들에게 충성을 바칠 조정이 아직 건재하다는 것을 알리는 것이기도 했다.

광해군의 분조를 수행하던 유대조는 상소를 올려 앞선 광해군의 활동을 상세히 보고하고, 세자가 이천으로 이동하여 각지에 격문을 보낸 것이 국세가 회복되고 종사가 다시 안전하게 될 수 있었던 중요한 역할이라 평가하였다. 이를 통해서 조정의 명령이 사방으로 전달되어 중흥의 기틀을 이룩하였던 것이라 강조하며 광해군에게 조선 중흥의 공로가 있음을 피력하였다.

전시 상황에서 급하게 세자로 책봉된 광해군이 분조를 이끌면서 각지에 격문을 보내 의병을 봉기하도록 했던 일련의 활약들은 그의 세자로서의 위치뿐만 아니라 위기를 관리할 수 있는 군왕의 자질을 보여주는 시험대가 되었다. 위기가 기회가 된다는 말처럼 광해군의 분조 활동은 평시에 제왕학을 통해 군주의 자질을 배워나가는 것과 달리 위기의 상황에서 그의 능력을 발휘하고 통치의 기술을 배우는 중요한 기회였다.

높아지는 신망과
아버지의 견제

안전한 피난처만 찾는 부왕과 달리 몸소 나서 나라의 위기를 관리하는 세자에 대한 조야의 신망을 높아져만 갔다. 명군 장수들에게도 광해군은 부왕 선조를 대신해서 하삼도의 군무를 총괄할 자질이 있는 인물로 비쳤다. 다음의 『선조실록』 기사는 명군의 광해군에 대한 인식을 잘 보여준다.

> 왕의 둘째 아들 광해군이 영웅의 풍채에 위인의 기상이 드러나 준수하고 온화하며 어린 나이에 재능이 뛰어나다고 하니, 저의 생각에는 나라의 기업을 새로 회복하는 이때에 광해군으로 하여금 전라·경상·충청도를 차례로 순찰하면서 크고 작은 일을 막론하고 모두 그의 결재를 받도록 하여 군병을 선발할 때 반드시 친히 검열하게 하면 연약한 자가 감히 끌려와서 섞이지 않을 것이며, 성지城池를 수리하거나 설치할 때 반드시 친히 답사하게 하면 공인과 재목材木을 모으는 자가 감히 게을리하지 못할 것이며, 군량을 운반할 때 반드시 친히 감독하게 하면 급료의 지급과 공급에 결핍됨이 없을 것이며, 군기를 만들 때 반드시 친히 시험하게 하면 칼날이 견고하여 조악하게 만들어지는 일이 없으리라 여겨집니다.

명군이 언급한 광해군에 대한 평가는 아버지인 선조가 듣기에도 기쁘지만은 않을 정도이다. 이러한 평가는 그의 역량을 보여주는 것이기도 하지만, 그들이 국왕 선조보다는 세자를 상대하는 것이 자신의 역할을 수행하는 데 수월하였던 점도 작용한 것으로 보인다. 다시 말해 광해군의 역량을 높이 평가하며 선조에게 광해군이 하삼도의 군무를 총괄하도록 압력이 담긴 요청을 하고, 그들은 세자를 상대하여 자신들이 원하는 방향으로 군무를 행사하려고 했던 것이다. 다분히 정치적 의도가 있었던 것이다.

1593년 8월, 선조는 도성으로 환궁도 하기 전에 세자에게 선위禪位하겠다는 뜻을 밝혔다. 명군과 일본군이 강화회담을 하여 각자 철수를 하던 때였다. 세자가 장성하여 난리를 평정하고 치적을 이룩할 임금이 되기에 충분하니 선위에 관한 여러 일들을 속히 거행하도록 하라는 것이었다. 이는 선조가 광해군이 보여준 분조 활동이 임금으로서 역량을 충분히 갖추고 있다고 인정한 것이기도 하지만 환궁하기 전 자신의 자리를 확고히 하기 위한 방책의 성격이 더 강했다.

이에 광해군은 선조에게 선위하겠다는 명을 거두어줄 것을 눈물로 호소했다. 그러나 이후에도 선조는 지속적으로 광해군에게 왕위를 물려줄 것을 명하였다. 분조 활동으로 병을 얻은 광해군이 눈물로 호소하여도 선조는 내선의 명을 내렸다.

명 경략 송응창도 광해군을 하삼도로 내려보내 군무를 총괄하게 할 것을 선조에게 재차 요구하였다. 송응창은 자신의 절제를 따르지 않으면 군사를 철회시킬 것이라며 협박을 일삼기도 하였다. 1593년 11월 10일 『선조실록』에는 선조의 선위에 대한 다음과 같은 사론이 실려 있다.

2백 년 동안 신성神聖들이 전해오던 큰 왕업을 전하의 몸에 이르러 경솔하게 버리고 파월播越했다가 다행히 하늘의 위령을 힘입어 구물舊物을 회복, 환도하기는 했다. 그러나 전하로서는 통렬하게 자신을 각책刻責하는 마음이 어떠했겠는가. 전위傳位하겠다는 분부야말로 간담에서 나온 것이니 대신들로서는 마땅히 상께서 정사를 떠나 손위遜位하려는 지극한 뜻을 몸받는 것이 또한 하나의 도리였을 것이다. 더구나 동궁이 인자하다는 소문이 여망輿望에 흡족했었으니 명을 받들어 즉위하여 하늘과 사람들의 마음을 조금이라도 위안하게 하는 것이 무슨 옳지 못한 것이 있겠는가. 그런데 누구 하나 계책을 정하여 승순하는 사람이 없었으므로 전하의 아름다운 뜻이 마침내 헛된 데로 돌아가게 만들었으니 나라에 사람이 있었다고 할 수 있겠는가.

사론은 천명을 받아 왕위를 계승하였던 선조가 일본군의 침략으로 도성을 버리고 파천하였다가 다시 환도하기는 했으나 국왕으로 짊어져야 할 마음의 짐도 컸음을 짐작하였다. 이에 세자 광해군에게 전위하려는 뜻을 밝혔는데 그 선조의 뜻을 받들지 않은 것에 잘못이 있음을 논하고 있다.

선조가 처음 전위의 뜻을 밝힐 때는 전란의 책임에서 자유로울 수 없다는 점과 도성으로 환도하였지만 명과 일본과의 강화협상 과정에서 자신은 소외당하고 있던 복잡한 심경으로 왕위를 벗어던지고 싶었는지도 모른다. 또한 세자 광해군이 분조 활동을 통해 조야에 신망이 높아져가고 있는 것과 달리 강화협상기에 국왕 자신이 할 수 있는 것은 제한적이라는 점에서 선위를 진지하게 고려했을 가능성도 있다. 그러나 선조의 선위 파동은 궁극적으로 대신들의 충성심을 시험하고 국왕의 권위를 확인하는 일종의 정치 행위의 연장선에서 파악해야 한다.

물러나겠다는 아버지와
말리는 아들의 수싸움

1593년 윤 11월 19일 선조는 광해군의 분조를 무군사撫軍司로 고치고, 서울을 떠나 남행길로 파견하였다. 광해군의 남행길은 명군 지휘부에서 세자로 하여금 군사를 선발하고 양곡 운반을 독려하게 하기 위한 파견 요청에 따른 것이었다. 선조는 비망기를 내려 문관 1인을 뽑아서 광해군의 모든 명령의 출납과 책응策應에 관한 일을 기록하여 보고하도록 하였다.

12월 27일 무군사일기가 선조에게 보고되었다. 광해군은 12월 16일 전주에 머물러 있었다. 무군사일기에는 무군절제撫軍節制 즉 군사를 어루만지고 관군과 의병을 통제하는 일은 천자의 명에 의한 것임을 밝히고 있다. 광해군은 진주와 금산에서 전사한 사람들의 명단을 책으로 만들어 시강원侍講院에 내리면서 그 가솔을 불러 그들 모두에게 면역첩免役帖과 쌀, 콩 등을 지급하도록 명하였다. 진주에서 전사한 사람은 1593년 제2차 진주성 전투에서 전사한 사람들을 조사한 것이고, 금산에서 전사한 사람은 조헌과 함께 전사한 의병들을 조사하여 그 가속들을 위로하고 구휼하기 위한 조치였다. 또한 시강원의 건의에 따라 의병장 조헌의 두 아들이 걸식하지 않도록 음식과 포목과 필단을 지급할 것을 명령하였다.

광해군은 12월에 전주에 머물면서 상소를 접수하여 민간의 의견을 수렴하기도 하고 지방관들의 보고를 접수하였다. 광해군의 무군사 활동은 선조를 대신하여 지방의 민심을 위로하고 구휼 활동을 펼치는 한편, 군사에 관한 업무도 관장하였던 것이다.

1594년 광해군이 홍주로 이동하여 무군사 활동을 지속하던 때인 4월 4일, 선조는 광해군이 무군사 활동을 마치고 돌아오면 선위하겠다는 뜻을 대신에게 알렸다. 6월에는 지진이 일어난 것을 빌미로 권좌에서 물러날 뜻을 대신들에게 다시 말하였다. 정곤수는 광해군이 명의 책봉을 받아야 세자로 인정받는 것이라며 선위를 이후로 미룰 것을 건의하였다. 선조가 지속적인 선위 파동을 일으킨 것은 무군사 활동을 하면서 조야에 신망을 얻어가는 광해군에 대한 견제와 자신에 대한 대신들의 충성심과 의중을 알아보려는 이중의 목적이 있었다.

1594년 8월 25일 광해군은 8개월여 간의 무군사 활동을 마치고 서울로 귀환하였다. 임진년의 분조 활동과 1593년 윤 11월 19일부터 1594년 8월 25일에 걸친 무군사 활동은 광해군이 궁궐에서 배울 수 없는 현실 제왕학을 학습할 수 있는 좋은 계기였다. 광해군은 왕세자가 된 이후 궁궐이 아닌 각 지방을 돌아다녔다. 아버지 선조는 하지 못한 일이었을 뿐더러 조선의 국왕 가운데 유일하게 전국을 주유하면서 조선의 지리와 전란 중의 백성들의 삶을 경험하였다. 그런 가운데서 광해군은 여러 참상을 목격하였을 뿐 아니라, 전쟁이 백성들과 삶의 터전인 국토를 어떻게 유린하는지를 뼈저리게 새겼을 것이다. 차기 군주로서의 이러한 경험은 전쟁에 대한 그의 생각을 확고히 하는 계기가 되었을 것이다.

의복의 차별화가
노리는 것

1594년 12월 25일 선조와 광해군 사이에 색다른 문제가 불거졌다. 선조는 명 황제의 칙서를 받을 때의 광해군 복식이 국왕의 어의御衣와 같은 것에 대한 복제 문제를 제기하였다. 복제 문제를 검토한 예조에서는 『국조오례의』에는 국왕과 왕세자가 모두 익선관에 곤룡포를 입는다고 하였고, 명의 『대명회전』에도 황제·황태자와 친군황세자 모두 익선관에 곤룡포를 입는데 황제의 곤룡포는 모두 적색인 것으로 되어 있고 다만 장수章數와 물색物色의 차이만 있을 뿐이라고 하여 개정하려고 해도 명확한 근거를 찾을 수 없다고 하였다.

그러나 이때 선조의 제기로 시작된 복제 문제는 1596년 4월까지도 세자의 곤룡포 색깔을 달리하는 것에 대한 논의가 지속되었다. 대신 가운데는 일본군을 격퇴할 계책을 세워야 할 때에 복제 문제를 논의하는 것에 대해 이의를 제기하는 이도 있었다. 선조가 국왕과 왕세자의 복제 문제를 제기한 것은 광해군이 분조와 무군사 활동으로 명나라와 조야의 신망을 얻어가는 것에 대한 위기의식의 표현이었다. 국왕과 왕세자의 복식을 달리해서 국왕과 세자와는 엄연한 차이가 있음을 확인하고 자신의 권위를 조금이라도 더 높이려 했던 것이다.

1597년 9월 선조는 '형 군문邢軍門의 자문을 보니 몹시 분한 마음을 금할 수 없다. 중국 관원의 책망이 날마다 이른다고 해도 여기서는 대처할 형편이 못 되니 내가 어떻게 감당할 수 있겠는가. 오직 죽고 싶을 뿐이다.'라며 군문 형개의 책망에 강한 불만을 드러냈다. 명군 지휘부에서는 광해군이 무군사 활동을 하고 서울로 복귀한 뒤에도 지속적으로 광해군을 하삼도에 보내 군무를 총괄할 것을 요구하였다. 선조는 형개가 보낸 자문에서 '속히 모某에게 왕위를 물려주면 충분히 인심을 수습하여 태만함을 진작시킬 수 있다. 대인이 만약 왜노를 평정하고 우리나라를 편안하게 해주려면 이런 조치가 아니고서는 족히 할 수가 없다.'라고 쓰여 있는 부분을 언급하였다. 이것은 광해군에게 왕위를 물려주면 조선의 태만한 인습이 사라질 것이며, 일본군을 평정하고 조선을 편안하게 하려면 선조가 왕위에서 물러나고 광해군이 왕위에 오르는 것이 최선책이라는 말이었다. 이는 왕위에서 물러나라는 노골적인 협박이기도 했다.

선조는 화가 날 수밖에 없었다. 아버지로서 아들의 칭찬을 듣는 것은 기쁜 일이었지만, 국왕으로서 체면과 권위를 실추한 선조에게는 자신의 무능을 확인하는 것에 지나지 않았다. 이렇게 곤란한 상황에 선조는 다시 광해군에게 천재지변과 병을 이유로 왕위를 넘겨주겠다는 선위 파동을 일으켰다. 광해군은 아버지의 심기를 거스르지 않기 위해 부단히 애를 썼고 부왕의 선위 명령을 거둬달라고 호소하기도 했다.

선조에게 있어 아들 광해군은 세자 책봉 이후로 줄곧 자신의 권위를 위협하는 정치적 도전자였고, 광해군에게 아버지 선조는 어미를 일찍 여읜 아들의 후견인이 아닌 정적政敵이라 해도 과언이 아니었다. 따라서 임진왜란 이후 광해군은 즉위를 향한 멀고 험난한 투쟁을 전개해나가지 않으면 안되었다.

적자의 출생과
불안한 즉위

전란의 한복판이라는 비상시국과 왕위 계승의 원칙(적장자가 왕위를 계승하는 것)이 지켜지지 않은 상황에서 책봉된 세자 광해군은 평시의 세자의 지위와 역할과는 전혀 다른 일상을 보내야 했다. 그에게 분조 활동은 왕위 계승을 위한 통과의례이자 제왕 수업이었다. 광해군의 분투는 백성들의 신망을 얻게 해주었지만 부왕인 선조와의 관계는 순탄치 않았다. 선조는 걸핏하면 왕위를 넘겨주겠다는 '선위 파동'을 일으켜 광해군을 압박하였다.

불안했던 광해군은 항상 아버지 선조의 심기를 건드리지 않기 위해 노력했다. 즉 분조를 이끌면서 선조에게 위임받은 인사권과 상벌권 등을 쉽게 행사하지 않았다. 대신 그는 모든 현안을 아버지의 재가를 받아 처리했다.

아버지와의 갈등은 시간이 지나면서 차츰 사그라졌지만 새로운 문제가 발생하였다. 조선 조정은 광해군을 왕세자로 책봉한 1592년부터

1604년까지 13년 동안 다섯 차례의 책봉 주청사를 명에 보냈다. 그러나 명은 조선 조정의 요청을 번번이 거부했다. 광해군이 둘째 아들이라는 이유에서였다. 그런 상황에서 1602년 선조는 김제남의 딸을 계비로 맞이하였다. 광해군보다 아홉 살이나 어린 왕비는 조선 왕조에 피바람을 몰고 오는 비극의 씨앗이 되고 말았다.

1606년(선조 39) 왕비는 왕자를 생산했다. 선조의 후계자로서 하자가 전혀 없는 적자嫡子 영창대군의 탄생이었다. 영창대군은 선조의 14명의 아들 가운데 유일한 적출이었다. 영창대군의 출생은 명으로부터 왕세자 책봉을 받지 못한 광해군의 지위를 위협하는 것이었다. 한편 선조 집권 말년에 영의정으로 임명된 유영경柳永慶은 영창대군 출생 직후 백관을 이끌고 선조에게 하례를 올렸다. 유영경의 이러한 행동은 광해군에게 앞날에 대한 불안감을 더해주었다. 광해군은 자신의 즉위를 위해 유영경과의 싸움이 불가피해 보였다.

1607년 선조는 병석에 드러누웠다. 1608년(선조 41) 정인홍은 선조에게 광해군에게 왕위를 넘겨주고 몸조리에 전념하라고 건의하면서, 전위를 방해한 유영경을 처단하라는 상소를 올렸다. 정인홍의 상소는 광해군에게는 듣던 중 반가운 것이기도 했지만 동시에 그의 입장을 곤란하게 하기도 했다. 선조는 정인홍의 상소 직후 문안을 드리러 온 광해군을 문전박대한 것도 모자라 명으로부터 승인을 받지 못했다는 점을 들어서 더 이상 '왕세자 문안'을 운운하지 말고, 다시는 오지도 말라고 면박을 주었다.

1608년 선조는 정인홍 등을 귀양 보내라고 명령을 내린 직후인 2월

1일 세상을 떠났다. 선조가 세상을 떠나자 영창군의 어머니인 인목대비는 왕실의 최고 어른으로서 선조의 유서에 따라 광해군을 즉위시켰다. 1608년 2월 2일 광해군은 선조의 유교有敎를 받고 정릉동 행궁(덕수궁)에서 어좌에 올랐다. 1592년 전란 과정에서 세자로 책봉된 이래 16년 동안 분조 활동과 아버지와의 갈등, 명 조정으로부터 왕세자 책봉 거부 등 재위를 향한 기나긴 여정을 끝내는 순간이었다. 어느덧 광해군의 나이는 34세였다.

조선의 재건과
서출 콤플렉스

천신만고 끝에 왕위에 올랐지만 광해군이 풀어야 하는 과제는 만만치 않았다. 무엇보다 전란으로 피폐해진 민생을 바로잡는 것이 중요했다. 그는 1608년(즉위년) 선혜청을 설치하고 경기도에 대동법을 실시함으로써 공납제貢納制를 폐지하여 민간의 세금 부담을 경감해주었다. 또한 전란으로 흐트러진 백성들의 마음을 잡기 위한 교범을 마련하고자 했다. 광해군은 즉위 직후부터 전란 중에 흩어져버린 서적들을 수집하고 간행하는 작업에 부단한 노력을 기울였다. 특히 그는 왕실의 위엄을 높이기 위해 『용비어천가』를 복간했고 『고려사』, 『국조보감』 등과 같은 역사책을 구비하는 데도 노력을 아끼지 않았다.

광해군 대에 출간된 서적 가운데 가장 중요한 것은 『동의보감』과 『동국신속삼강행실도』였다. 『동의보감』은 전란 후 굶주림과 전염병으로 인구가 감소하고 있었던 현실을 타개하기 위해 간행되었다. 『동국신속 삼강행실도』의 간행은 전란 이후 와해된 민심과 기강을 바로잡으려는 노력의 일환이었다. 전란 중 국가를 위해 혹은 부모를 위해 목숨을 바친 인물들의 행적을 소개하고 충효의식을 선양하고자 한 것이다.

또한 전란 후 불타버린 궁궐을 재건하는 일에 상당한 공을 들였다. 당연히 해야 할 토목공사였지만 광해군은 궁궐을 짓는 데 지나치게 집착하였다. 1608년 즉위 직후 전란 중 소실된 종묘를 중건하였고, 선조가 시작한 창덕궁 중건사업을 재개하여 1611년(광해군 3) 창덕궁으로 옮겨갔다. 이후 창경궁을 중수하고 돈의문 안에 경덕궁(경희궁) 등을 새로 지었다. 급기야는 도성을 교하로 옮기려고 계획하기도 했다.

광해군이 왕실 건축물과 관련한 토목공사를 자주 벌인 것은 적자가 아닌 서출로 왕위에 오른 자신의 콤플렉스를 극복하기 위해 왕실의 권위를 과시하려는 측면이 강했다. 그가 벌인 토목공사는 그렇잖아도 전란에 지친 백성들의 원성을 사는 것이었다. 결국 이는 훗날 인조반정을 정당화시켜주는 명분 중 하나가 되었고, '폭군' 혹은 '혼주'라고 불리게 된 원인을 제공하기도 하였다.

또한 왕권의 안정을 위한 광해군의 행보는 혈육들과 정가에 피바람을 몰고 왔다. 광해군은 즉위 직후 영창대군을 옹위한 유영경을 유배시켜 죽였고, 자신의 왕위를 위협하는 동복형인 임해군과 선조의 적자인 영창대군도 제거하였다. 또한 계모 인목대비를 서궁에 유폐시켰다. 이 것은 그의 정권을 반대하는 서인들에게 쿠데타의 명분이 되었다.

반면 외교적인 면에서는 탁월한 면모를 보였다. 17세기 명청교체기의 길목에서 변화의 바람을 감지한 광해군은 대의명분을 떠나 철저하게 실리를 추구했다. 명이든 후금이든 조선에게 최대한 유리하도록 이용해야 했다. 즉 명의 청병 요청을 조선의 상황을 들어 거부하려고 시간을 끌었고, 출병을 해서는 강홍립으로 하여금 적당히 싸우는 체하다 후금에 투항해 누르하치와 화의를 맺도록 하였다. 이렇게 양쪽을 다 달래면서 중립을 지킨 그의 외교는 국제적인 세력 교체기에 약한 나라가 취할 수 있는 실리 외교였다. 그 덕분에 조선은 광해군이 집권하던 시기에는 대륙에서 휘몰아치는 불안한 광풍에도 화를 입지 않았다.

새롭게 조명받는 '폐주'
달라지는 평가들

1623년(인조 1) 3월 12일 서인 일파와 능양군이 주도한 쿠데타로 광해군은 폐위되었다. 이후 인목대비의 위호를 대비로 회복시킨 뒤 옥새를 받아 능양군(인조)이 즉위하였다. 반정 직후부터 반정 세력들은 대대적인 숙청작업을 벌였다. 광해군과 폐비 유씨, 폐세자 질과 폐세자빈 박씨 등은 강화도에 위리안치되었다. 강화도로 쫓겨난 직후 그의 아들은 탈출을 시도하다 발각되어 자살하고 며느리도 스스로 목숨을 끊었다. 광해군의 부인 유씨도 아들 부부의 죽음에 충격을 받아 눈을 감았다. 광해군은 강화에서 교동을 거쳐 제주로 귀양지를 옮겨다니며 연명하다

1641년(인조 19) 세상을 떠났다. 이후 그는 '혼군', '폐주'로 불렸다.

반정에 성공한 승자의 시각으로 본다면 광해군은 서인 세력에게 반정의 명분을 제공함으로써 왕위를 빼앗긴 패배자였다. 그러나 시대에 따라 인물에 대한 평가는 달라지게 마련이다. 오늘날 역사를 넘어 되살아난 광해군은 18세에 분조를 이끌고 전란 속으로 뛰어들어 조선 백성들을 위무하고 군사들을 독려한 용감하고 영특한 왕자로, 17세기 격동하는 국제정세 속에서 탁월한 실리 외교를 펼친 군주로 평가되고 있다. 그의 외교정책을 비판하고 집권했던 서인들이 경험한 정묘호란과 병자호란의 비극은 광해군의 외교정책이 왜 탁월했는지를 반증해주었기 때문이다. 이러한 광해군에 대한 변화된 인식은 우리가 살아가는 21세기 한반도의 주변 정세와도 맞물리면서 더욱 강화되고 있는 듯하다.

어느 시대나 군주는 내치와 외치를 동시에 수행해야 한다. 안으로는 국민들이 보다 안락한 삶을 살기 위한 정치를 펴야 하고 밖으로는 우리 국토는 물론이고 경제적으로도 침탈당하지 않도록 최선의 외교를 펼쳐야 한다. 임진왜란 당시나 지금이나 우리는 강력한 군사력과 경제력을 가진 나라들 사이에서 줄타기를 하며 생존경쟁을 해야 하는 상황이다. 주변을 날카롭게 돌아보고 미래를 대비하지 않고 현재 자신의 자리에만 연연한다면 우리가 또다시 과거의 전철을 밟지 말라는 법은 없다. 과거 어느 때보다 실리에 따라 국가 간 합종연횡이 이루어지고 있는 지금 한반도의 국제 정세 속에서 과거 임진왜란과 이를 겪은 광해군의 외교정치력은 현실 정치가와 리더가 해야 할 일이 무엇인지에 대한 많은 시사점을 던져주고 있다.

6

류성룡

자리를 가리지 않고
할 수 있는 모든 것을 한다

류성룡(柳成龍, 1542~1607)의 묘표

류성룡은 관군 장수와 의병장을 통제하여 일본군의 북상을 억지하는 한편 전투를 회피하고 있는 명군에게 일본군과 싸울 수 있도록 호소, 독려하는 것도 병행했다. 이러한 류성룡의 역할은 당시 조정 대신 누구도 대신할 수 없는 것이었다.

당쟁과 전쟁을 동시에
치러야 했던 정치인

임진왜란이라는 큰 사건을 볼 때 한 인물을 위주로 파악하면 마치 전란이란 큰 무대는 뒤로 사라지고 그 인물의 행적만 끌어당겨 보며 그것이 임진왜란의 전부인 것으로 인식하는 우를 범할 수 있 있다. 그러나 임진왜란이 어느 한 곳에서 잠시 일어났던 전투도 아니고 누구 한 사람에 의해서 진행된 것도 아니듯이, 어떤 인물이든 임진왜란이라는 대하 드라마 속의 한 배역을 맡은 것에 불과하다.

류성룡은 임진왜란 시기 도체찰사로 군무를 총괄했던 인물이다. 그는 관군과 의병을 절제하여 조정하고 일본군과의 전투를 독려하였으며, 참전한 명군과 공조하는 조명연합작전이 효과적으로 수행될 수 있도록 조처하여 전란을 극복하는 데 중요한 역할을 하였다. 무엇보다도 세간에 잘 알려져 있는 것처럼 이순신을 전라좌수사에 천거함으로써 백척간두에 선 나라를 구하는 데 결정적인 역할을 하기도 했다. 그러나

한 인물에 대한 평가는 누가 무슨 의도를 가지고 어떤 면을 부각시켜 기록하느냐에 따라 극명하게 달라진다. 명재상으로 일컬어지는 류성룡 역시 그러한 명암이 존재한다.

아무리 훌륭한 인물도 그 시대적 배경과 정치적 환경을 벗어나지 못한다. 역사적으로 높은 평가를 받는 인물도 인격적으로 완벽하다거나, 절대적으로 공명정대公明正大할 수는 없다. 류성룡 역시 동서분당이라는 정치 투쟁과 16세기 후반의 변환기에 선 국제 정치라는 상황 속에서 파악해야만 한다. 그래야만 단순한 한 두 가지 사실만 가지고 전체를 단정짓는 편견과 오해를 넘어서 한 인물의 상이 입체적으로 평가될 수 있기 때문이다.

오랑캐를 달래는 방법
통신사 파견

1555년(명종 10) 왜선 70여 척이 전라남도 해안 일대를 침입하여 약탈과 노략질을 한 을묘왜변이 발생하였다. 절도사 원적元積, 장흥부사 한온韓蘊 등이 전사하였고 영암군수 이덕견李德堅이 포로가 되었다. 조선 조정에서는 급히 호조판서 이준경을 도순찰사, 김경석金景錫·남치훈南致勳을 방어사防禦使로 임명하여 왜구를 토벌하였다. 이 일로 조선과 일본 간의 외교, 무역관계는 극도로 경색되었다.

그러나 을묘왜변 이후 대마도주는 조선을 침입한 왜구의 목을 잘라 사과하며 통신通信을 간청하였다. 조선에서도 영경연사領經筵事 상진尙震은 대대로 일본과 통신하였음을 상기시키면서, 만약 전쟁이 일어나면 조선이 이긴다고 해도 사상자가 많이 발생할 것이라고 우려하였다. 또한 전쟁으로 백성들이 생업을 잃게 될 것이라 하여 왜구의 간헐적인 침략이 있음에도 불구하고 통신을 통해 일본의 실정을 아는 것이 중요함을 피력하였다. 1560년(명종 15)에는 일본에서 조선에 사신을 보내 계속 왕래하도록 해줄 것을 요청하기도 하였다.

선조가 즉위한 이후 일본과는 공식적인 사신의 왕래가 없었던 것으로 보인다. 그러던 1587년 12월 일본은 사신 귤강광橘康廣을 보내 조선에 통신사 파견을 요청하였다. 일본 측의 요청에 대해 조선 동·서반(문무대신) 2품 이상의 관리들은 저들의 요청을 쉽게 받아들여 통신사를 보낼 순 없다고 하였고, 선조는 그들의 의견에 따라 통신사를 파견하지 않았다.

1589년 6월 일본은 대마도주 소오 요시토시宗義智를 비롯한 25명의 사신단을 파견하였다. 이때 조선 조정에서는 이덕형李德馨을 선위사宣慰使로 삼아 접대하도록 하였다. 소오 요시토시는 안장을 갖춘 말 1필과 잡물雜物들을 바치며 통신사를 파견을 재차 요청하였다. 조선 조정은 일본의 통신사 파견 요청에 대해 일본으로 가는 바닷길에 어둡다는 이유로 파견을 미루고 있는 상황이었는데, 일본은 대마도주인 소오 요시토시를 파견함으로써 조선이 더는 수로가 어둡다는 핑계를 대지 못하게 한 것이었다.

조선 조정에서는 일본의 통신사 파견 요청 요구와 혹시 모를 왜변倭

變의 대비 방안을 논의하였다. 변협邊協이 왜변에 대한 우려를 피력하자, 허성許筬도 계속되는 싸움으로 인한 변방의 상황을 우려하면서 백성들의 안전을 도모하는 차원에서 일본에 통신사를 파견하는 것에 찬성하였다. 선조는 어느 쪽으로도 결정을 내리지 못하고 있었다. 이때 류성룡은 부인 이씨의 상喪을 당해 조정을 잠시 떠나 있다 예조판서로 복귀하였다. 그는 선조와 통신사를 파견하는 문제에 대해 다음과 같은 의견을 제시하였다.

이미 생령生靈을 위하여 받아준다면 저들이 절망하는 데에는 이르지 않도록 해야 합니다. 변방의 화에 대하여 저들은 해구海寇가 탕평蕩平 되어 길이 막히는 어려움이 없다고 스스로 말하고 있습니다. 그러므로 그 말에 의거하여 수답修答하였으니 그들이 진정 통신을 원한다면 반드시 적괴를 포박하여 보내고 우리 백성들을 쇄환할 것입니다. 그때 한번쯤 사신을 보내 저들의 마음을 위로해준다 한들 무슨 손상이 있겠습니까.

1587년 손죽도 왜변 때 조선인 사을배동沙乙背同이 일본군의 향도(嚮導, 길 안내자)가 되어 조선을 침략한 사례가 있었다. 선조는 통신사 파견의 조건으로 사을배동과 왜변 때 잡혀갔던 조선 백성을 쇄환하는 조건을 제시했었는데, 이때 류성룡이 선조에게 일본이 통신사 파견을 진정으로 원한다면 사을배동을 잡아 보내고 백성을 쇄환할 것이라고 한 것이다. 류성룡은 우선 일본의 대응을 살핀 후 일본인들을 위로하는 차원에서 통신사를 파견한다면 상국으로서의 조선의 위신에 손상을 주지 않는 것이라 판단했다.

『선조실록』에 기록된 류성룡과 선조 간에 통신사 파견에 대한 논의 가운데에서 류성룡의 안보관과 더불어 당시 조선의 상황을 직시하였던 그의 현실인식을 엿볼 수 있다.

대체로 이적夷狄을 대하는 데도 도道가 있으니 그들의 소란 여부는 우리의 자치에 있을 뿐입니다. 국가에 해마다 흉년이 들고 변방이 허술합니다. 하삼도下三道에 일이 발생했을 때 만약 각기 자체의 힘으로써 대처하는 한편, 국내에서는 굳게 지키고 힘을 길러 조용히 적을 기다린다면 무리가 없겠으나 지금은 한 지방에 일이 발생하면 팔도가 소동하는 실정이므로, 만약 적합한 장수를 얻지 못하여 한 번 불리해지면 극히 염려할 만한 일입니다. 더욱이 금년 하삼도는 적지천리赤地千里에 놓인 상태이기 때문입니다.

류성룡은 일본을 대하는 것도 도가 있고 그들의 침략과 소란을 부리는 것은 조선의 자치에 있음을 강조하였다. 즉 외적의 소요는 재정과 변방의 방비가 얼마나 탄탄한가 여부에 달려 있다는 것이다. 그러나 조선은 지금 흉년이 들고 변방의 방어가 허술함을 지적하고 우려하였다. 전란의 대비를 위해서 하삼도의 일이 발생했을 때 각기 자체의 힘으로써 대처해야 하고, 국내에서는 방비를 굳게 하여 조용히 적을 기다려야 하지만 조선의 현실은 한 지방에 소란이 발생하면 팔도가 동요하는 실정이었다. 따라서 적합한 장수를 선발하여 배치하지 못하여 한 번 불리해지면 극히 염려할 만한 일이 된다고 하였다. 류성룡에게 있어 가장 중요한 전란의 대비는 하삼도를 방비하는 데 적합한 장수를 찾아 임명하는 것, 즉 군 지휘관의 인사였다.

한편 선조는 일본이 보내온 반민叛民 사을배동을 처형한 뒤에 소오 요시토시에 내구마 1필을 하사하고, 일본 사신들에게 연회를 베풀었다. 그러나 이후에도 선조와 조정에서는 통신사 파견에 대해 신속한 결정을 내리지 못하고 있었다. 이에 류성룡은 1589년(선조 22) 11월 황윤길黄允吉을 상사正使, 김성일金誠一을 부사副使, 허성許筬을 서장관書狀官으로 차출하였고, 1590년(선조 23) 드디어 경인통신사를 일본에 파견하였다.

국가의 운명보다 정치생명을 앞세운 관료들

1591년(선조 24) 1월 통신사행을 마치고 부산에 도착한 정사 황윤길은 통신사행의 행적과 일본의 형세를 치계馳啓하면서 '필시 병화兵禍가 있을 것이다.'라고 하였고, 3월 선조를 만난 자리에서도 같은 내용을 말하였다. 그러나 부사 김성일은 '그러한 정상은 발견하지 못하였는데 윤길이 장황하게 아뢰어 인심이 동요되게 하니 사의에 매우 어긋납니다.'라고 하였다. 일본의 정세 파견을 위해 파견했던 통신사의 정사와 부사가 서로 엇갈린 보고를 한 것이다.

뿐만 아니라 토요토미 히데요시의 용모도 서로 다르게 말하였다. 황윤길은 "눈빛이 반짝반짝하여 담과 지략이 있는 사람인 듯하였습니다."라고 하였고, 김성일은 "그의 눈은 쥐와 같으니 족히 두려워할 위인이 못됩니다." 라고 하였다. 『선조수정실록』에는 김성일이 황윤길과 다르게 보고한 이유에 대해 다음과 같이 기록되어 있다.

성일이, 일본에 갔을 때 윤길 등이 겁에 질려 체모를 잃은 것에 분개하여 말마다 이렇게 서로 다르게 한 것이었다.

통신사행 과정에서 황윤길이 보여준 행동에 분개해 김성일이 그와 다르게 말하였다는 것이다. 국가의 중대사를 개인적인 감정으로 판단했다는 뜻이니 큰 문제가 아닐 수 없다.

동서 붕당을 대표격이 된 이 두 사람의 상반된 보고로 인해 서인들은 황윤길에 말에 따라 일본의 침략이 있을 것이라 주장하였고, 동인들은 조헌趙憲과 같은 서인들의 주장이 '세력을 잃은 그들이 인심을 요란시키는 것'이라고 배척하였다. 이렇듯 서인과 동인들의 상반된 주장에 따라 조정에서도 의견을 하나로 모을 수 없는 상황이었다.

당시는 동인 정국으로 주도권을 쥔 동인들은 김성일의 말에 따라 별다른 방비책을 쓰지 않았다. 특히 김성일은 적극적으로 선조에게 상소를 올려 계속되는 장마와 가뭄으로 흉년과 기근이 거듭해서 일어나는 상황과 백성들이 방납으로 인한 폐단으로 고통을 겪고 있음을 상기시켰다. 그 와중에 임란을 대비하기 위해 성을 수리하고 하천을 준설하는 등의 부역을 징발하는 것은 백성들의 고통으로 전가되므로 이를 중지할 것을 요청하였다. 그러나 후에 김성일은 일본의 침략에 대해 "나도 어찌 왜적이 나오지 않을 것이라고 단정하겠습니까. 다만 온 나라가 놀라고 의혹될까 두려워 그것을 풀어주려 그런 것입니다."라고 하였다고 전한다. 이 김성일의 통신사행 보고는 지금까지도 시빗거리로 남아 있다.

임진왜란이 발발하자 조정에서는 김성일의 보고로 인해 별다른 방비책을 마련하지 못한 것에 대한 책임논란이 제기되었다. 당연히 김성일의 보고를 옹호하였던 동인, 특히 류성룡은 그에 대한 책임에서 자유로울 수 없었다.

선조의 방패가 된
류성룡의 전란책임론

임진왜란은 조선 건국 이후 최대의 위기였다. 믿었던 이일李鎰과 신립申砬의 패전 소식에 선조와 조정 대신들은 도성을 버리고 파천할 것을 결정하였다.

가까스로 임진강을 건너 일본군의 위협에서 다소 안전해지자 이번에는 파천의 책임 논란이 제기되었다. 즉 1592년 5월 2일 일본군이 아직 도성에 이르지 않았다는 소식이 전해지면서, 섣부른 파천의 단행이 실책이었음을 문제 삼은 것이었다. 잠시 일본군의 위협에서 벗어나자

마자 향후 있을 일본군의 북상 위협에 어떻게 대응해야 할지에 대한 논의는 제쳐둔 채 파천한 책임을 둘러싸고 공방을 벌였던 것이다. 대간은 처음 파천 논의가 이산해로부터 나왔다며 그를 탄핵하였지만 선조는 대간들의 이산해 탄핵과 극단적인 처리를 주장하는 대신들의 의견을 받아줄 수는 없었다. 파천 단행에 국왕인 자신도 그 책임에서 자유로울 수 없었기 때문이었다.

그래서 선조는 화살을 류성룡에게 돌렸다. 파천을 결정하던 날 좌의 정이었던 류성룡도 파천 논의를 막지 않았음을 문제 삼은 것이다. 선조는 이산해를 파직해야 한다면 파천을 말리지 못한 류성룡도 함께 파직해야 함을 피력했다. 이에 대해 이충원은 이산해는 오랫동안 인심을 잃었는 데 반해 류성룡은 사람마다 촉망하고 있어 파직한다면 인심이 놀랄 것이라 하여, 이산해만을 파직할 것을 건의하였다. 그러나 선조는 '군사의 일을 완만히 하여 실패시킨 죄는 성룡이 더 무겁다'라고 하여, 파천의 문제를 전란책임론으로 확대시켰고 책임의 중대함이 류성룡에게 있음을 주장하였다. 선조는 이산해의 처벌 논란에 대한 반대논리로 류성룡의 전란책임론을 들고 나온 것이다.

선조에 의해 제기된 류성룡의 전란책임론은 파천을 둘러싼 논란이 이산해와 자신에게 모아지는 것을 분산, 희석시키기 위한 것이었다. 이헌국이 선조의 의견에 동조하자 선조는 대신들이 류성룡을 두둔하는 것을 일축하고 다음과 같이 류성룡에게 전란의 책임이 있음을 강조하였다.

미리 막지 못하고 적으로 하여금 마치 무인지경을 들어오듯 하게 하였으니 대신들이 어떻게 죄를 면할 수 있겠는가. 나는 이 적들을 한없이 우려했는데 도리어 내가 한 말을 비웃었으니, 이 점에 대해서는 성룡 혼자 그 죄를 받아야 된다. 민폐가 된다 하여 예비하지 않아 방비가 허술하게 만든 것은 모두가 성룡의 죄이다.

선조는 자신이 전란을 우려하여 방비의 대책을 강구하도록 했으나, 류성룡이 민심의 동요를 야기한다고 하여 방비하지 못하게 한 책임을 물어 파직하였다. 류성룡이 김성일을 옹호한 동인이었으므로 전란의 책임과 무관하다고는 할 수 없다. 그러나 류성룡의 파직은 위태로운 전란 중에도 권력투쟁을 해야 하는 냉혹한 정치 현실을 보여주는 것이다. 나라가 흔들리는 위태로운 국면에서는 국왕이라도 자리를 보전하기 위해 누군가에게 책임을 지워 위기를 모면해야 하는 가혹한 투쟁을 벌여야 했던 것이다.

이후의 전란 진행 중에도 선조와 류성룡은 사안에 따라 의견 차이를 보였고, 선조는 위급한 상황에서는 류성룡을 중용하면서도 결국에는 그에게 전란의 책임을 추궁하고 전가하는 이중적인 태도를 보였다.

일본군 고니시 유키나가는 북진하는 과정에서 여러 차례 강화를 요구하였는데, 평양으로 진격을 앞둔 상황에서도 마찬가지로 강화를 요청하였다. 이에 조정에서는 평양을 버리고 몽진하자는 논의가 분분한 상황이었다. 이때 류성룡은 '강화가 이루어지면 돌아가겠다'고 한 일본 측 문서의 내용을 언급하면서 선조에게 서쪽으로 행행行幸하지 말고 평양에 머물 것을 건의하였다. 그러나 기자헌은 방어와 무기의 여건이 평양만한 곳이 없어 평양을 지켜야 한다면 몰라도, 일본측의 문서 내용을 곧이곧대로 믿고 평양에 머무르는 것은 잘못이라 하여 류성룡의 의견에 반대하였다. 류성룡은 기자헌에게 그들에게도 신의가 있다면 믿지 못할 것이 없다고 하였다.

결국 선조는 몽진을 택했다. 『선조실록』에는 이때의 여론이 류성룡이 임진왜란 발발 이전에 일본에 통신사를 파견하도록 한 것을 실책으로 여기고 있었다고 적고 있다. 결국 전란을 우려해 통신사를 파견했으나 방비를 하지 못했던 책임 논란이 통신사를 파견한 것에까지 소급되었다는 것을 알 수 있다. 통신사 파견과 그 결과에 대한 판단이 전란 내내 류성룡을 따라다닌 것이다.

명군을 접대하는 자리에서
군무 총괄 직책으로

1592년 5월 1일 대간들이 영의정 이산해가 궁인들과 서로 결탁하여 나랏일을 그르쳤다는 죄로 그를 탄핵하자 선조도 대간의 거듭된 탄핵에 더 이상 버티지 못하고 이산해를 파직하였다. 류성룡은 이산해의 파직으로 잠시 좌의정에서 영의정으로 승진되었으나, 그도 역시 나랏일을 그르쳤다는 죄로 파직되었다.

류성룡은 파직된 후에도 몽진 어가를 호위하였는데, 6월 1일 선조에

명을 받아 명나라 장수를 접대하는 임무를 받아 복직되었다. 그가 맡은 일은 명나라 장수를 접대하는 업무와 평양성에 머물면서 적정賊情을 파악하고 대책을 마련하여 선조에게 보고하는 것이었다. 류성룡은 황주에서 포로로 잡혔다 도망온 자에게 고시니 유키나가 군을 후원할 일본군들의 북상이 아직 없고, 식량이 떨어졌다고 하는 정보를 입수하였다. 이에 류성룡은 명군이 서둘러 출병을 한다면 일본군을 격퇴하는 것이 어렵지 않다고 판단하였고 명군 출병 후 소비할 군량을 마련하는 데 집중하였다.

류성룡이 명군 출병에 따른 군량과 작전을 마련하고 있는 것과 달리 선조는 일본군의 북상에 신변의 위협을 느끼고 요동으로 내부할 뜻을 내비쳤다. 이에 예조판서 윤근수가 요동으로 건너가는 것은 낭패라고 반발하였고, 류성룡도 일본군이 침범하지 않은 북도, 하삼도, 강변 등이 있으니 두루 행행하여 근왕병을 모집한다면 수복할 수 있다고 하여 요동 내부에 반대하였다. 이렇듯 대신들의 반대가 심하자 선조도 어쩔 수 없이 자신의 뜻을 꺾을 수밖에 없었다.

류성룡은 자신의 임무에 충실하여 명군 참전에 따르는 각지의 군량 비축 상황과 운반 방법에서 그 대책을 마련하는 데 힘썼다. 이렇게 마련된 군량은 명군의 제1차 원병인 조승훈 군의 군사 작전을 위해 보급되었다. 그러나 조선의 기대와 달리 조승훈의 명군은 패했고 류성룡은 다시 명에 청병을 요청할 것을 제안하였다. 이때까지 그는 명군을 접대할 군량 수급에 대한 책임만을 맡고 있었다.

1592년 9월 윤두수와 이성중은 류성룡에게 군무를 맡겨 관군 장수와 의병장들의 통제하여 그들 간의 갈등을 조절하도록 해줄 것을 선조에게 요청하였고 선조는 수락하였다. 이후 류성룡은 명군의 접반과 군무를 총괄하면서, 안주를 거점에 두고 인심을 수습하는 데도 만전을 기하였다. 민심 수습을 위한 한 가지 방법으로 인신(印信, 조정 관인)을 찍은 문서를 황해도에 보냈다. 이것은 황해도 사람들에게 조선 조정에 아직 건재하다는 것을 알려 백성들이 관군을 도와 일본군에게 맞서도록 하려는 계획의 일환이었다.

그러나 류성룡이 안주에 주재하면서 군무를 총괄하고 있는데도 이에 적합한 직함이 따로 주어지지 않아 일을 추진하는 데 어려움이 많았다. 이에 비변사에서는 류성룡에게 도체찰사라는 칭호를 주어 각 군의 일을 총독하도록 건의하여 선조의 윤허를 얻어냈다.

1592년 12월 도체찰사가 된 류성룡은 명군 제독 이여송과 경략 송응창이 이끄는 4만 명의 명군 맞았다. 그는 이여송과 평양성 탈환 계획을 의논하였다. 이여송에게 평양 지도를 보여주고 지세와 군사들의 진출입로는 알려주었다. 이에 이여송은 류성룡이 가리키는 곳마다 주필朱筆로 붉은 점을 찍어 표시해두었다. 또한 평양성 탈환 작전에 앞서 조선 조정도 이웃 고을에 비축된 군량을 운반하는 데 만전을 기하도록 했다. 이렇게 명군의 참전과 전략적 요충지에 대한 정확한 안내, 조선의 안정된 군량미 보급으로 탄탄히 계획된 평양성 탈환 작전은 성공을 거두었다.

1593년 1월 9일 류성룡은 선조에게 명군이 평양성을 탈환하였다는 장계를 올렸다. 또한 류성룡은 평양성 탈환 이후 해이해진 조선 군사들의 기강을 바로잡아 호령號令이 잘 시행되도록 해줄 것을 선조에게 요청했고, 비변사에서는 류성룡이 명군 지휘부와 익숙하고 기무機務도 잘 알기 때문에 도체찰사를 교체하지 말고 처음부터 끝까지 감독하도록 요청하였다.

움직이지 않는 명군, 애타는 조선

한편 명군 지휘부에서는 평양성을 탈환한 후 그 공로를 둘러싸고 알력이 발생하였다. 이에 제독 이여송은 남병 포병부대의 화력 지원 없이 승리하는 것을 보여주기 위해 진군하였다. 그러나 그것은 자만이었다. 파주까지 진군하여 벽제관에서 일본군과 맞선 명군은 매복에 걸려 패전하고 개성으로 퇴각하고 말았다. 이 전투가 이른바 벽제관 전투인데, 이 전투는 한 번의 패전보다 더 심각한 후유증을 몰고 왔다. 이 전투 이후 명군은 일본군과의 교전을 회피하게 되었던 것이다. 도체찰사 류성룡과 도원수 김명원은 제독 이여송을 만나 퇴군하면 안된다고 말하였으나, 이여송은 마초가 부족하고 지세가 불리하다는 핑계를 대고 며칠간 쉰 뒤 재차 거병하겠다고 하고는 개성으로 퇴각하였다.

　류성룡이 군량을 수급하는 데도 어려움이 발생하였다. 군량 운송을 열심히 독려하여도 오랜 전쟁 기간과 패전의 여파로 잘 이루어지지 않는 실정이 된 것이다. 류성룡은 선조에게 김명원과 함께 동파에 머물고 있던 사총병과 개성부에 있는 왕필적과 이영 이하의 명군에게 일본군을 공격해줄 것을 매번 요청해도 소용이 없음을 토로하였다. 그러면서 조선측의 군량이 남아 있을 때 명군으로 하여금 다시 진군하여 일본군을 토벌하도록 중신을 보내 재차 요청해줄 것을 건의하였다.

1593년 3월 도성 수복이 코앞에 다가와 있던 상황에서 명군은 개성으로 퇴군하여 진군을 멈추었다. 류성룡은 여전히 명군과 연합하여 도성을 탈환할 계획을 세우고 있었지만 모든 것이 교착상태에 빠져 있었다. 그런 와중에 전라도 관찰사 겸 순찰사 권율權慄이 행주에서 일본군을 대파했다는 소식이 왔다. 류성룡은 그 기세를 몰아 도성을 탈환할 수 있다고 생각하였다. 그러나 권율도 일본군 침입을 우려해 파주로 진을 옮겼고, 충청도 관찰사 허욱과 건의부장 조대곤도 안성과 직산으로 진을 옮겼다. 함경도까지 진출했던 가토 기요마사군은 철원까지 퇴군하였고, 서울에 있는 일본군은 수백 기가 합세하여 주둔해 있었는데 서울에 계속 주둔할지, 퇴각할지도 가늠하기 힘든 상황이었다. 류성룡은 명군 장수에게 일본군을 공격해줄 것을 지속적으로 요청하였으나 명군은 만전을 기해 출병할 것이라는 말만 되풀이할 뿐이었다.

이런 상황 속에서 류성룡은 도성의 수복만큼이나 전란으로 굶주린 백성들을 구휼하는 일도 중요하게 생각했다. 평양성 탈환 이후 일본군은 그에 대한 보복으로 많은 조선인을 살해하였고 먹지 못해 아사하는 자들도 속출하였다. 류성룡은 선조에게 굶주림으로 죽어가는 백성들의 모습을 '민생이 마치 길바닥의 고인 물에 모인 물고기 같아서 날을 세며 죽기만 기다립니다.'라고 보고하였다. 그러나 백성을 구휼하는 것도 여의치는 않았다. 구제하고 싶어도 곡식이 없고 구제하지 않자니 백성들의 모습이 차마 볼 수 없는 지경이었다. 그래서 궁여지책으로 명군에게 보급할 말을 먹이던 콩으로 우선 백성들을 구휼하였다.

거듭되는 선조의 질책과
비변사의 옹호

평양성을 탈환하여 반격할 기회를 잡았지만, 명군은 조선의 기대와는 달리 적극적인 군사 행동에 나서지 않고 오히려 명군 지휘부에서 일본과 강화에 대한 논의가 제기되었다. 선조는 류성룡에게 명령하여 자신의 강화에 대한 생각과 의지를 강하게 피력하였다.

내가 평소에 큰 기대를 건 사람이 경이다. 일찍이 왜노의 염려스러운 낌새와 대비할 계책을 가지고 여러 차례 경에게 유지를 내렸는데도 경은 걱정하지 않고 도리어 오활하다고 하여 나랏일이 이 지경이 되었으니, 이 또한 하늘의 운수 때문이리라. 경은 이제 곤외의 무거운 임무를 맡은 만큼 적을 토벌하여 원수를 갚는 일은 바로 경의 책임이자 내가 밤낮으로 이를 가는 일이다. 그런데 요사이 강화의 말이 나돌고 있다니, 이 무슨 이치인가. 어찌 차마 입으로 뱉고 귀로 들을 말인가. 경이 만약 이 말에 현혹된다면 이미 앞서 그르치고 나서 뒤에 또 그르치는 것이니, 무슨 면목으로 이 세상에 서 있겠는가. 무릇 강화를 말하는 자는 바로 간인姦人의 행위이니 반드시 먼저 베어 효수하고 나서 계문하라.

선조는 재차 류성룡에게 전란을 대비하지 못한 책임을 강조하고, 왕성 밖의 일에 대한 무거운 책임을 맡고 있는 만큼 일본군을 토벌하고 조선의 원수를 갚는 일도 그의 책임임을 상기시켰다. 강화 논의가 제기된 것에 불쾌감을 나타내며, 강화라는 말을 하는 것을 간사한 사람의 행위로 간주하고 강화를 말하는 자를 먼저 효수하고 장계를 올리라는 명령을 내렸다. 선조는 일본군이 강화를 요구하는 것은 병력을 보충할 수 있는 시간을 벌고자 하는 계책이라 여기고 있었다.

이런 상황에서 류성룡은 명 유격 심유경이 일본 장수 고니시 유키나가와 가토 기요마사 등과 강화협상을 하였다는 것을 선조에게 보고했다. 그러자 선조는 도체찰사 류성룡을 교체할 의사를 내비쳤다. 선조는 류성룡의 사람됨을 운운하면서 적을 헤아려 승리로 이끌 수 있는 사람은 아니라고 하였다. 처음 군량의 보급을 맡겼다가 도체찰사의 임무를 부여하였음에도 최근에는 강화한다는 말을 듣고도 일본군을 공격하여 원수를 갚자는 언급을 하지 않았음을 문제 삼았다. 또한 류성룡이 명군 장수에게 머리를 찧으며 강화는 불가하다고 쟁변하는 일도 없고 오히려 강화의 말을 당연하게 받아들이고 있다고 지적하였다. 더 나아가 도체찰사의 임무를 받은 뒤로 한 번도 기이한 계책을 세워 일본군을 격파한 적도 없으므로, 결국 류성룡에게 임무를 계속 맡기는 것은 실패할 수밖에 없다고 했다. 급기야 선조는 권율, 고언백, 조호익 등에게 류성룡에게 부여한 임무를 위임하도록 명령했다.

선조의 명령에 대해 비변사는 도체찰사 류성룡이 특별한 공을 세운 것은 없지만 교체할 정도로 큰 실책은 없었다고 두둔하였다. 선조가 제기한 강화의 의논을 다투어 변론하지 못한 것도 매우 갑자기 제기되었기 때문이라며 류성룡을 변호하였다. 무엇보다 이 일로 도체찰사를 교체한다면 민심이 동요할 것이라는 이유를 들어 류성룡의 교체를 반대하였다.

이후 류성룡은 명군에게 일본군을 공격할 것을 요청하였으나 명군은 듣지 않았다. 오히려 왜이倭夷는 순종하는데 조선은 도리어 배반한다는 말이 나돌고, 심지어 명군은 일본군을 공격하였다는 죄로 조선의 군사들을 잡아다 조사를 하기도 하였다.

국왕 선조의 명령과 명군의 소극적인 행동 사이에서 군무를 총괄하는 류성룡의 고민은 깊어갔고, 나름대로 이 난국을 타개할 수 있는 대안을 찾을 수밖에 없었다. 류성룡은 싸우지는 않더라도 명군을 계속 주둔하게 하면서 한편으로는 조선군을 훈련하게 하였다. 비변사에 장계를 올려 양남의 감사에서 명령을 하여 병사나 수사의 영이 큰 고을과 무장 수령이 지키고 있는 읍에서 병사를 선발하여 조련하고, 무기를 제조하여 훈련할 것을 건의하였다. 아울러 그는 장기전에 대비하여 정병을 선발하고 각 도의 감사에게 명하여 관군과 의병을 소속 군사로 삼아 방어 임무를 하도록 조치하자고 건의하였다.

선조는 류성룡에게 군사의 징발과 훈련, 무기 제조에 관한 계책을 보고 받자 그 조치를 시행하도록 하였다. 그러면서도 선조는 '류성룡이 수길(秀吉, 도요토미 히데요시)은 염려할 바가 못 된다며 내가 방어에 뜻을 두자 그는 그렇지 않다고 여겼다'면서 또다시 전란의 책임을 들고 나왔다. 『선조실록』에 실린 사론에도 류성룡에게 제기된 전란책임론이 실려 있다.

류성룡의 자는 이현이다. 몸가짐이 청렴하고 근실했으며 학문도 넉넉
하였다. 그러나 국량이 좁고 식견이 밝지 못하여 이산해와 같이 정승
의 지위에 있으면서도 그 잘못된 점을 바로잡지 못하여 나라를 멸망의
위기에 처하게 하였으니 그 책임을 어떻게 벗어날 수 있겠는가.

류성룡에게 제기된 전란의 책임론은 그의 정치적 위치를 감안하면 피
할 수 없는 비판이었다. 그러나 그가 전란을 맞아 명의 접대와 도체찰사
로의 역할을 수행하는 것에 대한 공적은 대신으로 당연히 해야 할 역할
로 받아들여 치하하지 않고, 시시때때로 전란책임론을 들먹거리고 강화
협상으로 전쟁이 교착상태에 빠진 것에 대한 책임까지도 류성룡에게 전
가하는 선조의 태도는 옹졸한 것이었다. 그러면서도 선조와 조정의 대
안은 역시 류성룡일 수밖에 없었다. 그가 조선의 대신 가운데 군무와 관
련한 가장 해박한 지식을 갖고 있었고, 명군의 접대와 군량의 확보라는
임무를 수행할 수 있는 적임자라는 데에는 누구도 이견이 없었다.

진관체제의 복구와
훈련도감 설치

일본군은 남하하여 조선 연해안에 주둔하면서 강화협상을 진행하면도

북상의 시도를 지속하고 있었다. 특히 경상좌·우도에서는 국지적인 전투가 지속적으로 벌어지고 있었다. 따라서 교착상태에 빠지게 된 전황 속에서도 류성룡은 적정에 대한 각지의 보고를 확인하고 일본군을 효과적으로 격퇴할 수 있는 대책을 지속적으로 마련해야 했다. 특히 명군이 적극적인 군사작전을 회피하고 있는 상황에서 조선군의 역량을 재고하여 전투를 수행하는 것이 무엇보다 중요했다. 이에 관군 장수와 의병장을 통제하여 일본군의 북상을 억지하는 한편, 전투를 회피하고 있는 명군에게도 일본군과 싸울 수 있도록 호소, 독려하는 것도 병행했다. 이러한 류성룡의 역할은 당시 조정 대신 누구도 대신할 수 없는 역할이기도 했다.

선조는 1593년 10월 도성으로 환궁하였다. 도성을 버리고 몽진을 떠난 지 1년 6개월 만이었다. 선조는 10월 27일 류성룡을 영의정에 제수하였다. 1592년 5월 2일 전란의 책임을 물어 좌의정에서 파직된 이후 명군의 접반과 도체찰사의 직을 수행하기는 하였으나, 영의정 인사 상신이야말로 그의 역할에 대한 기대를 드러내주는 조치였다. 영의정에 제수된 류성룡은 사직을 청하는 상소를 올렸으나 선조는 재차 마음을 다해 직을 수행해줄 것을 당부하였다.

이 무렵 명과 일본의 강화협상이 진행되고 있었으나 협상 과정에서도 조선은 소외되었다. 이때에 류성룡은 군제를 개편하고 군사력을 증강을 꾀하였다. 그 주요 내용은 을묘왜변 이후 시행되지 못했던 진관체제 복구하는 것이었다.

진관체제는 8도의 각 고을에 진관鎭管을 두고 병마절도사를 파견하는 것이다. 평시에는 진관의 읍이 주진主鎭이 되어 그 소속된 고을을 점검하여 일체의 무기를 다루고 군대를 훈련하는 일을 모두 주관하였다. 유사시에는 진관이 각기 소속된 군병을 인솔하고 정돈하여 주장主將의 명령을 따르게 하였는데, 조종과 신축伸縮은 오직 주장에게 달려 있었다. 진관체제가 갖는 장점은 한 진관의 군병이 패하더라고 다른 진관이 각기 대병으로 차례로 굳게 지켜서 적의 공격으로 쉽게 와해되지 않는 것이었다.

이에 비해 그때까지 고수해온 제승방략은 을묘왜변이라는 대규모의 적의 침입에 대비하여 마련된 방어책이었다. 제승방략의 중요한 요점은 한 도의 군병을 미리 순변사·방어사·조방장과 병사·수사에게 분속시켜 적에 관한 정보를 듣기만 하면 적의 규모와 지세의 고려 없이 일제히 징발하여 본진本鎭을 떠나 배정된 방어지역으로 결집시키는 것이다. 이렇게 한번 모든 병력이 한 곳에 집중되면 나머지 지역의 방어에 취약함이 문제였다. 또한 집결한 병력을 통솔할 장수가 조정에서 파견되다보니, 파견 장수를 기다리는 병사들의 이탈과 사기 저하 등도 문제가 되었다. 임진년 초기 전투에서 일본군이 신속하게 도성까지 북상할 수 있었던 것도 제승방략이 갖는 전략적 한계에서 비롯된 것이라 지적되었다.

류성룡은 진관체제의 장점과 제승방략이 갖는 전술적 한계점을 제시하면서 진관체제로 전환할 것을 선조에게 건의하였다. 류성룡은 선조의 의지대로 일본군에게 복수를 하기 위해서 해야 할 가장 급선무는 군사훈련이라고 지적하였다. 그는 진관체제로 전환시 그 운영 방안에 대해서도 상세한 매뉴얼을 제시하였다.

우선 진관 수령에게 책임을 지워 그에게 소속된 고을을 통솔하여 군병의 훈련과 화포·기계 등을 점검하도록 하였다. 만일 소속된 고을이 제대로 훈련을 못 했거나 만든 무기가 정밀하지 못할 경우 감사나 병사가 이를 치죄하게 했다. 또한 감사나 병사가 진관 수령의 공과를 살펴 포상과 처벌을 하도록 하였다. 조정에서도 때로 사신을 파견하여 모두 시험하면서 잘하고 못함에 따라 감사와 병사도 힐책하게 한다면 잘 훈련된 병사를 기를 수 있다는 것이었다.

류성룡은 이렇듯 진관체제로의 군제 전환과 함께 그를 시행할 수 있는 구체적인 방안까지 제시하였다. 선조는 류성룡의 건의에 따라 제승방략체제를 진관체제로 개편하도록 하였다.

무엇보다 임진왜란 극복에서 류성룡의 최대 공적은 훈련도감의 설치라 할 수 있다. 조선 전기의 군사 조직인 오위五衛는 원칙적으로 양인의 의무 군역을 바탕으로 유지되었다. 이후 군역에 복무하는 대신 포布를 내는 방군수포제放軍收布制가 일반화되어 16세기 오위의 조직이 허수화虛數化되었다. 그 결과 임진왜란에서 조선군은 일본군의 침략에 제대로 된 대응을 하지 못하였고 변화된 사회상에 걸맞은 군사 제도를 갖추어야 하는 필요성이 제기되었다. 이러한 시대적 요구에 따라 군사 조직을 재정비하여 중앙에 급료병으로 새로운 군사편제에 따라 설치한 것이 훈련도감이었다.

훈련도감은 전쟁이 강화협상기에 접어들었던 1593년(선조 26) 7월 명나라 장수 상지駱尙志의 진에 화포 교습을 의뢰하여 포군을 양성하게 한 것에서 시작되었다. 1593년 8월 왕명으로 훈련도감이 임시기구로 설치되었다가 이후 상설기구로 변모하였다. 류성룡은 훈련도감의 군사들에게 척계광戚繼光의 『기효신서紀效新書』를 참고하여 명나라 군사의 훈련법을 습득하도록 했다. 훈련도감 도제조에 류성룡, 유사당상有司堂上에 이덕형李德馨을 임명해 일반 서무를 관장하도록 하였고, 대장 조경趙儆으로 하여금 군사 훈련을 맡게 하여 조직 체계도 정비하였다. 1594년 2월경에는 속오법束伍法에 의한 군사 조직 체계도 마련하였다. 훈련도감군은 특히 포수·살수殺手·사수가 구분되어 삼수병을 양성하였다. 류성룡은 포수 1천 명을 징병하여 훈련시키고자 했다. 그것은 포수 1천 명에 창도槍刀와 궁전수弓箭手를 혼합하여 길고 짧은 병기를 대략 구비하는 한편, 장수 중에 쓸 만한 자를 선발하여 임무를 맡겨 위기에 대응하고자 했던 것이었다.

시기마다 당면한 문제점과
해결책을 건의하다

류성룡은 각 시기마다 당면한 문제점을 정확히 진단하고 해결해야 할 시무책時務策을 마련·건의하였다. 1592년 평양성이 함락되어 선조가 의주에 몽진해 있을 때는 황해도·강원도의 군병과 명군으로 하여금 수원에 있는 조선군과 연합하여 평양성을 탈환할 계책을 마련하였다. 이를 위해 해상으로 북상을 저지하는 계획도 하였다. 또 아래로는 관찰사에게 명을 내려 흩어진 장수들이 행재소로 모여 어가를 보호하도록 하였고 토병을 모집하여 적의 침입과 평양성 탈환에 대비하도록 하였다. 위에는 화포를 제조할 것과 간첩을 우려하여 군중에 표호票號를 사용할 것 등의 시무책을 건의하였다. 그 밖에 경성을 방어할 계책을 마련하여 시무책을 올렸는데, 양근과 여주는 주요 요충지라는 점을 들어 목책을 설치하여 방어하도록 하였다. 특히 도성을 방어하기 위해 광주의 남한산성·수원의 독성산성·금천衿川의 금지산衿芝山·인천의 산성은 반드시 방어해야 하는 곳을 지목하여 대비할 것을 건의하기도 하였다.

1593년 평양성을 탈환하고 경성을 수복한 후에는 피폐한 도성 백성들을 구휼하기 위해 소금을 나누어 주는 방안을 제안하였고, 군량·식량 마련을 위해 둔전을 실시할 것을 요청하였다. 또한 전란으로 황폐화되지 않은 호남의 방어는 임진왜란를 극복하는 데 가장 중요한 대책임을 역설하고 영남 우도로부터 서쪽으로 남원·순천·전주·나주는 모두 반드시 지켜야만 할 지역임을 강조하였다. 허물어진 성을 수축하여 대비하도록 건의하기도 하였다.

1594년에는 수군의 중요성을 피력하며, 굶주린 수군과 격군들에게 호남의 창고에 저장된 곡식을 풀어 구제하고 둔전을 실시하여 군량과 식량을 자체적으로 마련하는 계책을 시행하도록 건의하였다. 농우農牛와 곡식의 종자를 마련하여 백성들이 생업에 종사하도록 하고, 이를 통해 일본 측에 부역했던 자들도 돌아오게 하여 일본의 적세를 고립되도록 하자는 방안도 제시하였다. 즉 면사첩免死帖을 발급하여 일본군에 부역했던 조선인을 빼내도록 하자는 것이었다.

특히나 군량 조달이 어려운 영남지역은 지키는 지역에서 군사를 채용하고 군량은 내지에서 보급하여 군량에 따라 군사를 감축하지 않도록 건의하였다. 류성룡이 가장 시급하다고 판단한 것은 백성들을 위한 식량의 생산과 군량의 확보였다. 이에 따라 영남의 둔전 실시를 가장 시급하게 시행하도록 건의하였다. 또한 인재의 확보를 위해서도 문벌이나 비천함을 논하지 말고 오직 재주에 따라 등용하도록 문벌과 지역 차별을 완화하여 인심을 위로하고 장래를 대비하는 계책으로 삼을 것을 건의하기도 하였다.

이 밖에도 류성룡은 군사훈련의 규칙을 마련하여 4도에 반포하는 등 강화협상 기간에 조선군의 군제를 정비하고 군사력을 보강하는 데 대책을 마련하고 시행하는 데 큰 기여를 하였다.

정치적 위기의 산물
『징비록』

류성룡은 어떤 자리에 있게 되든, 무엇이 되었든 자신이 할 수 있는 일에 최선을 다하였다. 그에게 맡겨진 명군의 접대와 도체찰사의 역할을 차질 없이 수행하였고, 전란을 극복하기 위한 현실적인 개혁방안을 제시하여 군비를 증강하고 백성을 구휼하는 데도 노력을 다하였다. 전란 중에 조선의 직면했던 문제점을 정확히 진단하고, 이를 타개할 시무책을 마련하여 시행하였다. 그러나 이러한 공로에도 불구하고 류성룡에 대한 비판과 탄핵은 끊이지 않고 지속되었다.

1598년 6월 정응태가 그의 상관인 명 경리 양호楊鎬를 탄핵하는 이른 바 정응태 무고 사건이 발생했다. 울산성 전투의 전공을 둘러싸고 명군 내부에서 일어난 알력으로 불거진 사건이었다. 전쟁의 막바지에 발생한 이 사건으로 조선 조정은 경리 양호가 명으로 압송될 것을 우려하였다. 경리 양호가 명으로 소환된다면 명군이 조선에서 철수하는 최악의 사태도 발생할 수 있었다.

결국 선조와 대신들이 가장 우려했던 상황이 일어나고 말았다. 양호가 명으로 압송되고 만 것이었다. 선조는 이 사태를 해결하기 위해 외교적 노력을 강구해야만 했고 류성룡은 정치적 위기를 맞았다. 류성룡이 이 무고 사건을 변무하기 위한 진주사에 자원하지 않은 것이 탄핵의 빌미가 되었다. 대간들은 또다시 그의 전란책임론을 거론하여 집요하게 탄핵을 이어갔다. 임진왜란 발발 직후부터 계속 그를 따라다닌 전란책임론이 전란기의 훌륭한 임무 수행에도 불구하고 여전히 떨쳐지지 않았던 것이다.

류성룡은 1598년 정응태 무고 사건의 여파로 전란을 대비하지 못한 죄를 넘어 문묘종사와 조종조에 해악을 끼친 인물로 지목되었다. 이이첨을 비롯한 북인 대간들의 집요한 공격과 선조의 변심은 그를 벼랑 끝으로 몰고 갔다.

마침내 류성룡은 실각했다. 그러나 조정에서는 여전히 그의 임란기 행적을 문제 삼으며 그 책임론을 지속적으로 제기하였다. 북인들은 류성룡이 일본과 화의를 주장했다는 혐의를 제기하면서, 류성룡에 동조하였던 인사들에 대한 탄핵으로 문제를 확대시켜 나갔다. 류성룡에게 있어 선조와 북인들이 지속적으로 제기했던 전란책임론과 화의에 대한 비판은 어떻게든 풀어야 할 과제였다. 임진왜란 동안에 수행한 역할에 대한 정당한 평가는 못 받더라도 그에게 쏟아진 정치적 비난과 오해는 해명하지 않으면 안되었다.

이를 위해 류성룡이 선택한 것은 『징비록』의 저술이었다. 류성룡은 『징비록』을 통해 자신에게 정치적으로 제기되었던 문제들을 철저하게 반박하였다.

첫째, 화의 논란에 대해서는 신숙주가 임종시에 성종에게 일본과 실화(失和, 사이가 좋지 않게 됨)하지 말라고 한 것을 들어, 임진왜란의 발발은 선조가 일본과 실화한 것이 근본 원인이라고 지적했다. 그러면서 자신에게 제기된 화의 논란에 대해 화和를 잃지 않기 위해 노력한 것이지, 조선을 침략하고 왕릉을 파헤친 불구대천의 원수인 왜적에게 강화講和를 하려고 한 것은 아니었음을 피력하였다.

둘째, 지속적으로 제기되었던 전란책임론을 변론하기 위해 자신이 제시하였던 전란 대비책을 상세하게 기술하였다. 즉 조정의 요청에 의해 이순신을 천거한 것과 경상우병사 조대곤이 늙고 용맹이 없음을 지적하여 이일로 교체하도록 건의한 것 등이 그것이다.

그러나 『징비록』의 기술이 모두 진실된 것은 아니었다. 류성룡은 자신을 변명하기 위해 제승방략에서 진관법으로 군사제도를 개편하도록 건의한 것을 임진왜란이 발발하기 이전에 있었던 일로 기술하였다. 하지만 앞서 류성룡의 시무책에서도 언급했던 것처럼 『선조실록』에는 임진왜란 중이었던 1594년에 류성룡의 건의로 진관체제로 전환한 것으로 기술되어 있다. 이 개편 시기의 선후 판단은 『징비록』 저술의 정치적 의도를 여실히 드러나게 하는 부분 중 하나이다.

『징비록』은 또 한 가지 중요한 역할을 하였는데 그것은 바로 이순신의 걸출함을 뚜렷하게 부각시킨 것이다. 여기에는 나름의 숨은 의도가 있었다.

임진왜란 시기 류성룡이 한 역할과 그것이 얻어낸 소산에 비하면 그에 대한 정치적 평가는 인색했다. 그는 나라를 그르친 간인奸人이었다. 임진왜란의 전후 처리 과정이었던 공신책봉 과정에서도 정당한 정치적 평가를 받지 못하였다. 선조는 임진왜란 극복의 공을 명군에게 돌리면서 명의 청병 사신으로 다녀온 인사들을 1등 공신으로 책봉하였고, 선조 자신이 의주까지 갔기 때문에 명군을 불러올 수 있었다는 논리를 들어 자신이 최대의 공로자라고 자처하였다. 이것은 전란의 과정에서 실추된 권위를 만회하기 위한 선조의 정치적 노림수였다.

류성룡은 그러한 선조의 처사에 맞서 이순신을 『징비록』 중심에 내세우고 그가 세운 빛나는 전공들과 그 과정들을 상세하게 서술하였다. 이렇게 류성룡을 통해 형성된 이순신상은 이후 이순신의 평가에 커다란 영향을 주었다. 류성룡이 이순신의 활약을 자세하게 서술한 것은 개인적인 친분과 그에 대한 경외심도 작용하였겠지만, 이순신의 전공을 강조함으로써 자신의 임란기 역할의 정당성을 확인하려는 목적도 있었다. 즉 임란 극복의 최대 공로자는 이순신이며, 이순신의 능력을 알고 추천한 자신은 결과적으로 전란을 대비하는 데 소홀하지 않았다는 것을 각인시킨 것이다.

류성룡은 『징비록』 서술을 통해서 그가 의도했던 목적들을 충분히 달성하였다. 반대파였던 서인들이 다시 편찬한 『선조수정실록』에도 류성룡이 기술했던 『징비록』의 기록이 그대로 인용되어 있다는 사실이 그것을 잘 증명하고 있다. 이것은 서인들이 『징비록』에 대해 엄청난 비판을 했으면서도 『징비록』이 조선 후기 임진왜란의 인식에 얼마나 큰 영향을 주었는지를 보여주는 것이라 할 수 있다.

류성룡이 실각하자 그가 전란 중에 추진했던 정책들 역시 좌초할 수밖에 없었다. 그나마 다행인 것은 훈련도감은 조선 후기 5군영의 하나로 그 명맥을 유지한 것이다. 그러나 그가 기록한 『징비록』은 지금까지 남아 그의 행적을 증언해주고 있다.

『징비록』은 비록 류성룡의 정치적 입장을 방어하기 위해 기록된 혐의가 있다 해도 부실한 『선조실록』의 임진왜란 초기 기록을 보완해주는 중요한 사료이고 준비 없이 맞은 전쟁을 어떻게 처절하게 치러냈는가에 대한 뼈아픈 반성이다. 또한 그 제목처럼 전쟁을 경험하지 못한 세대들에게 전쟁의 비참함과 참혹함, 특히 우리가 힘을 가지지 못한 상태에서 외세의 힘에 의존해 전쟁을 치러야 하는 약소국의 비극을 증언해주고 있다는 점에서 오늘날의 우리에게도 의미가 큰 기록이라 할 것이다.

당대에는 탄핵당한 간인
오늘날엔 출중한 재상

류성룡은 국가 최대의 위기인 전란을 맞아 후방에서 자신이 할 수 있는 한 최선을 다한 관료였다. 군주의 질책과 붕당세력들의 견제, 탄핵과 실각 등의 정치적 파란을 겪으면서도 끝까지 나라를 위한 충성심과 백성을 사랑하는 마음으로 시무했다. 그러나 통신사와 관련해 현실 정치인으로서 붕당을 떠나 냉철한 판단을 내리지 못했던 한 번의 실책으로 임진왜란 직후부터 시작된 전란의 책임 문제로 전란 이후까지 혹독하게 시달려야 했다. 선조에게는 전쟁의 책임을 질 사람이 필요했고, 주전파였던 북인들 역시 '주화오국(主和誤國, 일본과 강화를 주장해 나라를 그르쳤다)'의 문제를 제기하면서 지속적으로 그를 괴롭혔다. 심지어 탄핵을 받아 파직된 이후에도 탄핵이 끊이지 않아 임란 극복에 기여했던 부분들은 평가절하되었고, 급기야 문묘종사와 조종조에 큰 죄를 지은 인물로 간주되어 비난의 대상이 되기도 했다.

통신사의 보고에 대한 그의 판단은 잘못된 것이었지만 그렇다고 그에게 임란의 모든 책임이 있는 것은 아니었다. 다만 권력투쟁의 소용돌이에 휘말려들면 주변의 신망이 두텁고 역할이 두드러질수록, 백성들에게 존경과 신뢰를 얻어갈수록 반대파의 집중적인 공격을 받고 지속적인 견제의 대상으로 남을 수밖에 없다. 심지어는 왕조차도 내외의 신망이 두드러지는 자를 경계하기 마련이다. 자신의 실책이 큰 왕일수록 더욱 그렇다. 충성심과 애민정신만으로 할 수 없는 것이 정치이기 때문이다.

임진왜란의 책임은 당시 왜란에 대비하지 못한 선조를 비롯해 조정 관료들 모두가 져야 마땅했지만, 선조는 재상에게 책임을 떠넘겼고 관료들은 책임 문제를 권력투쟁에 이용했다. 실제로 전란에 대해 제대로 책임지는 사람은 없었고 권력을 가진 자들 사이의 득과 실이 있었을 뿐이다. 그 사이 모든 피해를 고스란히 짊어진 것은 왕실과 조정을 순박하게 섬긴 백성들이었다.

류성룡은 오늘날 재조명되면서 세간의 평가가 달라지고 있지만, 보다 중요한 사실은 이러한 정치 행태는 임진왜란 당시에 국한된 것이 아니라 지금까지도 여전히 남아 있다는 것이다. 우리가 잘못된 역사를 반복하지 않으려면 『징비록』에서 배워야 할 교훈이 있는 것처럼 류성룡과 그를 둘러싼 정치 권력들의 행태를 통해서도 반드시 얻어야 할 교훈이 있음을 잊지 말아야 할 것이다.

『징비록』은 어떤 책인가?

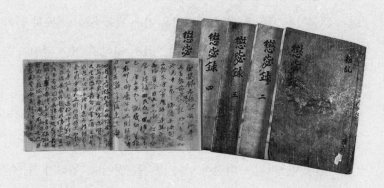

『징비록』은 국보 제 132호로, 영의정 류성룡이 임진왜란 기간 동안 제
1선에서 군정을 총괄했던 경험을 바탕으로 저술한 당대사當代史 · 회고
집回顧集 · 전쟁사戰爭史라 할 수 있다. 그가 북인의 탄핵을 받아 실각한
후에 낙향하여 고향인 안동 하회에서 저술한 것으로 알려져 있다. 저
술 연도에 대한 구체적인 기술은 없지만 영조 때 이의현李宜顯이 쓴 『운
양잡록雲陽雜錄』을 통해 그 대략이 시기를 추정할 수 있다. 즉 류성룡의
외손자인 조수익趙壽益이 경상감사로 있을 때, 류성룡의 손자 류원지가
조수익에게 부탁하여 간행했다고 한다. 조수익이 경상감사가 된 것이
1647년(인조 25)이므로, 이 시기에 『징비록』이 간행되었음을 알 수 있다.

　『징비록』은 2권 1책으로 구성되어 있는 2권본과 「장비록懲毖錄」·「진사
록辰巳錄」·「근폭집芹曝集」·「군문등록軍門謄錄」으로 구성된 16권 7책의 16
권본이 있다. 이 두 판본은 모두 목판본이다. 이 밖에도 풍산 류씨 문
중 장서인 『초본징비록草本懲毖錄』이 전해오고 있고, 필사본인 2권본 『징

비록』과 1책으로 구성된 필사본 『징비록』의 이본異本도 확인되고 있다. 지금까지 『징비록』은 각 기관들에 의해 영인·간행되었고, 최근 들어 많은 국역본들이 출간되었다.

2권본 『징비록』의 저술 체제를 보면 류성룡의 자서自序와 권 1·권 2·녹후잡기錄後雜記로, 모두 1책으로 이루어져 있다. 권 1은 시기적으로 1586년(선조 19)~1592년(선조 25)까지의 사건들을 서술하고 있으나, 대체적으로 임진년의 사건들을 주로 다루고 있다. 즉 1592년 4월 13일부터 12월 2일까지가 기술되었다. 반면 권 2는 1593년 1월부터 1593년 10월까지 기술하고, 바로 1597~1598년 정유재란의 사건들이 서술되어 있다. 권 2에서 주목되는 점은 1594~1596년 동안 강화협상이 이루어지는 과정에서 류성룡 자신이 어떠한 역할을 했는지, 혹은 어떠한 일들이 있었는지에 대해서는 의도적으로 서술하지 않았다는 것이다. 이러한 『징비록』 서술 체제를 볼 때, 저술 배경에 그의 정치적 의도가 담겨 있다고 여겨진다.

그럼에도 불구하고 임진왜란사를 연구하는 데 있어서 『징비록』이 갖는 사료적 가치는 매우 높다고 할 수 있다. 즉 『징비록』은 당대사當代史·전쟁사戰爭史로서 임란 연구에 있어서 매우 중요한 사료 중 하나이고, 이와 같은 사료적 중요성으로 많은 연구자들에 의해 인용되고 있다. 특히 임란 발발 이전의 통신사 파견 논의와 전란 대비와 관련한 부분은 『선조실록』에도 없는 내용들이다. 따라서 『징비록』은 『선조실록』과 같은 관찬 사료를 보완해준다는 점에서도 중요한 사료이다.

그러나 『징비록』은 엄정한 사료비판 없이 그 내용을 액면 그대로 이

해해서는 안 된다. 저자인 류성룡도 당시의 정치적 상황과 당쟁으로부터 자유로울 수 없으며, 저술시기가 북인의 탄핵을 받아 실각한 이후라는 것을 고려하여 비판적으로 읽어낼 필요가 있는 것이다.

그렇다면 우리는 『징비록』을 어떻게 읽어야 하는가? 류성룡의 『징비

〈2권본 『징비록』의 서술 시기와 내용〉

구성	서술 시기	내용	
자서	1586~ 1592. 2	1. 일본 사신 귤강광이 다녀가다. 2. 일본 사신 의지 등이 다시 오다. 3. 통신사 황윤길 등이 일본에 다녀오다. 4. 명나라를 치겠다는 일본의 국서 5. 다급한 군비. 6. 이순신의 발탁. 7. 신립 장군의 사람됨.	
권 1	1592. 4~ 1592. 12	8. 임진왜란이 일어나다. 9. 영남의 여러 성이 함락되다. 10. 급보가 연잇고, 신립 등이 달려가다. 11. 김성일의 논죄문제 12. 김륵의 민심 수습 13. 상주 싸움에서 이일이 도망가다. 14. 서울의 수비와 서순 문제 15. 신립이 충주에서 크게 패하다. 16. 임금이 서울을 떠나 피난길에 오르다. 17. 왜적이 서울에 들어오다. 18. 삼도군이 용인 싸움에서 무너지다. 19. 신각의 승리와 억울한 죽음. 20. 임진강 방어선이 무너지다. 21. 함경도에서 두 왕자가 붙잡히다. 22. 이일이 평양으로 쫓겨 오다. 23. 명나라 사자(使者)가 오다. 24. 선조가 평양성을 떠나다. 25. 일본군이 평양성을 점령하다.	26. 명나라 구원병이 들어오다. 27. 선조가 정주 · 선천으로 행차하다. 28. 명나라 구원병이 오다. 29. 평양성 수복 전투에서 패하다. 30. 이순신이 거북선으로 일본군을 격파하다. 31. 조호익의 충의 32. 전주 방어진 33. 평양성을 공격해보다. 34. 명나라 심유경의 강화회담 35. 경기감사 심대의 죽음 36. 원호가 일본군을 격퇴하다. 37. 의병장 권응수 등이 영천을 수복하다. 38. 박진이 경주를 수복하다. 39. 의병이 일어나서 일본군을 무찌르다. 40. 이일이 순변사가 되다. 41. 일본군의 첩자 김순량을 처벌하다.

록』은 임진왜란을 극복하는 과정에서 그에게 제기되었던 전란책임론과 주화主和논란에 대한 비판을 변핵하기 위한 당쟁서黨爭書라는 측면에서 이해할 필요가 있다. 『징비록』을 류성룡의 정치적 위기가 낳은 산물이라는 관점에서 읽을 때, 그의 모습이 우리에게 보다 현실적으로 다가올 수 있는 것이다.

권 2	1593. 1~ 1593. 10	42. 평양성을 수복하다. 43. 이빈을 순변사로 임명하다. 44. 명나라 군사가 벽제 싸움에서 패하다. 45. 권율의 행주대첩 46. 굶주리는 백성들을 구제하다. 47. 심유경의 적극적인 강화책. 48. 서울이 수복되다. 49. 제2차 진주성 전투. 50. 선조가 서울로 돌아오다.
	1597 ~ 1598	51. 이순신의 하옥. 52. 명나라의 재출병. 53. 칠천량 해전의 패전 54. 황석산성 전투 55. 이순신을 다시 삼도수군통제사로 임명하다. 56. 남원성의 함락 57. 명량대첩. 58. 일본군의 남하 59. 명군 장수들의 전황 60. 노량해전 61. 이순신의 인품. 62. 이순신의 계엄.
녹 후 잡 기		63. 임진왜란의 조짐 64. 일본군 침입 소식 이후의 괴이한 일들 65. 간사하고 교모한 일본군의 꾀 66. 신립 · 이일의 패전을 통해 본 지세 이용의 중요성 67. 성을 지키는 묘법 68. 진주성 포루의 역사(役事) 문제 69. 일본군을 막아낼 방도를 강구하다. 70. 임진강의 부교 가설. 71. 훈련도감의 설치 72. 심유경과 관련된 일화

우직하게 사지를 향하여

신립(申砬, 1546~1592)

신립의 전략은 의도만 보면 나름대로 훌륭한 전략이었다고 평가해
줄 수 있겠지만, 실제의 전투는 그의 의도대로 되어주지 않았다. 전
쟁이라는 것은 철저하게 상대적이다. 또 그 시점에서 변수로 작용하
는 요인도 인간으로 능력으로 계산할 수 없을 만큼 복잡하다.

국왕의 총애로
출세가도를 달리다

신립申砬은 명종이 즉위하던 해인 1546년 10월 23일, 신화국申華國의 셋째 아들로 태어났다. 신립의 가문인 평산平山 신씨는 고려 개국 공신인 시조始祖 신숭겸申崇謙에서 시작된 가문이다. 이 가문은 조선 왕조 들어서도 위상을 유지하고 있었다.

좌의정을 지내고 문희공文僖公의 시호를 받았던 5대조 신개申槩, 세조 때에 원종공신 3등에 들어 예조참의까지 올랐던 고조 신자준申自準, 『악학궤범』을 편찬에 기여하였으며 연산군 때 사헌부 감찰을 역임했던 증조 신말평申末平, 형조판서를 지내고 문절공文節公이라는 시호를 받았던 할아버지 신상申恦 등으로 이어진다. 아버지 신화국은 벼슬에 나아가지 않았으나 이것이 신립의 가문을 명문가 반열에서 제외할 이유가 되지는 않을 것 같다.

조선시대에는 명문가의 위상을 유지하는 데 필요한 요소가 문신 관리를 배출하는 것이었다. 그렇지만 신립은 그 길로 들어서지 않았다. 신립이 어렸을 때부터 기질이 있었기 때문에 무장의 길로 들어섰다는 말도 있다. 이유야 어쨌건 무장으로서 신립의 성장은 선조가 즉위하던 해였던 1567년 22세의 나이로 무과에 급제하면서부터 시작되었다. 벼슬길에 오른 후 그는 비교적 순탄하게 승진했다.

그가 거친 벼슬은 선전관宣傳官에서 도총부도사都摠府都事·경력(經歷, 주요 부서의 실무담당 종4품 관직) 등이었다. 그다음 외직外職인 진주판관에 임명되었다. 이 시기 신립은 스승 한 사람을 만나게 된다. 그 인물이 문장가로 이름이 나 있었던 진주목사 양응정梁應鼎이었다. 양응정은 신립에게 거친 성격을 고칠 것과 이를 위해 공부할 것을 종용했다 한다. 그러자 신립은 양응정을 스승으로 모시고 글을 배웠다.

무난하게 성장하던 그가 두각을 나타낸 계기는 1583년 온성부사가 되면서부터이다. 이 무렵은 니탕개尼湯介라는 인물이 조선의 북쪽에 살던 여진족들을 선동하여 조선을 침략하던 시기였다. 원래 니탕개는 선조 초에 조선에 귀순해서 조정으로부터 관직과 녹봉까지 받은 자였다. 조선에서는 귀화해온 여진족들을 받아들여 백성을 확보하는 한편, 이들을 변방에 배치하여 다른 여진족의 준동을 막는 효과를 노리고 있었다.

그런데 니탕개의 경우에는 이런 정책이 역효과를 냈다. 조선에서는 여진족의 귀화를 받아들이기는 했지만, 변방에 배치된 관리 중 문제가 있는 사람들이 많아 귀화한 여진족에 대한 처우에 문제가 생겼다. 니탕개는 이러한 처우에 불만을 품고 조선 북쪽 변경의 여진족들을 규합하여 반란을 일으켰다. 상당 기간 동안 조선에서 살던 터라 니탕개는 조선의 사정에 대해서 잘 파악하고 있던 상황이었다. 그런 자가 주동한 반란에 조선 측은 고전했다.

그런데 이는 신립이 능력을 발휘하는 계기도 되었다. 그는 경원부慶源府와 훈융진訓戎鎭을 공략해온 여진족을 격퇴했다. 훈융진을 방어했을 때에는 이곳을 방어하던 훈융진첨사 신상절申尙 유원첨사 이박李璞 등과 함께 반격에 나서, 두만강을 건너 여진족의 소굴에 불을 질러 타격을 주었다. 이후에도 북병사 이제신李濟臣의 주도 아래에 벌어진 소탕작전에 참여하여 큰 전과를 거두었고 포위된 종성鍾城을 구원해주기도 했다.

선조의
신임을 얻다

이러한 활약이 보고되면서 신립은 선조가 총애하는 장군으로 부각되었다. 기본적으로 능력이 증명되었기 때문이기도 하겠지만 어떠한 이유가 더 보태졌는지 선조는 신립을 후원해주기로 마음먹었다. 선조는 그를 승진시켰을 뿐 아니라 가족에게까지 신경을 썼다. 그의 늙은 어머니에게 매일 고기와 술을 보내고 병이 나면 의원을 보내주도록 명을 내리는 등 특별한 관심을 보였다. 또 그의 형 신급申礏이 삼사三司를 비롯한 고위직 대신들이 사리사욕 채우기에 바쁘다는 상소를 올렸을 때에도 고맙다는 비답을 내렸다. 이 때문에 선조는 '몇 년 동안이나 가까이 있던 사람들은 믿지 못하고 모략을 들어준다.'는 승정원의 항의를 받아야 했다. 그러나 이와 같은 신하들의 반발 역시 적당히 무마하고 덮어주었다.

이후에도 선조는 지속적으로 신립에게 신경을 썼다. 1584년 3월에는 선조가 신립을 직접 만나주고 북도병사의 벼슬을 내려주었다. 여기에 더하여 여러 선물도 하사하였다. 또한 선조는 중요한 문제가 일어날 때마다 신립에게 해결을 맡기며 기회를 주었다. 1587년 왜구가 침입했을 때, 신립을 우방어사右防禦使로 임명하여 해결하도록 한 것도 그러한 사례이다. 이때 선조는 '군관을 충분히 붙여주라.'는 명령을 내렸다. 그만큼 신립이 실패할 가능성을 줄여주려는 배려로 파악할 수 있다. 이는 또한 신립에게 공을 세워 승진할 기회를 마련해주는 의미도 있었다.

그런데 이 사건은 선조의 의도와 반대 결과를 낳았다. 이때 침입했던 왜구는 신립이 뭔가를 해보기도 전에 철수해버렸다. 따라서 공을 세울 기회는 없어져버린 셈이다. 이런 상황이 허탈해져서 그랬는지 신립은 돌아오던 중 문제를 일으켰다. 이때 양가良家의 처녀를 첩으로 삼았다는 것이다. 이 때문에 삼사의 탄핵을 받고 파직되었다. 선조도 이를 막지 못한 것을 보아 신립을 파직하라는 압력이 심각했던 것 같다. 그렇지만 선조는 신립을 포기하지 않았다. 잠시 물러나게 했다가 함경남도병마절도사로 다시 등용해준 것이다. 북쪽 국경으로 돌아온 신립은 1588년 고미포의 야인 부락을 정벌하여 적병 20명의 목과 말 세 필을 빼앗아 돌아왔다.

그렇지만 선조의 배려와 그에 보답하듯 전과를 올린 보람도 없이 다음 해인 1588년 10월 신립은 또 다른 문제를 일으켜 탄핵을 받았다. 가을파보加乙波堡의 졸병 하나가 자기 직속상관을 모욕했다 하여 목을 베었던 것이다. 이 사건 역시 전쟁 때가 아니면 내릴 수 없는 처벌을 내렸다는 이유로 파직 압력을 받았다. 그 결과 신립은 동지중추부사同知中樞府事라는 한직으로 밀려났다.

그런데 사헌부에서는 이 사건을 이 정도로 마무리 지으려 하지 않았다. 조정에 알리지 않고 제 마음대로 사람의 목을 베었다는 이유로 신립을 잡아다 국문하라는 압력을 넣어온 것이다. 선조는 사헌부의 요구를 일단 거부했다. 그렇지만 이후에도 관련된 문제가 계속 나타나는 것을 보면 이때 받은 압력 역시 무시할 수 있는 정도가 아니었음이 분명하다.

그럼에도 불구하고 선조는 절묘한 방법으로 신립을 보호했다. 우연이라고 하기에는 너무나 적절한 시점에 '북병사北兵使 이일李鎰이 조산造山의 토병 송천수宋千壽 부자가 적과 내통했다는 이유로 목을 벤 다음에 보고했고, 경원부사 한극함韓克諴은 졸병이 복종하지 않는다고 상관에게 보고도 않고 목을 베었다.'는 보고가 올라왔던 것이다. 이 사실을 보고 받은 선조는 일단 이일과 한극함 역시 '신립과 같은 죄를 지었으니 아울러 파직 하라.'는 명을 내렸다. 그러자 대신들이 난리를 쳤다. '대간이 신립의 파직을 주청한 것은 법에 의거한 말인데, 이미 지나간 일까지 문제 삼아 이일 등을 파직시킨 조치는 임금과 신하가 서로 대립하는 것 같은 모양이 되어 좋지 않다.'는 것이다. 또한 '북쪽 변방에 쓸 만한 사람도 두어 명밖에 되지 않는데 한꺼번에 파직시키면 사기에 악영향을 줄까봐 염려된다.'는 의견도 나왔다.

　이런 논쟁이 벌어진 지 며칠 후 함경감사 권징權徵의 상소가 올라왔다. '북병사 이일의 명성 덕분에 오랑캐가 무서워하는데, 이런 사람이 갑자기 파직되니 변방 장수들이 두려워하고 있다.'는 것이다. 그래서 '황공함을 무릅쓰고 감히' 이일의 유임을 요청해왔다. 이 요청을 빌미로 선조는 "조정은 잘 의논하여 처리하라."는 지시를 내렸다.

　선조의 지시를 받은 비변사에서는 다시 의논하여 이일의 유임을 요청했다. 선조는 이를 받아들이며 전교를 내렸다. '변방 장수에 대한 처분은 조정이 결정할 일이지 함경감사 같은 외신이 왈가왈부할 바가 아닌데 무엇 때문에 이렇게까지 했는지 사태의 절박함을 짐작할 수 있다. 그렇기 때문에 이랬다저랬다 하는 모양이 좋지 않음을 알면서도 그의 말을 듣지 않을 수 없다. 그러니 이일을 파직하지 말라.'는 내용이었다.

　그러면서 이일에게도 글을 내렸다. '나라의 법을 무시할 수 없어 파직하기는 했지만 오랑캐들을 제압하고 있는 역할을 가상하게 여겨 유임을 명하니, 자신의 지극한 뜻을 알아서 직무에 힘쓰라.'는 내용이었다. 권징權徵에게도 '나쁜 전례를 남길까봐 이일을 파직하기는 했지만 이일이 아니면 오랑캐를 진압할 수 없다는 건의를 받아들여 이일을 유임시키는 바이다. 그러니 자신의 뜻을 알아달라며 앞으로도 좋은 지적 바란다.'는 것이었다. 선조는 자신의 의도대로 신립에 대한 국문 요구를 거부하면서도 이일은 물론 그와 연관된 세력도 부드럽게 달래며 마무리 지은 것이다.

얼핏 보면 이 과정은 단순히 이일을 파직시켰다가 취소했던 사건으로 보인다. 그렇지만 이후로는 신립에 대한 국문 요구 같은 것이 사라진다. 같은 문제를 일으킨 신립에 대해서도 더 이상 문제 삼지 말라는 암묵적 압력이 된 셈이다. 선조가 이와 같은 정치적 기지를 발휘하면서까지 신립을 보호하려 했다는 점에서, 그에 대한 신임이 얼마나 두터웠는지를 알 수 있다.

이렇게 이 사건을 무난하게 마무리 지은 선조는 얼마 가지 않아 다시 신립을 요직에 기용했다. 1590년 2월, 신립을 평안도 병마절도사로 임명했다가 이듬해에는 한성부판윤 벼슬을 내리며 중앙 정계로 불러들였던 것이다. 선조가 이렇게까지 정치적으로 신립을 보호하려던 이유는 결국 선조 자신을 지켜줄 수 있는 충직한 인물로 보았기 때문이다.

이를 뒷받침하듯이 이른바 '정여립 모반사건'을 보고했던 황해감사 한준韓準의 비밀 장계에 이와 관련된 의미심장한 구절이 나온다. 정여립이 모반을 꾀하고 있다는 보고를 했던 장계 내용 중에 '한양으로 쳐들어와 신립과 병조판서를 죽인 다음 교서를 위조해 지방관들을 죽이거나 쫓아내고 혼란을 일으켜 정권을 장악하려 한다.'는 내용이 들어가 있는 것이다. 정여립이 실제로 반란을 일으키려 했는지에 대해서는 논란이 있으나 거사를 성사시키기 위해 신립이라는 인물의 제거를 직접적으로 거론한 점만큼은 주목할 필요가 있다. 반란을 성공시키기 위한 계획에서, 그를 제거하는 것이 필수적이라는 인식을 엿볼 수 있기 때문이다. 그만큼 신립이라는 인물이 선조의 정권 안보에 중요한 비중을 차지하고 있었다고 볼 수 있다.

전쟁에 대비하지
못한 이유

1587년경부터 조선은 북방의 여진족과 왜구의 침입으로 골치를 앓았다. 그런데 1588년경부터는 이것이 일본과의 외교 문제로 얽히면서 완전히 다른 국면으로 접어들었다. 그 무렵 일본에서는 도요토미 히데요시가 오랫동안 지속되어오던 내란을 수습하고 일본열도 전체를 어느 정도 통제할 수 있는 기반을 얻었다. 그러자 히데요시는 일본열도를 너머 중국에까지 세력을 뻗치고자 했고, 조선이 중국으로 진출할 징검다리 역할로 지목되었다. 더욱이 히데요시는 조선을 대마도에 종속된 번국藩國으로 간주하고 있었다. 이러한 인식을 바탕으로 히데요시는 조선 국왕이 일본을 평정한 자신에게 입조入朝해오라는 요구를 해오고 있었다. 물론 이러한 요구는 중간에서 교섭을 맡은 대마도주의 노력으로 액면 그대로 전달되지는 않았다.

그렇지만 조선 조정에서 상황이 심상치 않다는 것을 눈치채지 못한 것은 아니었다. 대마도 측에서 히데요시가 보낸 국서를 아무리 순화시킨다 해도 조선의 입조를 요구하는 의도를 완전히 감출 수는 없었다. 당시 조선 국왕이었던 선조만 하더라도 여러 차례 방어태세를 점검했다. 경연 등을 빌미로 외적의 침략이 있을 경우에 대비해 신료들의 의견을 수렴하고 방어태세 정비에 대한 지시도 내렸다. 신립 역시 이 과정에서 선조가 자문을 구하는 중요한 신하 중 하나였다.

그러나 대규모 침공에 대응할 수준의 방어태세를 갖추기는 어려웠다. 사실 히데요시의 위협을 받기 이전부터 북방 여진족의 소규모 침공이 있었고, 남방의 왜구 역시 때때로 서남해 일대를 침범하여 노략질을 해왔다. 이 때문에라도 기본적인 방어태세는 갖출 수밖에 없었고 실제로 어느 정도의 방어 시스템의 갖추어져 있었다. 그렇지만 막상 일본군이 대규모로 침략해오자 처참한 패배를 당했다. 이에 대해 '조선 측에서 제대로 대비하지 못했다.'는 식의 답은 하나마나다. 즉 보다 구체적인 원인이 제시되어야 제대로 대비하지 못한 진짜 이유가 밝혀진다는 것이다.

그런데 류성룡이 지은 『징비록』에는 그 원인 중의 하나가 제기되어 있다. 원문 그대로 인용해보자.

이일은 충청, 전라도로 가고 신립은 경기도와 황해도를 순시하였다. 한 달이 지나 그들은 돌아왔다. 그러나 그들이 조사해 온 내용이란 것은 고작 활과 화살, 창과 칼 같은 것뿐이었다. 군이나 읍에는 문서상으로만 무기가 갖추어져 있을 뿐 실제로 필요한 무기는 전혀 없는 상태였다. 게다가 성질이 사납다는 소문이 있던 신립은 사람을 해치면서까지 위엄을 보이려 하였다. 그러자 수령들은 두려움에 떨면서 백성들을 동원하여 길을 닦고 융숭한 대접을 베풀었는데 어떤 대신의 행차보다도 떠들썩했다.

이 내용을 읽은 많은 사람들은 방어체제를 점검한 실무자였던 신립과 이일 등이 권한을 남용했을 뿐, 제대로 된 전쟁 대비 태세를 갖추는데에는 게을리했다고 보게 된다. 그런데 당시 정황을 보면 신립 등이 제대로 된 방어체제를 갖추도록 만들 수 있는 지위에 있었는지부터가 의심스럽다.

신립 정도의 지위에서 해낼 수 없는 문제였다는 점을 이해하기 위해서는 여진족이나 왜구가 침입해오는 것과 1592년 4월처럼 일본열도에서 총동원된 군대가 침공해오는 것은 차원이 다르다는 점부터 확인해야 한다. 일단 규모라는 측면에서부터 문제다. 수천 내외의 병력이 침입해오는 것이라면 침공받은 지역의 방어시스템만 제대로 작동해도 막을 수 있다. 혹시 한 지역이 무너지더라도 주변 지역에서 선전하면 국가 전체가 무너지는 사태로 연결되지는 않는다. 사실 몇 천에서 많아야 몇 만 수준의 병력으로 조선 전체를 장악하기는 곤란하다. 그렇기 때문에 여진족이나 왜구의 침략에는 그런 정도로 대응할 수 있었다고 할 수 있다.

그런데 도요토미 히데요시가 감행했던 침공은 완전히 양상이 다르다. 첫 전투부터 한꺼번에 십만 단위의 병력이 작은 방어거점을 집중 공략하는 형태에서는 지역의 방어시스템이 아무리 제대로 작동하더라도 견디어낼 재간이 없다. 그리고 이런 식으로 한두 곳이 쉽게 함락당하면 나머지 지역에서는 저항할 엄두가 나지 않게 마련이다. 실제로 임진왜란 초기에 있어서도, 부산진이나 동래성 같은 방어거점에서 비교적 선전했음에도 각각 하루를 견디지 못하고 무너져버리자 주변 지역에서는 방어를 포기하고 도주하는 사태가 잇달았다.

선조가 히데요시의 국서國書를 받고 방어태세 점검에 나선 것이 소규모 침공에 불과할 것이라는 전제에서였을 리는 없다. 즉 일본의 위협에 대처하려 했으면 각 지역의 방어태세를 점검하는 정도의 수준이 아니라 대규모 전면전에 대응하는 체제를 갖추어야 했던 것이다. 그렇지만 조선은 이런 차원의 방어태세 정비에는 거의 신경을 쓰지 않았다. 임진왜란 초기의 양상을 보면 이 점이 적나라하게 드러난다.

전면전에 대한 방어시스템이 갖추어져 작동되었다면 부산진·동래성 등의 거점이 버티고 있을 동안에 침공군에 대응할 수 있을 규모의 기동부대가 편성되어 맞설 수 있어야 했다. 그러나 당시 조선은 적절한 전력을 갖춘 기동부대가 편성되는 것은 고사하고, 경상도 지역의 경우 각 지역에서 모인 부대가 중앙에서 오게 되어 있는 지휘관을 기다리다가 제풀에 붕괴되는 상황을 맞았다.

중앙에서 편성된 기동부대도 병력이 모이지 않기는 마찬가지였다. 순변사로 임명된 이일이 4천 명, 도순변사로 임명된 신립이 급하게 모은 오합지졸 8천 명을 이끌고 방어에 나서는 꼴이 연출되었다. 전면전에 대비한 동원체제가 제대로 가동되도록 훈련과 정비가 되어 있지 않았다는 뜻이다.

권한 없이
전쟁준비에 내몰리다

이런 사태가 연출된 원인은 히데요시의 위협을 확인하기 위해 1590년에 이른바 '통신사'가 파견되던 때로 거슬러 올라가 찾아야 한다. 히데요시에게서 처음 온 국서에서 위협적인 내용을 발견했을 때, 조선의 군사력은 일본의 위협쯤은 우습게 보아 넘길 수 있는 수준이 되지 못했다. 그 점은 실제 전쟁이 일어난 이후 적나라하게 드러난 바 있으며, 선조가 방어태세를 점검하는 과정에서도 군비가 충실하지 못하다는 점은 강력하게 시사되고 있었다. 이런 상태인 조선의 입장에서는 일본의 위협을 심각하게 받아들여야 하는 것이 당연했다. 그럼에도 충실하지 못한 군비를 함부로 확장하기 곤란한 상황이라면 위협의 실체를 파악하기 위한 노력이라도 우선적으로 신경을 쓰는 것이 기본이다.

하지만 그 당연한 과정조차 조선에서는 논란거리였다. 정보 수집 수단이 오늘날 같이 다양하지 않았던 당시 상황에서 현지 상황을 직접 살펴볼 사신은 대체하기 어려운 정보요원 역할을 할 수 있다. 이러한 측면에서 오지 말라는 사신도 보내야 할 상황에 조선에서는 히데요시가 와달라고 하는 사신의 파견도 불가하다는 주장이 우세했다. 그래서 낸 대안이 이전에 조선을 침범한 왜구들을 잡아 보내는 대신 통신사를 파견해주는 것이었다. 물론 이 제안은 대마도주의 입장 덕분에 관철되어 이 자체로만 봐서는 조선이 일거양득의 소득을 얻은 셈이 되었다.

그러나 막상 일본에 다녀온 통신사는 조선 조정을 더욱 난감하게 만들었다. 전쟁 가능성에 대한 사신들의 의견이 엇갈려버린 것이다. 정사인 황윤길은 히데요시가 전쟁을 일으킬 것이라 보았고, 부사 김성일은 그럴 만한 인물이 되지 못한다는 입장이었다. 이 상황에서 조선 조정은 김성일의 말에 비중을 두게 되면서 전쟁 준비를 부실하게 하는 빌미를 얻었다.

여기서 김성일을 비호하는 입장도 있다. 그가 히데요시의 침략 의도를 눈치채지 못해서가 아니라 '전쟁 난다고 말하면 인심이 동요할까봐' 그랬다는 것이다. 물론 이 자체는 파렴치한 변명이다. 정말 그럴 의도였다면 최소한 최고 결정권자인 왕에게는 사실을 정직하게 알렸어야 한다. 사실이 알려져 백성들의 동요를 막는 것은 최고결정권을 가진 사람들이 상황을 정확하게 파악하고 대책을 세워 나가는 과정 중에 취할 방법 중 하나일 뿐이다.

그런데 김성일은 최고 결정권자들이 모인 자리에서 그들 사이에 혼선을 일으킬 보고를 해버린 것이다. 이 결과는 치명적이었다. 전쟁준비라는 것 자체가 정치·경제·사회·문화 등 모든 방면에 무리를 줄 수밖에 없는 것이다. 여기서 발생하는 무리는 전쟁을 준비하는 나라의 구성원에게 많은 희생을 요구하게 된다. 뒤집어 말하면 나라의 구성원들이 충분히 납득할 만한 공감대가 형성되지 않으면 준비 과정에서 많은 저항에 부딪히기 십상이라는 뜻이다. 그렇기 때문에 무리를 최소화하자면 위기 상황임을 납득시키고 협력을 얻어내는 과정이 상당히 중요하다. 최고 결정권자들의 협의는 바로 그 출발점인 셈이다.

그런데 김성일의 태도 때문에 바로 그 출발점에서부터 무리를 감수하고라도 체계적인 전쟁 준비를 강행해야 한다는 합의에 실패한 것이다. 예나 지금이나 전쟁 같은 재난에 대비하기 위해 많은 희생을 감수하라고 하면 국가 구성원 대부분이 싫어하게 마련이다. 그래도 국가적 위기가 코앞에 다가왔다는 데 의견이 일치하면 아무리 내키지 않는 희생이라도 감수해야 한다는 여론을 불러일으켜 납득시킬 수 있다.

하지만 중요한 정보를 다루는 사람 중에 '재난은 없을 것'이라는 전망을 내놓기라도 하면 대부분이 희생을 치르지 않아도 되는 의견을 믿고 싶어 한다. 특히 기득권을 누리고 있는 입장에서는 자신들이 누리고 있던 혜택 상당 부분을 희생시켜야 할 보고에 귀를 기울이고 싶지 않는 심리가 작용하기 쉽다. 그러다보면 희생을 감수하고라도 철저한 대비를 하자는 쪽에 힘이 실리기 어렵게 된다. 임진왜란 때 김성일이 바로 이런 결과를 이끌어내는 역할을 해버린 것이다.

분위기가 이렇게 흐르면 이후로는 대비를 한다 해도 차원이 달라진다. 전면전에 대한 대비는 국가 차원의 동원체제가 정비되고 가동되어야 하는 것이지 지역적인 방어체제 정비로 될 일이 아니다. 그러니 국가적인 희생을 바탕으로 한 지원이 없는 상태에서 백날 방어체제를 정비한다고 해봐야 뾰족한 수가 나올 수 없다. 더 적나라하게 말하자면 조선 조정 자체가 무리를 감수하고라도 인적, 물적 자원을 동원하자는 데에 공감대가 형성된 것조차 아니었다.

신립은 바로 이러한 상황에서 방어태세 점검을 명령받은 것이다. 실질적으로 효과를 거둘 수 있는 대비를 하려면 점검 차원이 아니라 군사력 증강이 필요했다. 이를 위해서는 인적, 물적 자원을 동원하고 배치, 편성 등을 할 수 있는 권한이 있어야 한다. 그렇지만 당시 신립에게 이러한 권한이 주어진 것은 아니었다. 주자학자들이 실권을 쥐고 있는 정국에서 무장에 불과한 신립에게 이들의 결정을 뛰어넘는 역할을 기대하기는 무리다. 그러니 신립으로서는 기본적인 점검 이상의 것을 할 수 있는 상태가 아니었다. 이런 상황에서 일개 장군에 불과한 신립이 획기적인 방어태세 개선을 이루었어야 하는 것처럼 몰아가는 것 자체가 책임 전가다.

그런데도 『징비록』에는 신립 같은 무장들이 상황을 쉽게 생각했기 때문에 점검을 게을리한 것처럼 묘사해놓았다. 그렇지만 웬만큼 개념이 없는 사람이 아니고서야 유사시 자신의 목숨을 걸고 나서야 하는 일에 대한 대비를 허술하게 하고 싶었을 리는 없다. 또 신립이 그럴 정도로 개념이 없는 사람이었다면 선조가 자신을 지켜줄 사람으로 여기고 그렇게 총애하면서 이끌어주지도 않았을 것이다.

도순변사가 되어
사지로 가다

1592년 4월 13일 부산에 일본군이 상륙하여 전쟁이 일어났고 이 소식은 곧 조선 조정에도 알려졌다. 물론 조선 조정이 상황을 파악했다고 해서 할 수 있는 일은 별로 없었다. 부산진·동래성 등 일본군이 상륙한 경상도 지역의 주요 거점들을 순식간에 함락시키고 일본군이 북상하고 있었음에도 조선 조정에서는 맞싸울 병력을 제대로 모으지도 못했기 때문이다. 심지어 동원체제가 가동되어 모였던 병력조차 제대로 관리하지 못하는 상태였다. 경상감사 김수가 보낸 공문에 따라 대구에 모였던 병력 관리가 대표적인 사례다. 경상도 지역에서 각 고을 수령들이 모은 병력이 집결했음에도 중앙에서 이들을 지휘할 순변사가 늦는 바람에 이 병력이 아무것도 못하고 우왕좌왕하다가 흩어지고 말았다. 순변사가 늦게 내려가게 된 원인은 병력을 모을 수 없었기 때문이었다. 순변사로 임명된 이일은 3일을 기다려도 병력이 모이지 않자, 일단 그가 먼저 떠난 다음 별장 유옥柳沃이 병사들을 더 모아 따라가기로 했다. 이렇게 동원했다는 병력이 군관 60여 명과 4천여 명의 병사였다.

이 병력을 보내고 나서도 신립에게 추가로 8천 명의 병사를 더 모아 줄 수 있었다. 또 일부 거점에서 저항을 하거나, 지방에서까지 병력 동원이 이루어진 것을 보면 국가체제가 완전히 무너진 것이 아니라는 점은 확인할 수 있다. 일본군의 침략을 미리 파악할 수 있도록 경계태세라도 강화되어 있었다면 며칠 정도는 더 시간을 벌 수 있었을 가능성이 크다.

그렇다면 문제가 된 점은 동원 능력이라기보다 타이밍에 맞추어 동원체제를 가동할 훈련과 운용 능력의 부족이었다고 보아야 한다. 즉 전쟁위협이 있는데도 필요한 만큼 전국적인 규모의 훈련을 하지 않았다는 뜻이다. 이와 같은 사태는 그만큼 조선이 전쟁에 대비하지 않고 있었음을 보여주는 단적인 증거라 할 수 있다. 김성일의 보고가 어떠한 악영향을 주었는지 알 수 있는 장면이다.

신립 역시 이 상황의 영향을 직접적으로 받았다. 신립이 도순변사로 임명되었다고는 하지만, 그가 이끌고 갈 수 있는 병력 역시 파죽지세로 올라오는 일본군을 맞아 전투를 치르기에는 너무 빈약할 수밖에 없었다. 그가 거느린 병력에 대해서도 말이 엇갈리지만 8천 정도였다는 기록이 그나마 믿을 만하다. 그러나 글자 그대로 훈련이 되어 있지 않다는 의미의 '백도白徒'에 불과했다. 이런 상태의 인원조차도 뽑혀나가는 것을 막기 위해 '유생들은 관복을 입고 옆에 책을 낀 채로, 아전들은 평정건(平頂巾, 각 관사의 서리들이 쓰던 건)을 쓰고 나와 있었다'는 일화는 유명하다.

이 점은 신립의 행적을 이해하는 데에도 감안이 되어야 한다. 그가 이 병력을 이끌고 전투가 벌어진 충주로 내려가기 전에, 사소하지만 의미심장한 해프닝이 있었다. 그동안 이 해프닝을 주목한 사람이 없으나 가만히 살펴보면 우직한 무인으로서 그의 성격이 노련한 정객에게 어떻게 이용되었는지 보여줄 수 있을 것 같다.

이일이 1차적으로 동원한 병력을 인솔하고 먼저 내려간 다음 대간이 제안한 것이 있었다. '대신을 체찰사로 삼아 여러 장수들을 감독하게 하라.'는 것이다. 그래서 류성룡이 체찰사가 되었고 김응남은 부사로 임명되었다. 체찰사는 병력을 거느린 장수들을 감시하는 역할을 한다. 이는 이런 와중에서도 조정에서는 장수들이 다른 마음을 먹지나 않을까를 걱정하고 있었다는 뜻이다.

물론 이는 민간인이 군인을 통제한다는 원칙을 확인하는 의미가 있었지만, 이 점이 실전에서는 문제가 될 소지가 있었다. 이런 체제는 실전 경험이 없는 문관이 병력을 지휘해야 할 지휘관에게 간섭을 하면서 작전을 그르칠 소지가 생긴다. 야전 사령관 출신인 신립으로서는 꺼려질 수밖에 없었다. 신립은 이에 대한 우려를 감추지 않았다. 그는 류성룡이 대책을 물었을 때, "체찰사가 내려간다 하더라도 실전을 아는 장수가 아니니 도움이 되지 않는다. 후속부대를 모아 실전 경험이 있는 무장을 급히 먼저 보내 이일을 지원해야 한다."는 말을 대놓고 했다.

그런데 그 말을 듣고 나서도 류성룡은 부사 김응남과 함께 모아놓은 병력을 직접 인솔하고 내려가려는 제스처를 취했다. 이를 알게 된 신립은 화가 나 류성룡에게 달려가 소리를 질렀다. "이런 분을 부사로 데리고 가서 무슨 소용이 있겠습니까? 차라리 제가 부사가 되어 대감을 모시겠소이다." 이전부터 신립이 같은 취지의 뜻을 밝혔기 때문에 이 말의 의미는 분명하다. 체찰사 류성룡은 물론이고 부사 김응남까지 실전 경험이 있는 무장이 아니다. 그러니 이런 사람들이 둘씩이나 상전 행세를 하게 되면 누가 병력을 지휘하든 낭패를 보기 십상이다.

전투가 벌어지는 현장에서 순간적인 망설임이나 판단착오가 처참한 상황을 불러올 수 있다는 것은 상식이다. 그런데 전투 현장에 대해 아는 것이 별로 없는 사람이 감시 맡은 상전이랍시고 간섭을 하게 되면 지휘관을 그야말로 환장할 상황이 된다. 쏟아져 들어오는 보고를 통해 신속하게 상황을 파악하고 적절한 명령을 내리는 데 신경 쓰는 것만 해도 벅찬 야전 지휘관이, 뭘 모르는 상전을 이해시키고 설득해서 필요한 명령을 받아내는 데 더 신경을 써야 하기 때문이다.

실전 경험이 풍부한 신립으로서는 누가 지휘관으로 가든 그런 상황이 벌어져서는 안된다는 것을 누구보다도 잘 알고 있었을 것이다. 그렇기 때문에 문제가 될 수 있는 점을 대놓고 지적한 것이다. 단지 체찰사 자체가 문제라고 했다가는 감시를 받지 않겠다는 뜻으로 들려 역적으로 몰릴 수 있으니 부사를 물고 늘어진 것 같다. 적어도 뭘 모르는 상전을 둘씩이나 모시고 전투를 치르게 할 수 없다는 의도인 것만은 분명하다. 그리고 일본군 방어 책임은 차라리 자신이 직접 현장에 가서 지겠다는 뜻도 밝힌 셈이다.

그런데 이런 뜻에 대해 류성룡은 뜬금없는 말도 응수했다. 자신의 손으로 쓴 『징비록』에는 그때 했던 말이 기록되어 있다.

'다 같은 나랏일인데 아무려면 어떻겠느냐. 우선 내가 모아놓은 병사들을 이끌고 공이 앞장서라. 나는 또 병사를 모아 뒤를 따르겠다.'고 하면서 군관들의 성명이 적혀 있는 명단을 건네주었다.

이 내용을 보면 신립이 마치 왜적을 막는 공을 빼앗기기 싫어 상관인 김응남에게 심한 말을 한 꼴이 되어버린다. 신립은 공을 탐내 상사에게 막말까지 한 졸장부가 되는 것이다. 그런데 과연 신립이 그런 이유 때문에 말 많은 대신들에게 막말을 했을까? 류성룡을 비호하는 입장에서는 신립의 성격 문제로 몰아가려 하겠지만 그럴 상황은 아니다. 실전 경험이 풍부한 신립이 동원해놓은 병력의 수준을 직접 확인하고도 파죽지세로 올라오는 왜적을 막아 공을 세워보겠다고 달콤한 꿈을 꾸었을 것 같지는 않기 때문이다. 이렇게 상황 파악 못하는 인물이라면 선조가 총애하며 키워주었을 리도 없다.

당시 정황을 보면 오히려 류성룡의 의도가 읽힌다. 기세 좋게 올라오고 있는 일본군을 숫자도 얼마 되지 않는 오합지졸로 막아내기가 무리라는 점은 굳이 실전 경험이 없어도 쉽게 알 수 있다. 그러니 이런 병력 데리고 일본군을 맞아 싸우겠다는 것 자체가 죽을 자리 찾아가는 일이다. 그렇다고 체찰사로 임명된 자신이 못 가겠다고 꽁무니 빼면 정치 생명은 끝이다. 그런데 마침 신립이 실전 경험 없는 문신들이 상전 행세하면서 부대를 인솔하는 데 반대하고 나섰다. 그러니 바로 그 신립 앞에서 문신이 둘씩이나 나서 부대를 이끌겠다고 하면 그가 어떻게 나올지는 뻔하다. 그리고 신립은 예상대로 나와주었다. 그러자 그 틈을 놓치지 않고 그에게 오합지졸을 안겨 전장으로 보낸 것이다. 그리고 류성룡 자신은 결국 내려가지 않았다. 김응남 역시 마찬가지였다. 결국 장수를 감시해야 한다면서 체찰사를 임명해 놓고는 정작 죽을 자리로 가야 할 상황에서는 둘 다 가지 않은 셈이다.

신립에 대한 편견
신립을 위한 변명

충주까지 내려오면서 신립은 심각한 고민을 해야 했다. 심상치 않은 일본군의 기세를 보고 받은 데다가, 자신이 거느린 병력의 수준을 모를 리 없으니 고민이 없을 수 없는 상황이었다. 그중에서도 우선적인 고민은 훈련되지 않은 병력을 가지고 어디서 일본군을 막아내느냐는 것이었다.

여기서 널리 알려져 있는 편견이 있다. 종사관으로 같이 갔던 김여물金汝吻·충주목사 이종장李宗長 등이 지형이 험한 조령에서 적을 맞자고 주장했는데, 신립이 고집을 부려 평야지대에서 전투를 벌이게 되었다는 것이다.

조금 다른 주장도 있다. 신립이 시간적으로 조령을 방어하러 달려갈 여유가 없었다는 것이다. 그가 충주에 도착했을 때에는 일본군이 문경까지 진출한 상태였고, 충주 남쪽의 단월역까지 병력을 이끌고 나왔을 때에는 이미 적이 고개 밑에 당도하여 조령을 수비할 수 없었다는 얘기다. 더욱이 조선군의 훈련 상태나 사기가 형편없는 수준이었기 때문에 이들의 탈영을 막기 위해서는 배수背水의 진을 칠 수밖에 없었다고 보기도 한다.

물론 이런 주장은 받아들여지지 않는 경향이 있다. 그 전날 조령 부근에 적이 나타났다는 보고가 있었기 때문이다. 이를 확인하러 신립이 직접 가보았다는 이야기도 있고 보면, 마음먹고 서둘렀으면 조령에서의 방어가 가능했을 것이다. 이런 점 때문에 조령에서의 방어를 포기한 신립의 고집이 참패를 불러왔다는 인식이 퍼지게 되었다고 할 수 있다.

그런데 이런 이야기들에서 애써 빼놓은 점이 있다. 마치 수도를 향해 진격하는 일본군이 반드시 조령을 지나야만 하는 것처럼 인식시키고 있다는 점이다. 그렇지만 이는 사실과 다르다. 당시의 고지도만 보아도 문경까지 진출한 일본군은 조령을 우회할 수 있는 길이 있었다.(이에 대해서는 이희진·김우선 공저 『우리 역사를 바꾼 전쟁들』 참조)

이 점이 시사해주는 사실은 분명하다. 신립으로서는 조령만 지키고 있을 수도 없는 상황일뿐더러, 조령을 중심으로 방어하려면 가뜩이나 모자란 부대를 조령과 계립령 양쪽 방면으로 나누어야 한다. 신립의 입장에서 채택하기 어려운 전략이다. 그러니 조령을 포기한 것은 어쩔 수 없는 선택이었다고 보아야 할 것이다.

이렇게 보면 대림산성이나 충주성에서 일본군을 맞지 않았던 것도 비슷한 맥락에서 이해할 수 있다. 대림산성이나 충주성 역시 충주를 거쳐 서울로 올라가는 길을 가로막고 있는 위치가 아니다. 그런데도 성에 들어가 농성을 해버리면 '우리는 성으로 피신할 테니 안심하고 서울로 올라가시라.'며 길을 내어주는 꼴이 된다. 그런 식으로 작전을 펼 것 같았으면 더 지형이 험한 조령에서 진을 치고 있었지 굳이 달천 평야를 전장으로 선택할 필요도 없었다.

이런 점을 감안하면 신립의 선택에 대한 평가도 달라져야 한다. 사실 인물을 평가하다보면 비난할 거리나 변명거리 찾는 데 집착하게 되는 경우가 많다. 이런 태도는 오히려 진짜 이유를 찾는 데에는 방해가 된다. 신립에 대한 평가가 바로 이런 경우에 속하는 것 같다.

물론 조령에서 막자는 주장에 일리가 없는 것은 아니다. 어차피 적에 비해 숫자도 달리고 질적으로도 기대해볼 것이 없는 병력이다. 이런 병력으로 벌판에서 정면대결을 벌여봐야 승산이 있을 턱이 없다. 그러니까 지형이라도 유리한 곳에서 막아보자는 뜻이다.

그렇지만 이런 발상에는 심각한 문제가 있다. 이는 신립이 내려올 때 부여받았던 '일본군의 북상 저지'라는 임무를 포기하자는 뜻이 되는 셈이다. 물론 정면대결을 벌이다가 전멸해도 임무에 실패하기는 마찬가지라는 논리도 성립한다. 그렇지만 임무를 준 입장에서 보면, 할 수 있는 것을 해보고 실패하는 것과 해보지도 않고 포기해버리는 것은 차원이 다르다.

선조의 총애를 받았던 신립으로서는 자신을 신임해주는 왕에게 도성이 위협당하는 꼴을 보여주고 싶지는 않았을 것이다. 이 점을 감안하면 신립이 이에 반대한 이유는 기병의 활용 같은 전술적인 데에 있는 것이 아니라 임무를 포기할 수 없다는 의무감에 있었다고 보아야 할 것이다. 그렇다면 조령에서 막자는 의견이 오히려 일본군의 우회 가능성을 알면서도 길을 열어주고 지형이 험한 곳에서 농성하고 있자는 얘기밖에 되지 않는다는 점을 알 수 있다.

따라서 신립의 선택에 대해서도 당시 그의 입장에서 살펴보는 태도가 필요하다. 우선 전장을 조령 아닌 달천 앞 평야를 선택한 이유부터 나름대로 고심한 결과라고 보아야 할 것이다. 조령을 포기해야 했던 이유가 우회할 곳이 있기 때문이니 일본군이 우회하지 못할 곳을 찾아서 막아야 했다.

그곳이 바로 단월역이다. 이곳은 문경에서 충주를 거쳐 서울로 가는 길 중 어느 쪽으로 진격해와도 지나갈 수밖에 없는 지점이 된다. 물론 문경에서 괴산으로 빠지는 길이 있기는 하다, 그래서 신립이 함부로 남쪽으로 달려가지 않고 충주에서 일본군의 위치를 파악한 것 같다. 27일 조령에서 일본군의 위치를 확인했으니 이후로는 문경에서 괴산 방면으로 빠지는 길에 대해서는 의식하지 않아도 된다. 단월역 앞에 와서도 우회할 길은 없다. 양 옆으로 산이 있고, 산 자체는 별로 높지 않지만 경사가 아주 심하여 우회하기가 어렵기 때문이다. 그래서 신립은 충주에서 일단 단월역으로 이동해서 병력을 배치했던 것이다.

그리고 보면 신립이 탄금대에서 배수진을 치고 일본군을 맞았으며 이에 실패하자 그곳에서 죽었다는 인식도 편견이다. 이런 인식 때문에 만들어진 설화도 전해진다. 신립이 젊은 시절에 납치된 젊은 처녀를 구출해냈는데 이 처녀는 신립이 거둬주기를 청했다. 신립이 이를 거절하고 이별하자 처녀는 자살했다. 이후 신립이 일본군을 막기 위해 천연의 요새인 조령에서 싸우려 했지만 어느 날 그 처녀의 혼이 나타나 "탄금대에서 싸우세요."라고 했다는 것이다. 신립은 이 말을 듣고 탄금대에서 싸우다가 패배했다는 것이 전설의 내용이다.

물론 이는 허무맹랑할 뿐 아니라, 나중에 만들어져 덧붙였음이 너무 드러나는 이야기다. 내막을 알고보면 신립이 탄금대에 방어선을 쳤을 리가 없다. 탄금대는 두 강물이 합쳐지는 곳에 형성된 일종의 삼각주로 그다지 넓지 않은 작은 동산 정도에 불과하다. 이런 지역에서는 8천 명의 병력조차 제대로 배치하기가 곤란하다. 여기에 2만여 명의 일본군이 공격을 가해왔다면 그야말로 만원 버스를 방불케 하는 상황이 벌어졌어야 했다. 만약 이곳에 진을 쳤다면 신립은 정신 나간 사람이 된다. 탄금대 역시 충주에서 서울로 올라가는 길을 가로막고 있는 곳이 아니기 때문이다. 이런 곳에 진을 치겠다는 발상을 하느니 차라리 조령에 진을 쳤을 것이다.

사실 탄금대에서 전투가 벌어졌다는 인식은 적장인 고니시까지 바보로 만드는 발상이다. 수도로 올라가는 길이 훤히 열려 있는데도 굳이 반쯤 섬이자 공략하기 힘든 고지인 탄금대까지 쫓아 올라가 싸워줬다는 뜻이 되기 때문이다. 그만큼 신립에 대한 평가는 있지도 않았고, 있을 수도 없는 말을 만들어서 한 것이 많았음을 알 수 있다.

또 한 가지 편견은 신립이 일본군이 쓰던 조총을 너무 무시한 경향이 있었다는 것이다. 물론 신립이 했던 말 중에 그런 시사가 없는 것은 아니다. 충주에서 벌어진 전투뿐 아니라 개전 초기에 조총으로 인한 피해가 막심했다는 기록이 줄을 잇고 있는 것을 보면 조총의 위력을 가볍게 여긴 것이 문제였다는 인식을 가질 만하다.

그렇지만 알고보면 조총이 위력에 대한 판단 자체가 그렇게 틀린 것은 아니다. 조총의 최대 사정거리는 약 3백 미터라지만, 실전에서는 1백 미터 이내에서 쏴야 위력을 발휘할 수 있다. 활을 압도하는 사정거리를 가지고 있는 것은 아니라는 얘기다. 더욱이 탄약을 장전하여 발사할 때까지 걸리는 시간, 이른바 '발사속도'는 숙련된 사수라 할지라도 20초에 한 발 정도에 불과했다. 보통은 그 이상 걸렸다는 얘기다. 활과는 비교도 할 수 없을 만큼 느리다는 것은 심각한 약점이었다. 불이 붙은 심지로 미리 재워놓은 화약을 터뜨려 발사하는 방식이기 때문에 요즘 총기에 비해 조준 상태를 유지하기도 어렵다. 그러다 보니 명중률도 심각하게 떨어졌다. 또 비가 내리거나 강풍이 불면 사용할 수가 없다는 문제도 있었다. 그렇기 때문에 조총부대가 특별히 접근을 막을 수 없는 상황에서 단독으로 기병과 맞닥뜨리면 전멸당하기 십상이다. 실제로 나중에 조총으로 무장했던 조선군도 누르하치가 이끄는 기병과의 전투에서 참패한 경우 등, 기병에 대한 조총의 무력함이 드러난 사례는 흔하게 볼 수 있다.

그럼에도 불구하고 마치 신립이 조총의 위력을 우습게 보았다가 패전을 자초한 것처럼 인식하는 것은 전투의 결과 때문일 것이다. 하지만 이 역시 사실과 많이 다르다. 실제로는 '조총'이라는 한 가지 요소 때문에 승패가 판가름난 것은 아니다. 다른 여러 요소가 종합적으로 얽힌 결과가 간단하게 패전으로 나타났을 뿐이다.

그렇다면 일본군을 맞는 신립의 구상은 어떤 것이었을까?

일본군을 맞는
신립의 전략

신립은 26일 충주에 도착한 다음 일단 단월역에 자리를 잡았지만 막상 전투는 다른 곳에서 벌였다. 앞서도 언급했듯이 단월역은 우회할 곳도 없는데다가 충주성으로의 진입까지 막을 수 있던 요충지였다. 이곳에서 물러나는 바람에 일본군 일부 부대가 방치되어 있던 충주성 방면으로 침투해서 거의 무저항 상태로 점령하는 사태가 생겼다. 신립의 부대는 이 때문에 많은 피해를 보았다. 뿐만 아니라 나중에 나타났듯이 왼쪽 산으로 침투해서 공격한 일본군에게 조선군이 포위되는 사태도 있었다. 또한 일본군 일부 부대가 거의 무저항 상태의 충주성으로 난입했고, 피난을 하지 않았던 충주의 백성과 관리들이 많은 희생당했다. 이러한 사태가 초래될 것을 모를 리 없었던 신립이 왜 단월역에서 물러났을까?

현지에 가보면 이 의문은 쉽게 풀린다. 옛날 단월 역참이 있던 자리가 지금의 유즈막 삼거리인데, 남쪽에서 이쪽으로 진입하는 길이 그렇게 좁지만은 않다. 그러니까 이곳에 역을 만들었을 것이다. 바로 이렇게 좁지 않은 진입로가 신립에게는 문제가 된다. 아무리 장애물을 설치한다 해도 험준한 지역도 아닌 길이 폭까지 넓다보니 오합지졸들로 구성된 적은 병력으로 지켜낼 수 있다는 자신감이 생길 리 없다.

물론 신립이 보유한 병력이 8만이나 되었다고 한 기록도 있지만 이는 과장이라고 보아야 한다. 전쟁이 일어나고 나서 먼저 내려간 이일이 3일 동안 4천 명밖에 모으지 못했는데, 불과 며칠 사이에 이 병력을 **빼**고도 8만이나 되는 병력을 모았다는 것은 말이 되지 않기 때문이다.

이에 비해 고니시는 자신의 휘하에만 2만 정도의 병력이 있었다. 고니시로서는 꺼려지는 일이었겠지만 유사시에는 여기에 뒤따라 들어오는 가토 기요마사의 병력까지 활용할 수 있었다. 이런 상황에서 단월역으로 진입하는 길 정도의 공간에서 막으려면 신립이 보유한 병력으로는 방어선이 너무 엷어지는 것이다. 그러면서도 신립이 그나마 믿을 수 있는 기병을 활용할 공간은 별로 나오지 않는다. 또 기병의 측면 돌파만으로 퇴로를 차단하기 쉬운 지형도 아니다. 즉 신립의 입장에서는 정예 기병은 활용할 수 없으면서 방어선만 엷어지고 적을 포위하기도 쉽지 않은 최악의 방어거점이 되어버리는 셈이다.

이에 비해 조금 물러난 달천 앞의 평야지대는 몇 가지 이점이 있다. 일단 이 지역으로 들어오려면 오른쪽의 산과 왼쪽의 달천 사이로 난 좁을 길을 통과해야만 넓은 평야지대로 진입하는 상황이 된다. 또 막상 진입해놓고 나면 좁은 진입로를 제외한 지역은 달천과 산으로 막혀 있는 지형이다.

이러한 지형에서는 하나의 노림수가 성립한다. 일본군이 웬만큼 진입한 다음, 적당히 정면을 막아서며 조선군 입장에서 왼쪽 측면에 기병을 배치해 돌파하면서 포위해버릴 수 있다. 그러면 일본군은 달천을 등지고 좁은 공간으로 몰리게 된다. 이런 상황을 만들어낼 수만 있다면 병력의 우위는 의미가 없어진다. 한니발이 3배가 넘는 로마군을 격파할 때에도 쓴 전술이 바로 이것이고, 이후 동서고금을 막론하고 기병을 활용하는 전술의 고전이 되었다. 그래서 신립은 어차피 방어할 자신이 생기지 않는 어중간한 지역에서 전투를 벌이기보다, 기병을 활용해서 적을 격멸시킬 가능성이 있는 공간으로 좀 더 끌어들여 승부를 보는 편을 선택한 셈이다.

물론 이 결과 일부 병력이 충주성으로 침투하는 사태가 초래되었지만 신립으로서는 그런 걱정을 할 여유가 없었을 것이다. 당시로서는 단월역에서 충주성으로 가는 길이 좁은 샛길에 불과했다. 그러니 이 길로 소규모 병력이 빠져나가는 것까지 막자고 승산이 없는 곳에 방어진을 치기는 곤란하다.

또 이곳을 완전히 방치한 것도 아니었던 것 같다. 이일이 산에서 적병을 만나 목을 베고 도주했다는 기록이 있는 것을 보면, 신립은 이일에게 소수 병력을 주어 이 샛길을 방어하려 했다고 볼 수 있다. 단지 압도적인 병력을 가진 일본군이 이쪽으로도 병력을 투입하는 바람에 이곳을 막던 이일이 밀려났던 정황이 나타난다.

이런 이유로 단월역에서 벌판으로 진입하기 시작하는 바로 그곳이 신립의 입장에서는 대안 없이 선택해야 할 결전의 장소가 된다. 그곳은 단월역에서 나오는 길이자 달천을 끼고 있는 들판이다. 이 지역이라면 일본군 병력이 넓은 벌판으로 진입하기 직전의 입구에 해당하는 곳이니 적당한 방어전면을 유지할 수 있다. 양쪽 측면이 산과 하천으로 막혀 있어 소규모라면 몰라도 대규모 병력이 대놓고 우회할 공간은 없다. 그러면서도 기본적으로 평야지대이기 때문에 기병을 활용할 수 있다. 신립은 산을 끼고 돌아나오는 길의 측면에 기병을 배치했다가, 벌판으로 들어오는 일본군이 병력을 제대로 전개시키기 전에 정면을 막아서며 측면을 돌파하는 그림을 그려본 것이다. 이를 뒷받침해주는 것이 일본 측 기록에 묘사된 조선군 진陣의 형태이다.

> 조선군이 진을 정비하고 달 모양(학익진)으로 전투 대형을 펼쳤다. 그들은 적군이 소수인 것을 보자 중앙을 공격하면서 한 명도 빠져나가지 못하게 하려고 포위하기 시작하였다. (하략)

이 기록을 참고하면, 신립은 중앙에 배치된 병력이 약간 앞쪽으로 튀어나온 반달 모양의 학익진鶴翼陣을 치고 있었다. 좁은 곳에서 넓은 곳으로 나가는 일본군의 입장에서는 일단 눈에 들어오는 적군의 중앙을 향해 달려들기 쉽다. 양쪽 측면을 의식한다 해도 병목 같이 좁은 곳을 빠져나가면서 진영을 갖추는 것 자체가 쉽지 않다. 그러니 양쪽 측면을 보호하는 진영을 갖추지 못하게 되기 십상이다.

이러한 상황이 신립으로서는 기회가 될 수 있다. 특히 이 지형에서는 일본군의 오른쪽 측면이 문제가 된다. 왼쪽으로 흐르는 달천 때문에 오른쪽 측면이 돌파당하면 달천 쪽으로 몰리며 포위되는 상황이 벌어진다. 신립으로서는 일본군이 넓은 곳으로 나오는 타이밍에 주특기인 기병으로 측면을 돌파해서 포위하면 섬멸을 노려볼 수 있는 그림이 나오는 것이다.

신립이 '배수진을 쳤다'는 말에도 어폐가 있다. 따지고 보면 고니시 유키나가 역시 달천을 등지고 진을 칠 수밖에 없다. 달천 자체가 반원형으로 굽이쳐 흐르는 하천이기 때문에 이곳에 진을 치게 되면 양쪽 모두가 강을 등지고 진을 친 꼴이 되어버리는 것이다. 그러니 꼭 신립만 마음먹고 배수진을 진 것처럼 몰아가는 것도 또 하나의 편견을 만드는 꼴이 된다. 엄밀하게 말하자면 신립은 꼭 배수진을 치고 싶었던 게 아니라, 달리 선택할 곳도 없는 곳에 진을 치고 보니 뒤에 하천이 흐르고 있는 지역이었던 셈이다.

승부의 관건과
몇 가지 변수

신립의 의도만 보면 나름대로 훌륭한 전략이었다고 평가해줄 수 있겠지만, 실제의 전투는 그의 의도대로 되어주지 않았다. 전쟁이라는 것은 철저하게 상대적이다. 또 그 시점에서 변수로 작용하는 요인도 인간의 능력으로 계산할 수 없을 만큼 복잡하니 당연한 일이다.

그러면 어떠한 변수가 작용했을까? 신립은 27일 적의 상황을 알아보고 다음 날인 28일 아침 군사 8천여 명을 거느리고 진을 쳤다. 진의 형태는 반달 모양의 학익진이되 일본군을 달천 쪽으로 몰아넣기 위해서는 기병을 중심으로 한 자신의 정예병력을 왼쪽 측면에 배치할 수밖에 없다. 이런 의도로 나타난 형태의 진영이, 달천을 마주보고 있는 왼쪽 산에서 오른쪽 송산을 끼고 흐르는 달천까지 반월형으로 늘어서서 적을 맞는 형태였다. 이러한 형태의 전투에서 승부의 관건은 기병의 측면 돌파가 된다. 돌파 여부에 따라 일본군이 달천을 등지고 포위되느냐 마느냐가 결정되기 때문이다. 포위에 실패하면 열세인 신립의 부대가 이길 방법은 없다.

신립의 전술은 비교적 간단한 개념이지만 여기 작용하는 변수는 그렇게 간단하지 않다. 우선 상대인 일본군에 당시 조선군이 가지고 있지 못한, 이른바 '비대칭 전력'인 조총부대가 있다는 점부터 변수가 된다. 고니시의 입장에서는 이를 이용해서 어떻게 조선군 전력의 핵심인 기병을 제압하느냐가 중요한 과제였다. 물론 조총부대가 정면으로 신립의 기병에 맞섰다면 전멸을 피하기 어렵다. 그렇지만 실전에서는 이런 식으로 하나의 병과만 나서서 전투를 치르는 일은 거의 없다. 그러니 이 전투에서도 보병 같은 기본 병과가 복잡하게 얽혀 전투가 벌어졌던 것이 당연하다. 따라서 먼저 대개의 전투에서 빼놓을 수 없는 기본 병과, 보병의 움직임을 빼놓아서는 안 된다.

이 전투에서 신립이 지휘하는 조선군 보병이 반월형 진을 치고 적을 기다리는 입장인 반면, 고니시의 일본군은 산을 끼고 돌아 나오는 좁은 길에서 넓은 벌판으로 진입하는 상황이다. 일본군의 입장에서는 벌판으로 진입하며 자리를 잡지 못하는 짧은 순간이 가장 위험한 시기다.

결과가 드러난 현재의 시점에서 이야기하자면 일본군은 이 위험한 순간을 무사히 넘겼다는 얘기가 된다. 여기서 비대칭 전력인 조총이 중요한 역할을 했다. 달리 말하면 조선군의 비대칭 전력인 기병은 큰 위력을 발휘하지 못했다는 의미도 된다.

여기서 신립의 전략을 확인해둘 필요가 있다. 신립은 일본군이 갖지 못한 기병을 이용하여 일본군 진영을 무너뜨려야 했다. 그러자면 일본군 오른쪽 측면에 배치된 적 보병이 기본적인 공략 목표가 된다. 1차적으로는 신립의 기병과 일본군 보병의 전투가 되는 셈이다. 이렇게 되면 일본군 보병이 밀집대형을 짜고 조선군 기병의 돌파를 막는 것이 기본적인 과제다. 고니시가 이렇게 기본적인 대응만 했다면 신립이 기회를 잡을 확률이 더 커지기는 했을 것이다. 일단 좁은 길에서 벌판으로 들어오며 진영을 갖추기 어려운 시점에 조선군 기병이 덮치면 아무래도 곤란한 상황을 맞기 쉽다. 더욱이 신립의 기병은 활을 주무기로 하는 이른바 '궁기병'이었다. 빠르게 돌격해와 화살을 날리며 일본군 진영에 희생자를 내며 빠지는 방식의 공격을 해대는 것이 기본이다. 기동력이 느린 보병만으로는 이런 수법에 속수무책 당하기만 하게 되고, 그런 상태에서 일방적으로 공격당하는 밀집대형을 유지하기가 어려워진다. 그렇게 해서 진영이 무너지면 신립의 계획대로 되는 것이다.

그렇다고 조총부대만 앞장 세우는 것도 곤란하다. 몇 발 쏴보지도 못하고 기병에 휩쓸리기 쉬워지기 때문이다. 이런 사태를 막자면 조총부대 앞에 장애물이나 보병 병력 배치해야 한다. 그런데 기동성 느린 보병이 기병을 쫓아다니며 진영을 바꾸다가는 오히려 틈이 생겨 그쪽으로 적의 돌파를 허용하기 십상이다. 급박한 상황에서 장애물을 들고 다니며 설치했다 거두어 들이다를 반복하기도 만만치 않다. 그렇기 때문에 단순하게 보병이나 조총부대를 이용하려 하면 낭패를 보기 쉽다.

할 수 있는 건
다 해봤다

그런데 어떻게 이런 위험이 쉽게 극복되었을까? 그 비결의 첫 번째 변수는 일본 측의 비대칭 전력인 조총부대에 있었다. 고니시는 우악스럽게 조총부대를 신립의 기병과 정면대결시키는 작전을 펴지 않았다. 고니시가 선택한 방법은 지형을 이용하여 함정을 파는 것이었다. 마침 고니시의 오른쪽 측면에는 울타리로 삼을 수 있는 산이 있었다. 달리 선택의 여지가 없는 신립은 일본군 보병이 진입하는 때를 보아 일단 왼쪽 측면에 배치한 기병을 돌격시킬 수밖에 없다. 이때 일본군은 이를 역으로 이용해서 조선군 기병이 접근할 때까지 기다린다. 이들이 충분히 접근한 다음 지형을 이용하여 매복해 있던 일본군 조총부대가 사격을 시작하는 작전이다.

　아래로 쏠 수 없는 조총의 한계를 감안하면 일본군이 너무 높은 곳에 배치되지는 못했을 것이다. 그렇지만 산의 야트막한 쪽에 조총부대를 배치하면 사격에 큰 지장을 주지 않으면서도 자연스럽게 은폐·엄폐가 된다. 전투가 벌어졌던 음력 4월이면 어느 정도 산림이 우거지는 시기다. 그러니 단월역 쪽에서 진입하는 일본군 부대가 이쪽 산으로 침투하여 자리 잡으면 눈에 잘 띄지 않는다. 이를 이용해 배치된 일본군은 일단 산이라는 장애물을 끼고 조선 기병을 맞는 형태의 전투를 치른다.

고니시는 이를 염두에 두고 정면의 부대들을 움직여 조선군 기병의 측면 돌파를 유도했던 것 같다. 수풀에 가려 일본군의 배치 상황을 제대로 파악하기 어려운 조선 기병은 일단 산 아래쪽을 타고 일본군 오른쪽 측면을 돌파하려 했고, 이것이 비극의 시작이었다.

일본군 보병에 접근하다가 사격을 받은 조선군 기병의 돌격은 일단 주춤해질 수밖에 없다. 이것은 치명적이다. 먼저 조선 기병의 첫 번째 돌파가 막히고 나면 두 번, 세 번의 공격이 어려워진다. 기병의 돌파력은 기본적으로 말이 달려나가는 충격력에서 나오기 때문이다. 첫 번째 돌격이 저지되고 나서 말이 달려 나가는 충격력을 확보하며 재차 돌파를 시도하려면, 조선군 기병은 일단 물러나 말에 탄력을 붙일 공간을 확보해야 한다. 그렇지만 달천 앞에 펼쳐진 들판 자체가 그리 넓은 공간이 아니다.

더구나 이 틈을 타고 이쪽에 배치된 일본군 보병이 반격을 가해왔다. 아무리 기병에 비해 속도가 느린 보병이라도 뒤로 빠지는 조선군 기병의 뒤를 쫓아 공간을 좁혀오면 조선 기병은 재정비와 재돌격에 필요한 공간을 얻기가 어려워진다. 달천으로 막혀 있는 조선군의 오른쪽 측면으로도 일본군이 돌파를 시도한 것 역시 조선군 기병이 확보할 수 있는 공간을 더욱 좁혀버리려는 의도라고 짐작된다.

이 역포위에 조선군은 곤란해졌다. 제대로 훈련되지 않은 조선군 보병에게 일본군 보병의 접근을 막으며 아군 기병에게 필요한 공간을 확보해줄 활약을 기대하는 것도 무리다. 그러니 일본군의 반격에 조선군 진영이 걷잡을 수 없이 무너지면서 달천 쪽으로 몰리게 된다. 이렇게 되어 신립이 지휘하는 조선군의 운명은 포위되어 전멸하는 것으로 결정되었다.

이렇게 보면 신립이 잘못했다기보다 고니시가 압도적인 전력을 잘 활용하여 선전한 것이라고 보아야 한다. 그렇기 때문에 사지에 몰려서도 할 수 있는 것을 다 해본 신립이, 지략이 부족하거나 무능한 장수로 몰려야 할 이유는 없을 것 같다. 죽은 다음에 영의정 벼슬과 충장忠壯이라는 시호를 내려준 것도, 졸렬했지만 목숨을 바쳤기 때문이라고 단순하게 평가받는다면 본인에게 큰 위로가 될 것 같지 않다.

8 고니시 유키나가

나의 이익이
주군의 뜻보다 우선이다

고니시 유키나가(小西行長, 1555~1600)

조선 침공이 결정되어버린 이상, 차라리 앞장서서 전과를 올리는 편이 나았다. 자신들이 전쟁에 앞장서서 전과를 올리면 일단 히데요시의 신임이 두터워질 것이다. 그러면 이를 이용해서 강화를 주선하고 전쟁을 일찍 끝내려는 발상이다.

다이묘로서의
성장

고니시 유키나가小西行長는 1555년 고니시 류사小西隆佐의 아들로 태어났다. 본명은 고니시 야구로彌九郎였으며 1559년생이라고도 한다. 고니시 가문은 명과의 교역으로 재산을 모은 집안이었다. 사카이 출신의 약재 무역상이었던 고니시 류사는 히데요시에게 사카이의 부교로 발탁되었고, 큐슈 정벌 때에 군량 수송 등을 해결하며 활약했다. 고니시 가문 자체가 상인 가문이었고 고니시 유키나가 자신도 군인보다는 상인에 가깝게 출발했다. 그런 그가 임진왜란에 있어서는 야전사령관 역할을 하게 된 과정은 의미심장하다.

고니시 유키나가는 오다 노부나가가 사망한 혼노지의 변을 계기로 히데요시의 가신이 되어 아버지와 함께 세토나이 해의 군수 물자를 운반하는 총책임을 맡았다. 히데요시의 후나부교船奉行로 임명되어 수군을 통솔했던 것이다.

규슈 정벌과 히고 고쿠진國人 잇키를 진압하는 데서 공을 세워 도요토미 히데요시에게서 히고 남부의 우토 등을 영지로 받은 다음, 우토에 성을 새로 쌓아 본거지로 삼았다. 성을 쌓을 때 동원한 아마쿠사 제도諸島의 고쿠진들이 반란을 일으키는 저항을 받기도 했지만, 이를 가토 기요마사의 도움을 받아 토벌해 아마쿠사 제도를 영지로 흡수하는 전화위복의 기화로 삼았다.

아버지 고니시 류사는 명나라와 무역을 하면서 서양문물을 일찍 접하게 되었으며, 그 과정에서 독실한 천주교 신자가 되었다. 고니시 유키나가 역시 아버지의 영향으로 1584년 아우구스티노라는 세례명을 받고 천주교에 입문했다. 또 그의 영향으로 사위인 소 요시토시를 비롯하여 고니시 유키나가 휘하의 많은 병사들 역시 로마 가톨릭 교도가 되었다. 신앙심이 독실했던 고니시 유키나가는 붉은 비단 장막에 하얀색 십자가를 그린 군기를 사용했다. 그가 조선 침공에 나섰을 때 그의 진영에는 포르투갈 출신의 로마 가톨릭 교회 신부인 그레고리오 세스페데스Gregorio de cespedes가 따라왔다. 고니시는 전쟁 중에도 신부와 함께 밤마다 미사를 올렸을 정도로 신앙심이 독실했다고 한다. 그의 봉토였던 아마쿠사 섬은 '그리스도의 섬'이라고 불릴 정도였다.

그렇지만 고니시 유키나가의 신앙은 일본 사회에 여러 가지 갈등을 불러 일으켰다. 특히 인접한 지역의 영주 가토 기요마사加藤淸正와는 매우 심각한 갈등을 일으켰다. 열렬한 니치렌 종 신자인 가토 기요마사는 천주교도를 탄압하는 정책을 폈다. 가토 기요마사 영지의 천주교도들은 이 박해를 피해 고니시의 영지로 피신했고 이들을 고니시가 보호해주었다. 이 때문에 고니시 유키나가가 아마쿠사 지역에 성을 쌓을 때 일어났던 반란을 진압하는 데 가토 기요마사의 도움을 받았음에도 불구하고 두 사람의 사이는 심각하게 틀어지기 시작했다.

또한 그의 영향으로 이 섬 주민 상당수가 천주교도가 된 것도 후유증을 일으켰다. 도쿠가와 이에야스德川家康가 집권한 후 가해졌던 천주교 탄압과 영주들의 가혹한 착취가 겹쳐 1637년 규슈의 시마바라 지역과 함께 봉기가 일어났던 것이다.

중간에 선
대마도주의 책략

임진왜란과 관련된 고니시 유키나가를 이해하기 위해서는 그의 사위이자 대마도주였던 소 요시토시宗義智를 필두로 한 소宗 가문도 함께 살펴보아야 한다. 소 요시토시는 고니시 유키나가의 딸인 고니시 마리아를 아내로 맞았으며, 단순한 장인·사위의 관계를 넘어 강력한 정치적 협력관계를 유지했다. 조선에 출병했을 때에도 그랬지만, 그 이전에도 고니시 유키나가와 소 요시토시는 보조를 맞추어 나갔다. 그 계기는 1586년을 전후하여 도요토미 히데요시가 조선 침략의 의지를 밝혔던 것과 깊은 관련이 있다.

도요토미 히데요시는 1586년 6월경 대마도주에게 자신이 천하를 평정했다고 선언하면서, '지쿠시(筑紫, 지금의 큐슈)를 정벌할 때 고려(조선)도 파병하도록 명령을 전해두라.'고 지시했다. 히데요시는 조선을 일개 번국으로 간주했던 것이다.

여기서부터 대마도 측의 고민이 시작되었다. 도요토미 히데요시가 제멋대로 생각한 것과는 반대로 조선 측에서는 대마도를 번국으로 간주하고 있었다. 이런 상황에서 히데요시의 요구를 조선 측에 그대로 전달해서는 이전처럼 양쪽 모두와 좋은 관계를 유지하기 어려워질 터였다.

조선과의 관계 파탄은 대마도 측에 심각한 문제를 일으킬 수 있었다. 사실 대마도주를 곤혹스럽게 한 히데요시와 조선 양쪽의 인식 차이가 이전에는 대마도 측의 사업 밑천이 되어주었던 것이다. 조선을 번국으로 간주하는 일본의 인식과 일본을 거래할 가치가 없는 오랑캐로 간주하는 조선이 서로의 입장을 확인하는 상황에서 교류가 이루어질 턱이 없다. 그런 상황에서 교역이 이루어질 수 있게 만든 것이 대마도의 역할이었다. 일본 측에는 자신들이 번국인 조선과의 교류를 맡는 것으로 해놓고, 막상 조선과의 교류에서는 조선 측이 원하는 예법을 갖추어준 것이다. 이러한 수법으로 대마도는 조선과 일본의 교역을 독점하게 되었고 여기서 얻는 이익은 대마도주의 자금줄에 큰 비중을 차지하고 있었다.

아이러니하게도 바로 그 점이 이 시점에서는 대마도 측에게 화근이 된 셈이다. 히데요시의 입장에서는 그동안 조선과의 교류를 독점해왔던 대마도주에게 교섭을 맡길 수밖에 없었다. 그러면서도 히데요시는 조선과 대마도의 실질적인 관계는 전혀 고려해주지 않았다. 처음에 히데요시가 요구한 것은 일본 천하를 통일한 자신에게 조선 국왕이 입조해 오라는 것이었다. 당시 조선으로서는 받아들이는 것은 고사하고, 요구받는 것만으로도 모욕이라고 간주될 수 있는 내용이었다.

바로 이를 조선에 전달해야 하는 것이 대마도의 역할이었다. 여기서 대마도 측의 딜레마가 시작된다. 히데요시의 요구를 곧이곧대로 조선 측에 전달하는 것 자체가 양국의 관계를 파탄 내는 행위가 되고 만다. 그 자체가 대마도로서는 타격이었다. 최소한 그동안 교역을 독점하며 얻어왔던 이익은 기대할 수 없게 되는 것이다. 그렇다고 해서 히데요시의 요구를 전달하지 않는다면 교섭 자체를 포기하는 꼴이 된다. 이는 히데요시의 명령을 어기는 셈이며 고니시 유키나가와 함께 히데요시의 가신이 된 대마도주의 입장에서는 생각할 수 없는 발상이다.

이런 사정을 논리적으로만 생각하면 대마도 측이 히데요시에게 받은 임무는 사실상 불가능한 것처럼 보인다. 그런데 이런 상황에서 대마도 측은 우여곡절을 겪으면서도 양쪽의 교류를 성립시켰다. 어떻게 이런 일이 가능했을까?

교섭의 첫 단계에서 대마도 측이 선택한 전략은 양쪽이 그동안 가진 환상을 깨지 않고 교섭을 진행시키는 것이었다. 그래서 조선 측에는 히데요시의 입조 요구를 통신사 파견 요청으로 바꾸어 전했다. 물론 히데요시에게 특별히 조선의 실상을 전해준 것도 아니었다.

원리대로만 생각하면 이런 교섭은 오래가지 않아 실상이 드러나며 깨지는 것이 상식적이고, 나중의 일이지만 실제로 교섭 자체는 무산되어 전쟁이 일어났다. 그렇지만 양쪽에 왜곡된 사실을 전하며 교섭을 주도했던 대마도주와 그 후원 세력인 고니시 유키나가는 처벌받지 않았고, 오히려 조선 침공의 선봉에 섰다.

그 비결 아닌 비결을 이해하려면 조선의 통신사 파견을 성사시켰던 과정을 살펴보아야 한다. 처음 대마도 측이 히데요시로부터 요구받았던 내용은 '지쿠시를 정벌할 때 조선도 파병하도록 하라.'는 것이었다. 사실 이는 실현은 고사하고 조선 측에 알릴 수조차 없는 내용이었다.

그러자 대마도 측에서는, 1587년 5월 지쿠시 정벌에 나선 히데요시에게 야나가와 시게노부柳川調信를 보내 사츠마까지 찾아가 설득했다. 조선에 파병보다는 공물이나 인질을 요구하자는 것이었다. 히데요시는 이 요구를 흔쾌히 받아들이지는 않았고 계속 조선의 입조를 요구하기는 했다. 그렇지만 사태가 심상치 않음을 감지한 고니시의 충고에 따라 1587년 6월 7일 당시 대마도주였던 소 요시시게宗義調가 직접 지금의 후쿠오카인 하코자키까지 히데요시를 찾아가서 설득에 나섰다. 그 결과 '조선 국왕이 천황궁에 입조하지 않으면 정벌하겠다.'는 것을, 당분간 대마도 측의 교섭에 맡기고 사태를 지켜보는 쪽으로 방향을 틀며 시간을 버는 데 성공했다.

불가능한 협상의
최후

히데요시에게서 시간을 번 대마초 측이 취한 조치는 우선 대마도에 표류한 조선인들을 돌려보내 조선 측의 환심을 사며 교섭의 빌미를 만드는 것이었다. 대마도에 표류했던 제주 사람을 특별히 사람까지 보내 호송해주며 조선의 환심을 산 다음 사신을 파견해 교섭을 시도했던 것이다. 그러나 그 과정은 처음부터 순탄하지 않았다.

조선 측 기록에는 대마도주가 보낸 사신에게 특별히 충분하게 답례품과 벼슬을 내려주도록 지시했음에도 불구하고, 사신 중 상관上官인 등원조창藤原調昌이란 자가 돌아가는 날에 하사품과 제직 관교를 던져버리고 갔다는 사건이 기록되어 있다. 원인은 '예조에서 연회를 베풀어주는 날 들어주기 어려운 요청을 해왔는데 예조가 허락하지 않으니까 그런 것 같다.'고만 되어 있을 뿐 구체적으로 적혀 있지 않다. 조선 측에서는 '나중에 대마도에 파견되는 세견선歲遣船이 돌아올 때 대마도주에게 그 이유를 알아보고 보고하라.'는 정도로 넘어갔다. 조선 측에서조차 내막을 파악하지 못했을 정도로 구체적인 내용이 남아 있지 않지만, 앞뒤 정황을 볼 때 대마도 측이 히데요시와의 교섭 문제를 꺼내놓으려다가 여의치 않자 갈등이 생긴 것 아닌가 짐작해볼 수 있다.

이런 일이 있고 나서 1587년 중반 파견된 대마도 측의 사신이 소宗 가문의 가신인 다치바나 야스히로橘康廣였다. 사실 이때부터 교섭의 묘가 본격적으로 발휘되었다. 이때 대마도 측의 선택은 '양쪽 모두에 적당히 보고 싶어 하는 대로 알려가면서 원하는 방향으로 상황을 유도하는 것'이었다. 그는 조선 쪽에 히데요시의 요구를 곧이곧대로 전달하지 않았다. 조선 조정이 거부감을 덜 갖도록 '사신 파견'을 요청한다는 식으로 적당히 손질해서 전달한 것이다.

그렇지만 다치바나 야스히로는 조선 측에서 사신을 파견하도록 하는 데에는 실패했다. 대마도 측이 나름대로 노력해서 히데요시의 의사를 손질해 보냈음에도 불구하고 조선 쪽에서는 상당한 거부감을 가졌기 때문이다. 히데요시가 보낸 국서에 '천하가 짐朕의 손아귀에 돌아왔다.'는 등 조선의 상식으로 이해하기 어려운 표현들이 들어가 있었던 점이 거부감의 이유가 되었다.

이런 사태에 직면한 다치바나 야스히로는 조선인을 조롱하는 언사를 하고 다녔다. 예를 들어 인동仁同 지방을 지날 때 창을 들고 있던 병사를 보고 '창의 자루가 참으로 짧다'고 비웃었다고 한다. 상주목사 송응형宋應泂이 초대해 잔치를 베풀었을 때에도 비슷한 언사가 나왔다. 기생과 악사들 모두가 앉아 있는 자리에서 통역을 통해 '나야 오랜 세월을 전장에서 보냈기에 이렇게 털이 하얗게 되었지만, 귀공께서는 기생들의 노래 속에서 편안하게 세월을 보내는데도 어찌 머리털이 하얗게 세었소?'라고 물었다는 것이다.

그러고도 모자라서 예조 판서가 열어주었던 연회석상에서는 단순한 조롱 이상의 문제를 일으켰다. 그는 일부러 호초胡椒를 뿌려놓고 기생과 악사들이 줍느라고 아귀다툼 벌이는 상황을 유도했다. 그래놓고 던진 한마디가 '이 나라의 기강이 이 모양이니 거의 망하게 되었다.'는 것이었다. 이 때문에 조선 조정에서는 사건 관계자들이 문책당하는 사태가 벌어졌다. 이런 행각을 두고 조선 조정에서는 '은근히 자신들을 조롱하는 건방진 행각'이라는 차원 이상의 것이라는 생각을 하지 않았다. 피상적으로 보면 그렇게 느낄 수밖에 없었을지 모른다.

하지만 당시 다치바나 야스히로의 입장을 고려해보면 단순히 그가 건방졌기 때문에 이런 행각을 벌인 것 같지는 않다. 다치바나 야스히로는 일본으로 돌아가 조선이 사신을 파견하도록 하는 임무를 완수하지 못했다는 이유로 처형당했다. 그가 조선으로 하여금 일본에 사신을 파견하도록 하는 임무를 받고 파견되어 왔을 때, 실패하면 처벌당한다는 압박을 전혀 느끼지 못했다고 볼 수는 없다. 그렇다면 다치바나 야스히로는 조선이 사신을 파견하지 않으면 자신의 목숨이 위태롭다는 점을 의식하면서도 조선 조정에서 불쾌하게 느낄 수 있는 짓을 했다는 얘기가 된다. 지금으로서는 추정해 볼 수밖에 없는 노릇이지만 이런 상황에서 그가 이런 행각을 벌였던 이유를 이해하기 어렵지는 않다.

다치바나 야스히로의 입장에서 가장 난감했던 점은 서로 자기 편할 대로만 생각하고 있는 히데요시와 조선 조정 사이에서 중재를 해야 하는 처지였다. 원래 원활한 교류를 성사시키기 위해서는 양쪽의 의사가 소통이 되도록 해야 하는 것이 원칙이다. 그런데 이 경우에는 서로를 '미개한 오랑캐', '자신의 번국'이라는 식으로 현실과는 동떨어진 인식을 고집하고 있었다. 이러한 서로의 인식을 솔직하게 인식하게 하는 순간, 모든 교류는 끝장이 나고 만다.

다치바나 야스히로는 이러한 상황에서의 중재가 사실상 불가능하다고 생각했던 것 같다. 누구라도 이러한 상황에서는 '될대로 되라.' 하는 심정이 될 법도 하다. 그러면서 답답한 마음에서라도 현실을 인식하려 하지 않는 조선 측에 은근히 위험을 경고하려는 생각을 할 수 있다. 어찌 보면 짓궂은 복선을 통해서라도 현실을 알리고 이를 통해 진정한 대책을 의논할 상대를 찾고 싶었는지도 모르겠다. 그가 기생과 악사들 앞에 호초(후추)를 뿌려놓고 기생과 악사들의 아귀다툼을 유도한 데에는 이러한 의도가 있었던 것 같다.

줄타기 협상을 성사시킨
고니시의 기지

그렇지만 조선 조정은 자신들의 인식에서 벗어나려 하지 않았고 사신 파견도 이루어지지 않았다. 그리고 이 문제는 다치바나 야스히로의 처형으로 해결될 성질의 것도 아니었다.

이후 소 요시시게宗義調가 죽고 그 자리를 양아들인 소 요시토시宗義智가 이어받은 1589년에도, 히데요시의 압력은 달라진 것 없이 이어졌을 뿐 아니라 오히려 더욱 강해졌다고 해야 할 것 같다. 히데요시는 '조선 국왕의 입조가 2년 씩이나 이루어지지 않고 있으니 이번 여름에 직접 조선으로 가서 실현시키라.'며 소 요시토시가 직접 조선 사신 파견을 성사시킬 것을 촉구하고 있었다. 소 요시토시로서는 심각한 문제였다. 다치바나 야스히로를 처형함으로써 조선이 사신을 파견하지 않으면 소 요시토시 역시 비슷한 꼴을 당하게 될 것이라는 점이 노골적으로 확인된 셈이기 때문이다.

그런데 이조차도 소 요시토시의 노력으로 전쟁을 늦춰놓은 바람에 생긴 상황이었다. 히데요시는 조선 국왕이 입조해 오지 않는다며 가토 기요마사와 소 요시토시의 장인인 고니시를 중심으로 한 원정군을 구성하여 당장 조선으로 쳐들어가려 했었다. 따라서 자신의 요청으로 침공을 늦춰놓고도 조선 사신 파견에 실패한다면 소 요시토시 역시 목숨을 위협받는 상황이었던 것이다.

이럴 때 묘한 사건이 터졌다. 대마도 측에서 표류자를 보내며 교섭을 개시하려던 시기, 왜구가 조선의 손죽도·선산도 등에 침입하여 약탈하는 사태가 일어났던 것이다. 조선으로서는 일본 측의 의도에 혼선을 일으킬 수 있는 상황이었으나 이 사태가 나중에 교섭의 변수로 작용했다.

그 계기는 이때 잡혀 갔다가 중국 쪽으로 팔려 갔던 사람에 의하여, 왜구들을 안내해 온 자가 조선인 사을화동이라는 정보가 입수되면서부터였다. 이 변수는 다치바나 야스히로가 처형당하고 소 요시토시가 직접 조선에 사신으로 온 이후 표면으로 올라왔다. 일본 측의 사신 파견 요구에 고민하던 조선 조정에서는 나름대로 대책을 찾았다. 그것이 바로 사신 파견과 손죽도 등을 침략했던 사을화동과 왜구 수괴의 처벌 및 백성 쇄환 등을 연계시켜 해결하는 방법이다.

소 요시토시는 조선 측의 요구를 들어주었다. 사실 일본 측에서는 자신들에게 투항해 온 조선인을 다시 돌려보내는 것이 달가운 일은 아닐 터였다. 또 이는 대마도주에 불과한 요시토시의 수준에서 마음대로 처리할 수 있는 성질의 것도 아니었다. 그런데도 이 문제는 아주 쉽게 처리되어 손죽도 침략을 선동했던 사을화동은 왜구 수괴와 함께 조선으로 잡혀왔다. 쉽지 않은 일이 아주 쉽게 해결된 셈이다.

이렇게 요시토시가 조선 측의 요구를 쉽게 들어줄 수 있었던 배후에는 고니시의 기지가 작용했다고도 한다. 고니시는 조선 측이 요구한 자들을 체포하는 데 히데요시의 권위를 이용했다. 즉 히데요시가 내린 해적질을 한 자들을 체포하라는 명령서를 이용하여 조선 측이 요구한 자들을 체포한 것이다. 그런데 히데요시는 조선에 해적 행위를 한 자들을 체포하라고 명령한 게 아니었다고 한다. 원래는 중국 지역에 해적질을 한 자들을 체포하도록 명령을 내렸는데 고니시가 이 명령을 조선에 해적 행위를 한 자들을 체포하는 데 이용했다는 것이다.

과정이야 어찌되었건 조선 조정에서는 자신들이 내건 조건이 충족되었기 때문에 통신사를 파견하지 않을 수 없게 되었다. 난제가 될 수 있었던 왜구의 손죽도 침략이 소 요시토시에게는 오히려 조선과의 어려운 협상을 풀어갈 수 있는 단서가 된 셈이다. 그 결과 1590년 3월, 상사 황윤길 · 부사 김성일 · 서장관 허성 등으로 구성된 조선 통신사 파견이 이루어졌다.

기대를 저버린
조선통신사

조선의 통신사 파견으로 소 요시토시와 고니시는 일단 한숨을 돌리게 되었다. 그렇지만 통신사들이 히데요시와 만나기도 전에 말썽이 잇달아 일어났다. 그 말썽의 핵심에는 조선통신사 중, 부사 김성일이 있었다.

첫 번째 갈등은 조선통신사들이 대마도에 도착하면서 일어났다. 조선 사신들은 당연히 일본 측에서 영접사를 파견해서 맞을 것이라고 생각했지만 그럴 상황이 아니었다. 그러자 조선 사신 중에서도 김성일은 일본 조정이 이렇게 거만하게 나온다면 움직일 수 없다고 버티었다. 일본 조정에서 영접사를 보내며 극진하게 조선통신사들을 맞을 생각이 없다는 점을 아는 소 요시토시로서는 난감할 수밖에 없었다. 그래서 일단 역관을 시켜 '바닷길에 문제가 생겨 영접사가 늦는 것뿐'이라고 거짓말을 해두는 식으로 넘겼다. 그러나 이는 조선통신사들의 불신을 사는 계기가 되었다.

여기에 소 요시토시 자신의 실수까지 겹쳐 심각한 상황이 벌어졌다. 조선 사신들이 대마도에 머물던 중, 섬 안에 있는 절인 고쿠분지國本寺에서 조선 사신들에게 연회를 열어주었던 소 요시토시가 약속시간에 늦으면서 교자를 타고 절의 마당까지 들어와버린 것이다. 그러자 김성일이 '번신藩臣인 대마도주가 왕명을 받든 사신이 앉아 있는 자리에 어찌 가마를 타고 들어올 수가 있느냐.'고 분개하며 자리를 박차고 일어나버렸다.

이것으로 친목을 도모하려던 연회는 파행이 났고, 소 요시토시가 사죄의 의미로 다시 열었던 다음 날 연회도 김성일은 참석하지 않았다. 뿐만 아니라 김성일은 불참 이유로 '몸이 불편하다.'고 전했던 역관 진세운을 곤장까지 치며 시위를 했다. 입장이 난감해진 소 요시토시는 실례의 이유를 가마꾼들의 실수로 몰아 그들의 목을 쳐버리는 결단을 내렸다. 이 조치로 일단 이 일은 수습이 되었다.

그런데 이 상황에서 재미있는 점이 있다. 나중에 나타난 일본 측의 영접사가 바로 고니시 유키나가였다는 사실이다. 그는 명색이 영접사이면서도 조선 사신들을 찾아 맞지 않았음은 물론, 조선 사신이 만나자는 것조차 이 핑계 저 핑계를 대며 미루었다. 어렵게 만나고 나서도 조선과 일본의 교섭에 도움이 될 만한 조치를 취해주지 못했다.

어찌 보면 이것이 고니시와 소 요시토시의 한계였을 수도 있었다. 나중에 드러났지만 히데요시는 조선 사신들을 극진하게 대접할 생각이 없었다. 그러니 실제로 영접사라는 것을 보냈는지도 의문이다. 단지 조선 사신단과의 갈등이 심화될 것을 우려한 요시토시가 장인인 고니시를 영접사라고 내세워 적당히 무마하려 했을 수도 있다. 이런 상황에서 고니시라고 조선과의 협상에 도움을 줄 사정이 되지는 못했던 것 같다.

1590년 7월, 몇 달이라는 시간이 걸려 교토에 도착하고 나서도 조선 사신들은 히데요시를 바로 만날 수 없었다. 히데요시가 산동 정벌에 나섰던 것이 이유였지만 돌아오고 나서도 자신의 거처를 수리해야 한다는 이유로 얼른 만나주지 않았다. 이 과정에서도 조선 측과 일본, 조선 사신단 내부의 갈등이 증폭되었다.

게다가 정작 히데요시를 만나고 난 다음에는 망신에 가까운 박대를 받아야 했다. 더욱이 히데요시는 답신을 달라는 조선 사신들의 요구에 '기다리라'는 답을 하며 시간을 끌었다. 조선 사신들로서는 위협을 느낄 만한 상황이었다. 그런 상황에서 보름 정도 지난 뒤 받아 본 답서는 조선 조정에서 경악할 만한 내용이었다.

조선 사신들은 빨리 돌아와 이 사태를 보고하려 했지만 김성일은 이런 와중에도 딴죽을 걸었다. 위협을 느끼는 와중에서 시간이 지체되는 것도 아랑곳하지 않고 기어코 국서에서 문제 삼은 몇 글자를 고쳐 왔던 것이다. 그래도 이런 사태는 무사히 지나갔고 조선 사신들도 귀국할 수 있었다. 대마도 측에서도 또 조선인 표류자 9명을 구조해서 돌려보내 주며 조선에 대한 우호관계를 이어가려 했다.

그러나 이 모든 노력은 귀국한 조선 사신들의 엇갈린 보고로 무색해졌다. 황윤길과 허성은 전쟁을 일으킬 징후가 있다고 보고했지만, 김성일은 그런 징후를 보지 못했다고 해버린 것이다. 이는 조선 조정에 극심한 혼란을 일으켰을 뿐 아니라, 황윤길·허성 등 통신사 일부는 물론 고니시와 소 요시토시의 모든 노력을 수포로 돌리는 일이었다.

고니시와 소 요시토시는 조선통신사의 파견을 통해 그동안 서로 제멋대로 이해하고 있던 상황에 대해 제대로 인식을 하며 전쟁 없는 해결책을 기대했다. 이럴 경우 막무가내로 밀어붙이는 히데요시 쪽보다는 유사시 피해를 당할 입장에 있는 조선 측이 정확한 상황을 파악하는 것이 중요한 요소가 된다. 고니시와 소 요시토시는 조선 측이 정확한 상황 인식을 통해 히데요시에 협조하든 전쟁을 포기할 정도로 군비를 강화하든 전쟁을 피할 확실한 조치를 취해주기를 바랐을 것이다. 그러나 김성일 때문에 조선 측은 히데요시의 전쟁 의도에 대해 확실한 결론을 내리지 못했고, 이는 실효를 거둘 만한 대책을 마련하지 못하는 차원으로 연결되었다.

그러자 소 요시토시는 부하인 겐소를 통해, 나중에는 자신이 직접 조선에 와서 노골적으로 전쟁 위협을 알렸다. 그럼에도 불구하고 조선 조정은 이들의 말에 귀를 기울이지 않았다. 심지어 선위사로 왜인들을 접대하던 오억령吳億齡은 겐소를 접대하면서 '내년에 길을 빌어 상국上國을 침범할 것이다.'고 단언하는 말을 듣고 즉시 보고했다가, 조정 대신에게 면직시키라는 압력을 받아 자리에서 물러나야 했다. 억울해진 오억령이 일본 실정에 대해 대화한 내용을 모두 기록하여 올렸음에도 조선 조정은 귀를 기울이지 않았다. 이는 조선 측의 대응으로 해결을 기대할 수 없다는 뜻이다. 이후에도 고니시와 소 요시토시는 시간을 끌어보았지만 히데요시는 원래의 결심을 바꾸지 않았다. 여기서 운명은 결정되었다.

1592년에 접어들자 소 요시토시에게 히데요시의 명령이 떨어졌다. 고니시와 함께 조선으로 가서, 중국 정벌을 위해 조선을 통과할 테니 작년에 복속해왔다는 사실을 확인해오라는 것이다. 현실적으로 불가능하다는 것을 알면서도 고니시와 소 요시토시는 그 명령을 수행하는 척했다. 물론 이들이 조선으로 건너와서 협상을 하지는 않았다. 실제로 협상하지도 않을 거면서 명령을 수행하는 척한 이유는 시간이라도 끌어보자는 의도였던 것 같다. 그러자 히데요시는 한 술 더 떴다. 원래는 이들이 3월까지 조선에서 가져오는 대답 여부에 따라 전쟁을 시작하라는 것이 명령의 내용이었다. 하지만 이들이 협상에 적극적이 아니라는 점을 눈치챘는지 대답 여부에 상관없이 4월에는 침공을 시작하라는 명령을 내려버린 것이다.

고니시와 소 요시토시로서는 이러한 상황에서 다른 대안을 찾기가 어려웠다. 그 결과 전쟁을 막으려 했던 고니시와 소 요시토시가 오히려 조선 침략의 선봉에 서는 아이러니한 상황이 연출된 것이다.

반대하던 전쟁의
선봉에 서다

전쟁 자체에는 반대하는 입장이었지만, 고니시와 소 요시토시는 일단 전쟁에 돌입하자 적극적으로 조선을 공략했다. 사실 그들로서는 선택의 여지가 없었다. 형식적으로는 대마도가 조선의 번신 행세를 하고 있었지만 실질적으로 조선의 통제를 받은 것도 아니고 보호를 기대할 수 있는 상황도 아니었다. 그런 상태에서 실질적 통제를 받던 히데요시의 명령을 거부할 수는 없었던 것이다.

그들로서는 조선 침공이 결정되어버린 이상 차라리 자신들이 앞장서서 전과를 올리는 편이 나았다. 그리고 여기에는 또 다른 의도가 있었다. 자신들이 전쟁에 앞장서서 전과를 올리면 일단 히데요시의 신임이 두터워질 것이다. 그러면 이를 이용해서 강화講和를 주선하고 전쟁을 일찍 끝내려는 발상이었다.

고니시는 초전에 승승장구하면서도 전쟁을 일찍 끝내보려는 노력을 게을리하지 않았다. 부산진과 동래성에서의 저항을 제압한 직후부터 고니시는 실제로 이 생각을 행동으로 옮겼다. 이 행동의 첫 노력은 동래에서 생포한 울산군수 이언성李彦誠을 풀어주면서, 조선 조정에 강화를 위한 사절을 보내라고 한 것이다. 그러나 이 시도는 허무한 이유로 실패로 돌아갔다. 적과 내통했다는 혐의를 두려워 한 이언성이 조선 조정에 아무 보고도 하지 않은 것이다.

이언성으로부터 답을 얻지 못하자 고니시는 상주에서 생포한 왜 역관倭譯官 경응순景應舜을 보내 또다시 강화를 시도했다. 그러면서 히데요시에게는 '조선 국왕이 인질을 보내고 중국 원정에 길안내를 하고 싶다는 뜻을 전하기 위해 사람을 보내왔다.'는 거짓말로 강화를 시도하겠다는 뜻을 전했다.

이때 고니시는 선위사宣慰使로 일본 사신들을 접대한 적이 있던 이덕형李德馨을 강화사절로 지목했다. 이덕형도 고니시의 지목을 받아들여 강화사절로 가는 임무를 맡았으나, 충주에 이르러 신립의 패전 소식을 듣고는 경응순을 먼저 보냈다가 그에게서 소식이 끊어지자 돌아오고 말았다. 이로써 고니시의 강화 시도는 또다시 실패했다.

고니시가 신립이 이끌고 내려온 병력과 달천 평야에서 일전을 벌여 제압하고 경쟁자인 가토 기요마사보다 먼저 한양에 진입하려 했던 것도 강화에 실패하고 난 뒤 어쩔 수 없는 선택이었다. 한양에 먼저 진입하고 나서도 고니시는 한동안 승승장구했지만 곧 우려하던 사태가 연이어 터졌다.

조선의 전라도 방면으로 진출하려던 일본 수군이 이순신에게 패배하여 고전했고 명에서도 원군을 파견했다. 곳곳에서 일어난 의병도 일본군을 괴롭혔다. 많은 우여곡절이 있었지만 이 여파로 고니시는 휘하 병력에 많은 피해를 입고 물러나야 했다. 그나마 벽제관에서 명나라 군대에 피해를 주고 나서야 강화협상을 시작할 수 있었다.

고니시가 초전부터 시도하려 했던 강화 교섭이 이렇게 많은 파란을 겪고 난 다음에 시작된 셈이다. 그렇지만 어렵게 시작된 명과의 강화 교섭도 전쟁 전에 시도했던 조선과 히데요시 사이의 교섭만큼이나 난관이 많았다. 기본적으로 히데요시가 내세운 조건 자체가 피해 당사자인 조선은 물론 명으로서도 받아들이기 어려운 것이었다. 당시 크게 4가지로 구분된 히데요시의 조건은 이랬다.

① 명나라의 황녀를 일본의 후비^{後妃}로 삼을 것.

② 감합인(勘合印, 당시 명에서 발행한 무역인증서)을 복구할 것.

③ 조선 8도 중 4도를 일본에 넘겨줄 것.

④ 조선 왕자와 대신 12명을 일본에 인질로 보낼 것.

물론 이런 조건으로 타협하기는 어려웠다. 결국 이 협상도 전쟁 전의 협상과 마찬가지로 중간에 선 협상 실무자들이 나서서 농간을 부릴 수밖에 없는 구조에서 진행된다. 그 결과 히데요시의 요구는 명의 협상 실무자 심유경에 의해 내용이 변조되어 명나라 조정에 전달되었다. 도요토미 히데요시의 요구조건이, 그를 왕에 책봉하고 조공을 허락한다는 내용인 이른바 '봉공안^{封貢案}'으로 바뀌어 전달된 것이다.

이것은 조선과의 협상 중에 대마도 측에서 제시한 내용과 비슷하다. 그래도 4년에 걸친 협상기간 동안 전쟁이 중지되었고, 일본 측에서 잡아갔던 임해군과 순화군을 돌려보내 주는 것 같은 약간의 성과도 있었다. 그렇지만 이렇게 양쪽 조정을 속이며 진행해야 하는 협상이 끝까지 갈 수는 없었다.

심유경에게서 협상안을 전달받은 명나라 측에서 무난한 타협안이라 여겨 허가를 내주었던 것이 오히려 파탄을 재촉했다. 1596년 명나라에서는 사신을 파견하여 도요토미 히데요시를 일본 국왕에 봉한다는 책서와 금인金印을 전해주었던 것이다. 자신의 요구와 완전히 다른 결과를 전달받은 도요토미 히데요시는 당연히 크게 노하여 사신을 돌려보냈고, 강화협상은 결렬되었다.

많은 역사가들이 고니시가 카운터 파트너인 심유경과 함께 진행한 협상을 양쪽 조정에 대한 '기만 행위'라고 평가하는 경향이 있다. 사실 이 자체가 틀린 해석은 아니다. 그래서 이들의 인간 됨됨이까지 비판적으로 보기도 한다. 그렇지만 이들에게 다른 선택의 여지가 있었는지는 의문이다.

조선과의 교섭과정에서도 그랬듯이 이들에게는 타협을 가로막는 보다 본질적인 문제가 있었다. 일단 히데요시부터 자신을 천하의 중심으로 간주하는 일본 특유의 왜곡된 세계관을 가지고 있었다. 조선도 일방적으로 설정된 중화사상의 사고방식에서 벗어나지 못해 교섭이 되지 않았듯이 중화사상의 원류인 명 역시 크게 다를 것은 없었다. 이런 사고방식에 젖어 있는 사람들을 대상으로 협상이 성립하기는 근원적으로 어려웠다. 이렇게 보면 기만행위를 할 수밖에 없도록 만든 원인을 제공한 쪽은 각국 통치자들의 경직된 사고방식이었던 셈이다.

그런데도 왜 고니시는 물론 심유경까지 이런 협상을 4년에 걸쳐 진행했던 것일까? 일단 고니시의 경험 속에 전쟁 전에 했던 조선과의 교섭에서 거둔 성과가 떠올랐을지 모르겠다. 이때에도 히데요시와 조선 측의 의도를 대마도 측이 변조해서 전달했고 조선에서 사신이 파견되면서 서로의 의도가 다르게 전달된 것이 드러났다. 그럼에도 양쪽 모두 적당히 자기 편한 대로 해석하고 넘어가버렸다. 그 결과 교섭의 실무를 맡았던 고니시의 사위 소 요시토시는 문책을 당하지 않았고 히데요시의 신임도 유지되었다. 고니시의 뇌리에는 이런 기대가 있었을지도 모르겠다.

그렇지만 명과의 협상은 조선과 했던 교섭과는 조금 다른 점이 있었다. 조선 사신은 목적을 속여서라도 파견하도록 하는 것만으로 1차적인 책임을 면했다. 그래서 조선 사신이 와서 교섭 과정에서의 왜곡을 어느 정도 확인하고 난 다음에도 적당히 덮어버리고 넘어가는 방향으로 해결할 수 있었다. 그러나 명과의 협상은 전쟁을 끝내기 위한 조건의 실행이 확인되어야만 했다. 그러니 당장은 거짓말로라도 서로 믿고 싶어 하는 사항을 양쪽에 전달하여 협상을 이끌어간다 하더라도 마지막으로 협상안에 도장을 찍어야 할 때 사실이 확인될 수밖에 없는 것이다.

물론 고니시와 심유경이 이런 점을 전혀 생각하지 않아서 얼렁뚱땅 넘어갈 요행이나 바라고 각국 조정을 속이는 협상을 진행했을 것 같지는 않다. 그보다는 고니시의 절박한 입장이 이렇게라도 해야 한다는 압박으로 작용했을 수 있다. 적어도 협상이 진행되는 동안에는 전쟁이 중단된다. 고니시로서는 전투가 이어지면서 계속 피해를 보는 것보다 이편이 더 나을 수 있다. 또 히데요시의 죽음 같은 변수가 생기면, 실제로 그랬던 것처럼 전쟁이 유야무야 끝나버릴 수도 있었다. 히데요시가 2년만 일찍 죽었어도 이런 상황이 벌어졌을 가능성은 충분했으니 이런 기대가 꼭 무리라고 할 수는 없다.

수단과 방법을 가리지 않고
끝내려 한 전쟁

그렇지만 현실에서는 그의 이런 기대대로 되지 않아 전쟁이 재개되었다. 명의 협상 실무자 심유경은 본국에 돌아가 조정을 속인 죄로 처형당했다. 상황이 여의치 않게 되자 고니시는 전쟁이 재개되기 직전에 극단적인 시도까지 행동으로 옮겼다. 이는 이른바 '정유재란丁酉再亂'에서의 일본측 전략과 밀접한 관련이 있었다.

이런저런 사정 때문에, 정유재란에서는 일본 측의 선봉 부대가 고니시가 아닌 가토 기요마사로 결정되었다. 고니시는 이를 전쟁을 끝낼 또 하나의 기회로 이용하려 했다. 가토 기요마사의 부대가 바다를 건너 조선에 상륙할 시간을 조선 측에 흘려버린 것이다. 이순신의 조선 수군이 해전에서는 압도적인 우위를 보여주고 있었으니 가토의 부대가 바다에서 조선 수군을 맞닥뜨리게 되면 전멸할 확률이 매우 컸다.

여기서 고니시는 두 가지 정도의 효과를 노린 것 같다. 하나는 선봉 부대가 상륙해보지도 못하고 바다에서 전멸해버리면 아무리 히데요시라 하더라도 전쟁을 계속하겠다고 고집하기가 어려워진다. 그러면 그가 바라는 대로 전쟁이 끝나버릴 수 있다.

다른 하나는 나중에 위협이 될 경쟁자 가토 기요마사를 조선 수군의 힘을 빌어 제거해버릴 수 있다는 점이다. 종교 문제 때문에 시작된 가토 기요마사와의 갈등은 단지 개인적인 관계가 좋지 않았다는 차원에서 끝날 문제가 아니었다. 명과의 협상 과정 중에서 양쪽 조정을 속였다는 점이 드러났음에도 고니시는 심유경과 달리 처벌받지 않았다. 그렇지만 고니시가 이에 대해 압박을 느끼지 않을 수는 없었다. 실제로 가토 기요마사는 노골적으로 고니시의 태도에 불만을 표시하고 있었다.

히데요시는 조선과의 교섭과정에서도 그랬듯이 고니시의 속임수를 눈감아주면서 계속 이용하는 방향을 택했다. 그렇지만 상황이 바뀌면 이 문제가 언제 불거질지 모르는 일이었다. 가토 기요마사와의 갈등이 심각해지기만 해도 히데요시가 고니시의 입장을 계속 비호해주리라는 보장이 없었다. 고니시 가문이 히데요시의 부교로 성장해왔다고는 하지만 가토 기요마사는 인척 사이다. 아무리 충성을 한다 해도 히데요시가 인척관계인 가토 기요마사를 무시하기는 어렵다. 더욱이 고니시는 이미 히데요시를 중심으로 하는 일본 조정을 속이는 일을 벌였다. 고니시가 아군에 대한 배신이라고 할 수 있는 일을 감행한 데에는 이런 사정이 있었던 것이다.

그렇지만 고니시의 시도는 허망하게 무산되었다. 고니시가 흘린 정보를 받은 이순신이 이 정보를 믿지 않고 출동하지 않았기 때문이다. 조선 조정에서 다시 이순신에게 공격 명령을 내렸을 때는 이미 가토의 부대가 부산에 상륙한 뒤였다. 이순신은 이를 이유로 공격 명령을 다시 거부했다. 적이 흘린 정보를 무조건 믿을 수 없었던 이순신으로서는 나름대로 판단해서 내린 결단이었지만 전쟁을 일찍 끝낼 기회는 날아간 셈이었다. 이 때문에 이순신은 조선 조정으로부터 명령 불복종을 이유로 수군 최고사령관격인 삼도수군통제사에서 해임되며 백의종군하게 되었다.

이 장면을 두고 한국에서는, 조선 조정이 일본 측의 모략에 넘어가서 일본군이 가장 두려워하던 이순신을 스스로 제거했다는 식으로 인식하는 경우가 대부분이다. 하지만 이 점만큼은 이순신을 지나치게 영웅으로 떠받드는 풍조의 후유증이라고 보아야 할 것 같다. 이는 상대편인 일본 측의 사정을 살펴보려 하지 않고 일방적으로 우리쪽 기록에만 끼워 맞춰 역사를 만들어내는 경향의 부작용이라고도 할 수 있다.

사실 히데요시가 조선 침공을 실행에 옮기기 전부터 전쟁을 막기 위해 수단과 방법을 가리지 않던 사람이 고니시였다. 그는 자신이 애써 마련한 명과의 협상이 깨지고 전쟁이 다시 시작되려는 시점에서 이를 막기 위해 무슨 짓이라도 해야 할 처지였다. 그런 고니시가 이순신을 함정에 빠뜨리기 위해 거짓 정보를 줄 상황이 아니었다.

조선 조정이 그를 믿었던 것도 무리가 아니다. 전쟁 이전부터 소 요시토시를 포함한 고니시 계열에서 준 정보를 무시하다 효과적인 대책을 세워보지 못하고 참극을 당해본 경험이 있는 것이 조선 조정이었다. 전쟁이 난 다음에도 고니시가 끈질기게 강화를 시도했던 점도 직접 확인된 바 있다. 더욱이 명과의 협상도 고니시가 나서서 진행시켰다. 이 정도 정황이면 그가 얼마나 전쟁의 조기 종결을 원했는지, 적의 입장에서라도 확인하기 어렵지 않은 상황이다. 더욱이 10여 년에 걸쳐 조선을 비롯해 명과 협상을 진행하다보면, 고니시는 조선 및 명측 요인과 이른바 외교비선을 만들어놓을 수 있는 위치에 있었다. 그런 고니시의 입장을 조선 조정에서 전혀 파악하고 있지 못했다면 오히려 그 점이 더 이상할 일이다. 당연히 조선 조정에서 그가 주는 정보를 무시할 이유는 없었다.

　고니시는 이후에도 이순신의 선택 때문에 곤욕을 치러야 했다. 정유재란 때 주로 전라도 방면을 공략했던 고니시는 초전에 개가를 올리기도 했지만, 곧 조선과 명나라 연합군의 반격에 몰려 전쟁 막바지 즈음에는 순천으로 밀려났다. 여기서 히데요시의 죽음으로 조선에서의 철수를 명령받았다. 고니시로서는 고대하던 일이었지만 여기서 조선 침공 이후 마지막 고비를 만난 것이다.

　고니시의 부대가 철수하기 위해서는 이순신과 진린陳璘의 조명연합수군이 가로막고 있는 바다를 지나야 했다. 고니시는 그동안 조선·명과의 교섭을 통해 확보한 외교비선을 총동원하여 조선에 파견된 명의 수군사령관 진린과는 대충 공감대를 형성하는 데 성공했던 것 같다. 그렇지만 이렇게 해서 확보하려 했던 활로는 이순신 때문에 또 막혀버렸다. 진린이 일본 측으로부터 뇌물을 받고 활로를 열어주려 한다는 사실을 눈치챈 이순신이, 적당히 고니시 부대의 퇴로를 열어주자는 진린의 제안을 거부해버렸기 때문이다. 가토 기요마사를 제거하기 위해 정보를 주었을 때에는 움직이지 않던 이순신이 고니시의 퇴각은 악착같이 막고 나선 셈이다.

　이 때문에 고니시 부대의 퇴로를 열어주기 위해 파견된 일본 수군과 이순신의 조선 수군은 치열한 전투를 치러야 했다. 이것이 이른바 '노량해전露梁海戰'이다. 여기서 일본군은 상당한 타격을 입었지만 고니시는 사위인 소 요시토시 등과 함께 탈출에 성공할 수 있었다.

　고니시의 불운은 여기서 끝나지 않았다. 조선·명과의 전쟁이 끝난 다음 곧바로 벌어진 내전에서 고니시는 우려하던 사태를 맞았다. 그 발단은 도요토미 히데요시가 죽은 후 일본 내부에서 벌어진 권력 암투에서 생겨났다. 이때 일본 정국은 천황을 중심으로 하는 이른바 공가公家 위주로 통치를 해나가야 한다는 파와, 지금까지처럼 무사 중심의 무가武家 측이 정국을 장악하고 있어야 한다는 파로 나뉘어 암투를 벌이고 있었다.

이른바 '문치파文治派'라 불리는 쪽의 핵심 인물이 이시다 미쓰나리石田三成였고 고니시는 이 계파에 속했다. 반대파는 도쿠가와 이에야스가 중심 인물이었으며, 고니시와 사이가 나쁜 라이벌 가토 기요마사도 이쪽에 가담하고 있었다. 바로 이 가토 기요마사가 이시다 미쓰나리를 습격하는 사건을 일으킨 것을 계기로 양쪽이 군대를 동원하여 맞붙었다. 이것이 이른바 세키가하라關原전투이다.

고니시가 속해 있는 계열은 1600년 10월, 도요토미 가문의 수호를 명분으로 삼아 군대를 일으켰다. 이 계파를 이른바 '서군西軍'이라 일컫는다. 반대편인 도쿠가와 이에야스 중심의 계파는 자연스럽게 '동군東軍'으로 불렸다. 이 전투에서 동군에 비해 상대적으로 전력도 부족했던 데다가 단결마저 제대로 되지 않았던 서군 측은 쉽게 패배해버렸다.

가토 기요마사를 일찍 제거해버리려 했던 시도가 실패하지 않았더라면 상황이 조금이라도 유리했을 것이지만 이 시점에서는 패자의 아쉬움 이상의 의미를 갖지 못하게 되었다. 천주교 교리에 따라 자살을 하지 않았던 고니시는 이 전투에서 포로로 잡혔다. 그 때문에 온갖 굴욕을 당하다가 결국 처형되며 최후를 마쳤다.

고니시 유키나가는 주군의 뜻보다는 자신의 이익을 우선에 두고 행동했던 사람이다. 그래서 어쩔 수 없이 전쟁의 선봉에 서게 되었을 때도 오히려 별 이득 없는 전쟁을 서둘러 끝내는 방법을 찾는 데 골몰했다. 최대한 주군의 뜻을 관철시켜야 하는 협상에서도 자신의 필요에 따라 협상의 상대와 짜고 자신의 주군을 속이는 일까지도 감행하였다. 그러나 그의 시도는 무모한 것이었고 결국은 실패했다.

　　고니시의 몰락이 임진왜란의 결과 때문은 아니었을지 모른다. 다만 그가 전란 중에 보인 지극히 개인적인 판단과 행동은, 이후 그의 행보에도 연결되었다. 결국 대의명분과 나의 이익이 서로 충돌했을 때에 보인 그의 행동이 운명을 결정한 것이라고 해야 할 것이다.

9

이
여
송

실리가 없으면 싸우지 않는다

이여송(李如松, ?~1598)

이여송은 평양성 전투의 승전을 통해 일본군에게 밀리던 전세를 역
전시킨 승장이었지만, 평양성 전투 승전의 기세만 믿고 벽제관 전투
에서 굴욕적인 패전을 당한 이후로는 본국으로 돌아갈 구실 찾기에
만 바빴다.

만력제의 희망
이여송

이여송李如松은 임진왜란 때 절체절명의 위기에 처한 조선을 구원하기 위해 파견된 명군 장수이다. 이여송은 본래 조선족 출신으로 그의 할아버지 이영李英은 함경도 이산理山에 살다가 철령위 지역으로 귀순했다. 이후 이여송의 집안은 명에서 무장으로 출세를 거듭했다. 아버지인 이성량李成梁은 1570년 요동 총병관이 되어 요동의 병권을 장악하였다. 이후 그는 20여 년 간 요동총병관遼東總兵官의 관직에 있었던 명장이었다. 1578년 이성량은 토만한土蠻汗이 이끄는 몽골군의 침략을 격퇴해 영원백寧遠伯에 봉해졌다. 이후에도 그는 연이은 몽골군의 침략을 막아냈다. 1583년 이후에는 해서여진海西女眞의 발호를 억제하여 동북 지방의 방어태세를 공고히 하였다. 만력제는 이성량의 승전 소식을 종묘에 고할 정도였고, 그의 무공은 200년 명조 역사상 유례가 없는 것으로 평가받았다.

아버지 이성량의 후광을 받고 있는 상황에서 1592년 이여송에게는 명 제국의 명운이 달려 있었다. 그해 2월 영하寧夏에서 몽골 출신의 장수 보바이가 난을 일으켜 명나라를 혼란에 빠뜨렸다. 보바이는 내공골 지역인 오르도스의 몽골 세력과 결탁하여 그 세력을 과시하고 있었고, 명의 관군은 보바이의 반란을 쉽게 진압하지 못하고 있었다. 이 상황에서 만력제는 요동에 있는 이여송에게 보바이의 반란 진압을 위해 출정할 것을 명하였다. 이여송은 만력제의 기대에 부응하여 요동 최고의 정예 병력으로 보바이의 난을 진압하는 혁혁한 전공을 올렸다. 만력제에게 이성량과 이여송 부자는 제국의 안녕을 지켜주는 희망 그 자체였다.

한참 보바이의 난을 진압하고 있는 상황에서 일본이 조선을 침략해 평양을 함락하였다는 보고가 명 조정에 도착하였다. 조선 국왕 선조는 명과 국경을 맞대고 있는 의주까지 피난와 있었고, 아예 명으로 망명을 타진하고 있었다. 명은 내부에서 발생한 반란의 진압이 마무리되지도 않았는데 생각지도 못했던 일본군의 침략을 받을 위기에 처했다. 조선에서는 지속적으로 사신을 파견하여 원군 파병을 재촉하고 있었다. 명의 입장에서는 자국에서 일어난 반란조차 진압하지 못하고 있는 때에 나라 밖 사정을 돌아볼 여유도 없었다. 그렇다고 일본군의 침략을 지켜보고만 있을 수도 없는 난감한 상황이었다.

명 조정 일각에서는 일본군이 조선을 거쳐 자국으로 쳐들어올지 모른다는 우려의 목소리가 커지고 있었다. 조부인 가정제嘉靖帝 시절 제국의 동남 연해인 복건과 절강지역에서 살육과 약탈을 일삼던 왜구와는 차원이 다른 무리들이 이제 명의 심장인 북경을 노리고 있었다. 명 조정은 조선의 구원 이전에 제국의 안전을 위해서라도 가만히 앉아 적을 기다리고 있을 수만은 없었다.

만력제는 1592년 6월 칙령을 내려 조선을 구원하기 위해 대조변戴朝弁·사유史儒를 파견하였다. 7월에 명은 다시 요동부총병관 조승훈祖承訓에게 3천 명의 병력을 이끌고 조선을 구원하도록 하였으나, 조승훈은 평양성 전투에서 대패하여 가까스로 목숨만 건져서 퇴각하였다. 이 전투로 유격 사유가 전사하였고 많은 명군이 일본군에게 살해되었다.

명 조정은 조승훈의 패전 소식을 듣고 큰 충격에 휩싸였다. 이 패전은 그들의 일본군에 대한 인식을 전환하는 큰 계기가 되었다. 일본군의 전력이 명군이 생각했던 것보다 강력하다는 사실과 요동의 기마병만으로는 일본군의 조총에 맞서 승리할 수 없다고 판단한 것이었다. 1592년 8월 만력제는 병부우시랑 송응창宋應昌을 경략 계요보정산동등처薊遼保定山東等處로 삼아 일본군을 막는 군무를 담당하게 하였다.

1592년 9월 26일 경략에 취임한 송응창은 곧바로 조선 출정을 위한 군비를 점검하였다. 그는 군량을 대량으로 구매하여 요동으로 보내고 전쟁에 필요한 각종 화포·화약·궁노弓弩 등을 긴급히 제조하였다. 또한 계진薊鎮·보진保鎮·요진遼鎮·대동진大同鎮·선부진宣府鎮과 남방 등 여러 지역에서 일본군을 막을 병사 7만여 명을 모집하였다. 그는 일본군과의 전투에서 승리할 수 있는 전략·전술을 수립하는 데 중요한 역할을 하였다.

1592년 10월 만력제는 영하에 있던 이여송을 어왜총병관御倭總兵官으로 삼아 조선 출병을 준비하도록 하였다. 1592년 12월 명군의 2차 원병이 파병되었다. 명군은 병부원외랑 유황상과 병부주사 원황에게 군무를 맡겨 요동에 주둔하게 하여 내지를 방어하도록 조치하였다. 병부우시랑 송응창을 경략으로, 제독 이여송을 대장으로 삼아 삼영장인 이여백·장세작·양원과 남방 장수 낙상지·오유충·왕필적 등의 명군 장수들이 압록강을 건너 조선으로 들어왔다.

'있는 힘을 다해
왜군을 토벌하리라'

이여송과 송응창이 이끄는 명군은 4만 3천 명으로, 1차 원병 조승훈의 병력에 비교가 안 될 정도의 대군이었다. 이여송은 평양성 탈환 전투에 앞서 조선의 도체찰사 류성룡과 작전을 논의하였다. 이여송은 류성룡이 가져온 평양지도에서 평양의 지세와 군사가 진입할 수 있는 길을 상세히 확인하였다. 그는 류성룡이 가리키는 곳마다 주필朱筆로 점을 찍어 표시해두었다. 이여송은 평양성 탈환의 성공 여부에 우려를 나타내는 류성룡에게 "왜적이 믿는 것은 조총뿐인데, 우리는 대포를 쓰고 있으니 모두 5, 6리를 날아갑니다. 왜적들이 어찌 당해내겠습니까?"라며 승리를 호언장담하였다. 이여송은 조선 진영으로 돌아가는 류성룡에게 시를 쓴 부채를 주면서 자신의 임전태세를 확인해주었다.

　군사를 거느리고 별이 총총한 밤 강을 건너니

삼한(三韓, 조선)의 나라가 편하지 못하기 때문이네

명주明主께서 날마다 첩보 오기를 기다리시니

미신微臣은 밤에도 술잔 즐기기를 중지하였네

봄철의 북두성 기운에 마음은 더욱 장한데

이로부터 왜적들은 뼈가 벌써 저리겠구나

담소하는 것이 어찌 승산勝算 아니라 말하겠는가

꿈속에서도 항시 말 타고 싸움터 달리고 있음을 생각한다네

1592년 12월 이여송은 선조를 만나 "천자의 명을 받아 속국을 구하러 왔으니 있는 힘을 다해 왜군을 토벌하겠다."고 단언했다. 이여송 휘하 장수들인 이여백·양원·장세작 등도 "충성스런 조선이 무고하게 침략을 당했으니 평양은 물론 서울, 부산까지 진격하여 왜적을 소탕하겠다."고 결의를 밝혔다. 그들은 이미 승리를 눈앞에 두고 있는 것처럼 의기양양했다.

이여송은 평양성을 공격하기에 앞서 부총병 사대수에게 먼저 순안으로 가서 '명나라 조정에서 이미 화친하기를 허락했으며 유격 심유경이 올 것이다.'라고 하여 일본군을 기만하도록 명령하였다. 일본군은 명의 대군이 도착한 줄도 모른 채 사대수의 말을 믿고 1593년 1월 고니시 유키나가의 부하 다케우치 기치베가 군사 20명을 거느리고 심유경을 맞이했다. 이때 사대수는 복병해둔 곳으로 이들을 유인하여 술을 마시는 체하다 다케우치 기치베를 사로잡고 나머지 군사들을 모두 살해하였다. 목숨을 건진 일본군 3명이 진영으로 돌아가 보고하자 고니시 유키나가군은 비로소 명군이 출병한 사실을 알게 되었다.

평양성을 점령한 고니시 유키나가는 명군의 출병으로 평양에 고립될 수밖에 없었다. 조선의 국왕 선조를 사로잡기 위해 도성을 함락하고 평양성을 점령하는 등 연전연승으로 북상하였지만, 이순신과 의병의 활약으로 일본군은 병력 보충과 군수물자의 보급을 제대로 할 수 없어 더는 진격하지 못하고 있었다.

1593년 1월 8일 명군 제독 이여송은 날이 밝자 평양을 포위하고 보통문과 칠성문을 공격하였다. 명군은 대포와 화전火箭으로 공격하였고, 이여송은 말을 타고 전투를 진두지휘하였다. 남방의 군사 낙상지·오유충 휘하 군사들도 죽음을 무릅쓰고 성벽을 넘었다. 명군의 기세에 눌린 일본군은 내성으로 퇴각할 수밖에 없었다. 명군은 성 안으로 들어가 내성을 공격하기 시작하였다. 일본군은 성위에 토벽을 쌓고 뚫어놓은 구멍으로 조총을 난사하며 명군의 공격에 맞서 싸웠다. 조총을 난사하는 일본군의 공격에 명군은 많은 전사자가 발생하였다. 이여송은 궁지에 빠진 일본군이 죽을 힘을 다해 전투를 할 경우 명군의 사상자가 더 많이 발생할 것을 우려하였다. 그는 군사를 거두어 성 밖으로 군사를 이끌고 나와 일본군의 퇴로를 열어주었다. 그러자 일본군은 밤을 틈타 얼어붙은 대동강을 건너 도망하였다. 명군은 이 평양성 전투에서 일본군 1,200명의 목을 베고, 전마 2,900여 필을 노획하였다. 또한 포로가 된 조선인 1,200여 명을 구출하는 전과를 올렸다.

평양성 전투를 계기로 일방적으로 몰리던 전세가 일순간에 역전되었다. 일본군은 평양을 버리고 서울 쪽으로 물러났다. 선조와 조선의 대신들은 평양성 전투의 승전 소식에 기쁨을 감추지 못했다. 선조는 승전 소식을 듣고 북경의 황궁을 향해 다섯 번 큰절을 올리고, 경략 송응창의 참모인 유황상과 원황에게도 두 번 절했다. 이항복李恒福은 이여송의 공을 기려 사당을 짓고 화상을 그려 봉안하여 송덕비를 세우자고 건의했다. 이여송을 위한 생사당生祠堂을 세우자는 파격적인 주장이었다. 이 밖에도 많은 조선 대신들이 이여송의 평양성 전투의 승전을 극찬하였다. 이여송은 단 한 차례의 평양성 전투의 승전으로 인해 '재조지은의 상징', 조선을 구한 영웅으로 떠오르고 있었다.

벽제관 전투의 패전
강해진 삶의 애착

명군이 평양성을 탈환했다는 기쁨도 잠시, 이여송의 북군과 송응창이 이끄는 남군 사이에 평양성 탈환의 전공을 둘러싸고 알력이 벌어졌다. 즉 경략 송응창은 평양성을 탈환할 수 있었던 것이 남방 포병부대의 화력 지원 덕분이라는 입장이었고, 제독 이여송은 남방의 화력 지원이 있었다 하더라도 결국 평양성으로 들어가 역전한 것은 북군의 공로라는 것이었다. 평양성 전투의 승전으로 사기가 오른 이여송은 퇴각하는 일본군을 추격하여 남방의 포병부대의 지원 없이도 승리할 수 있다는 것을 보여주고자 했다. 이여송은 조선 도체찰사 류성룡에게 "대군이 지금 앞으로 진격하려 하는데, 앞길에 군량과 마초馬草가 없다고 하니 그대는 대신으로서 마땅히 나랏일을 생각해야 될 것이므로 수고를 꺼리지 말고 급히 가서 군량 준비에 소홀함이 없도록 하시오."라며 군수물자의 후원을 독촉하였다.

이여송의 선봉 부대는 이미 대동강을 건너 남쪽으로 일본군을 추격하고 있었다. 명군은 개성부에 이르렀고 조선도 이미 명군을 위한 군량미 준비해두었다. 1593년 1월 24일 패전한 일본군은 도성에 도착하자, 도성 내의 조선인들이 명군과 내응內應할지도 모른다는 우려와 평양성 패전에 대한 복수 등을 이유로 많은 조선인들을 살해하였다. 한편 명군의 공격이 임박해오자 서쪽 일대에 주둔하고 있던 일본군들도 대비를 위해 속속 도성으로 집결하고 있었다. 막상 개성에 주둔하고 있던 이여송은 진군을 서두르지 않았다. 류성룡이 여러 날을 재촉한 뒤에야 파주로 진군하였다.

부총병 사대수와 조선 장수 고언백高彦伯이 군사 수백 명을 거느리고 적진을 정탐하였다. 벽제역 남쪽의 여석령에서 일본군과 맞서 일본군 백여 명의 목을 베는 전과를 올렸다. 사대수는 여석령 전투의 승전을 이여송에게 보고하였고, 이 보고를 들은 이여송은 대군을 대기시킨 채 자신이 거느린 노복과 기병 1천여 기로 적진을 향해 달려갔다. 그런데 혜음령을 지날 때 말이 넘어져 이여송은 말에서 떨어지고 말았다. 일본군은 여석령에 수만 명의 군사를 매복시키고 수백 명만을 고개 위에 배치해 두고 있었다. 이여송은 휘하 부대를 나누어 공격을 개시했다. 그러자 매복해있던 일본군 1만 명이 이여송 부대를 향해 돌진해왔다.

이여송이 거느린 군사는 모두 북방의 기병으로 화기火器도 없을 뿐만 아니라 짧고 무딘 칼로 무장하고 있을 뿐이었다. 반면 일본군은 보병으로 서너 자나 되는 예리한 칼과 조총으로 무장하고 있었다. 이여송의 기병과 일본 보병 부대 간의 전투에서 명군은 기세와 병력 면에서 일본군의 적수가 되지 못했다. 이여송은 대기했던 부대로 명군을 구원하도록 했으나 이마저도 신속하게 이루어지지 못했다.

이여송은 벽제관 전투에서 치욕적인 패배를 당하였다. 보바이의 난을 진압하여 개선하고 평양성을 탈환했던 장수의 기개는 과거의 영화일 뿐이었다. 이제는 다급하게 목숨을 부지해야 하는 한갓 생령生靈에 불과하였다. 다행히 일본군이 군사를 거두고 급히 추격하지 않은 탓에 목숨을 건져 파주로 퇴각하였다.

파주로 돌아온 이여송은 벽제관의 치욕스러운 패전 사실을 숨기려고 하였다. 그러나 벽제관 패전으로 아끼고 부리던 사람들이 전사했다는 슬픔은 숨기지 못하였다. 날이 밝자 이여송은 조선 대신들의 만류에도 불구하고 동파로 퇴각하였다. 벽제관의 패전으로 제독 이여송은 얼이 나가 있었다. 그는 만력제에게 서울에 있는 일본군이 20만 명이 되며, 자신이 병이 있으니 다른 사람으로 임무를 대신하도록 해달라고 써놓은 글을 류성룡에게 내보였다. 또한 이여송은 휘하 장수 장세작도 군사를 거두어 본국으로 돌아가게 할 것을 강력하게 요청하였다. 조선 대신과 장수들이 이에 반대하자 조선 순변사 이빈李薲을 발로 걷어차며 물러가라고 소리를 높이며 낯빛을 붉히기도 했다.

돌아선 이여송
만류하는 류성룡

이여송의 퇴각 결심은 이미 굳어진 듯했다. 조선 대신과 군사들이 말하는 것도 들으려고 하지 않았다. 그는 군사를 이끌어 임진강을 건너와 동파에 잠시 진을 쳤다가 개성으로 돌아왔다. 다만 부총병 사대수와 유격 관승선의 군사 수백 명을 남겨두어 임진강을 지키도록 할 뿐이었다. 전의를 상실한 이여송은 개성에 도착한 날 "날이 개고 길이 마르면 다시 출진할 것이다."라고 핑계를 대며 머뭇거리고 있었다. 게다가 이여송의 대군이 개성부에 주둔하자 조선 입장에서는 군량미를 대는 것조차도 버거웠다. 이여송은 군량의 부족을 핑계 삼아 군사를 철수한다고 으름장을 놓기도 했다.

이여송은 평양으로 돌아갈 기회를 엿보고 있었다. 그러던 중 일본군 가토 기요마사가 아직 함경도에 주둔하고 있었는데, 어떤 사람이 "가토 기요마사가 장차 함흥에서 양덕·맹산을 넘어 평양을 습격해 오려고 한다."고 보고하였다. 이 보고는 이여송에게 평양으로 퇴각해야 할 명분을 만들어주었다. 이여송은 "평양은 근본이 되는 곳이므로 이곳을 만약 지키지 못하면 대군이 돌아갈 길이 없게 되니 평양을 구원하지 않을 수 없다."라고 하면서 군대를 이끌고 평양으로 되돌아고, 다만 왕필적을 개성에 남겨 지키도록 했다. 이여송이 가토 기요마사가 평양을 공격할지도 모른다는 것을 회군의 명분으로 삼았지만, 당시 조선군은 진격을 위해 임진강 이남에 주둔하고 있었다. 즉 전라순찰사 권율·순변사 이빈은 파주, 고언백·이시언은 등은 해음령에 있었고 도원수 김명원은 임진강 남쪽에 있었다. 도체찰사 류성룡은 동파에 있으면서 군무를 총괄하고 있는 상황이었다. 이런 상황에서 이여송은 일본군이 다시 공격해 올 것을 우려하여 평양을 지켜야 한다는 것을 핑계 삼아 회군하였던 것이다.

이에 류성룡은 종사관 신경진을 보내 이여송이 퇴각하면 안 되는 다섯 가지 이유를 들어 진군을 요청했다.

첫째, 조선 선왕의 분묘들이 모두 경기에 있어서 방비하지 않을 수 없는 것.

둘째, 명군이 철수하면 경기 남쪽의 백성들이 흩어져 지키려 해도 지킬 수 없는 것.

셋째, 조선의 강토는 한 자, 한 치의 땅도 쉽사리 버릴 수 없다는 것.

넷째, 조선의 군사력이 미약하지만 명군에게 의지하여 함께 진격하려고 계획하고 있는 상황에서 명군이 철수한다면 원망과 분개로 와해될 문제가 있다는 것.

다섯째, 명군이 철수한 뒤 후방을 일본군이 공격한다면 임진강 북쪽 지방마저 보전하지 못한다는 것.

류성룡이 이렇게 명군 철수의 불가함을 들어 진군해줄 것을 요청하였으나 이여송은 아무 말도 하지 않은 채 군사를 돌렸다.

이여송의 명군은 1593년 1월 평양성 전투에서 일본군에 승리를 거두자 자신들이 조선에 참전하면서 의도했던 전략적 목표를 이미 달성한 것으로 여겼다. 4월에는 일본군이 서울을 버리고 남하했으니 애당

초 기대했던 목표 이상의 성과를 달성한 셈이었다. 1593년 2월 일본군을 추격하던 이여송은 벽제 혜음령에서 패전하자 경략 송응창 등 명군 지휘부는 더 이상 일본군을 추격하지 않고 전투도 회피하였다. 그러면서 유격 심유경을 일본군 진영에 보내 강화협상으로 전쟁을 끝내려 하였다.

명군은 벽제 전투 이후 강화론을 적극 수용하였다. 그 배경에는 벽제 전투의 패전으로 전투 의욕을 상실한 것이 있었다. 이미 송응창 등은 조선으로 들어오기 전부터 심유경을 통해 일본군과의 협상을 벌일 의도를 지니고 있었다. 또한 만력제의 사치스러운 궁정 생활과 보바이의 난을 진압하는 과정에 든 전비 소모 등 만성적인 재정 적자를 안고 있었던 명나라의 상황도 강화론을 적극적으로 내세웠던 배경이 되었다. 더구나 평양성 전투에서 승전을 거두기는 했지만 특별히 우세할 것이 없었던 명군의 군사력도 강화론을 수용한 원인이 되었다.

1593년 4월 일본군이 서울에서 물러나자 제독 이여송은 군사를 거느리고 평양에서 개성부로 돌아왔다. 그 이후로 일본군 진영에 사람을 보내 강화협상을 진행했다. 1593년 4월 19일 이여송은 대군을 거느리고 동파에 이르러 총병 사대수의 영막에 유숙하였다. 이여송이 개성을 떠나 다시 동파로 진군한 것은 일본군이 이미 서울에서 군사를 물리겠다고 했던 약속에 따라 서울로 들어가기 위한 행동이었을 뿐이었다.

1593년 4월 20일 근 1년여 만에 도성이 수복되었다. 명나라 군사가 도성으로 들어오고 제독 이여송도 서울에 들어와서 숙소를 정하였다. 류성룡이 이여송에게 일본군을 추격하여줄 것을 호소하자 이여송은 한

강에 배가 준비되면 일본군을 추격할 것이라 하였다. 이에 류성룡이 경기 우감사 성영과 수사 이빈에게 공문을 보내 배 80척을 마련하였으나, 이여송은 발병이 났다는 핑계를 대고 퇴군하였다. 이여송은 애초에 일본군과 싸울 의사가 없음에도 류성룡을 기만한 것이었다.

1593년 5월 경략 송응창이 일본군이 도성을 버리고 떠났다는 소식을 듣고 패문牌文을 보내 일본군을 추격하도록 했으나, 이여송은 천천히 행군하고 머무르면서 날짜를 지연시키고 문경까지 갔다가 되돌아왔다. 이처럼 싸울 의지도 없이 일본군을 추격한 것은 경략 송응창이 일본군을 놓아보내고 추격하지 않았다는 비판을 받을 것을 우려하여 벌인 일종의 쇼라고 해도 과언이 아니었다.

1593년 10월 조선 국왕 선조가 서울로 돌아왔다. 이 무렵 제독 이여송과 휘하 장수들은 본국으로 돌아가고 유정·오유충·왕필적 등이 군사 1만 명을 거느리고 팔거에 주둔하였다.

이여송을 이용한
선조와 조정

이여송의 선조는 원래 조선의 이산군 출신이라고 하나 그에 대해서는 명확하게 알려진 것이 없다. 그의 아버지 이성량은 조선으로 출병하는 이여송에게 '조선은 바로 우리 선조의 고향이니, 너는 힘쓰라.'라며 격려하기도 했다. 이여송은 자신을 접대하는 조선 사신에게 사적으로 아버지 이성량의 글을 보여주면서 "아버님이 이처럼 분부하였는데, 감히 귀국을 위해 힘을 다하지 않겠는가."라며 조선에 대한 애정을 보이기도 했다.

그러나 아버지의 이성량의 분부라며 힘을 다하겠다는 결의도 평양성 전투까지만이었다. 이여송은 벽제관 혜음령 전투에서 패전한 뒤로는 보바이의 난과 평양성 전투에서 보여주었던 역전의 장수가 아니었다. 일본군과 교전하는 것이 두려워 온갖 핑계를 대기 바빴다. 진격하려는 의사가 없는 이여송에게 일본군과 접전을 펼쳐줄 것을 지속적으로 요청하는 조선 대신과 장수들은 성가시고 귀찮기만 했다. 전투를 벌일 의사도 없이 주둔하고 있는 대군의 군량을 보급해야 하는 도체찰사 류성룡도 답답하기는 마찬가지였다. 이여송은 어서 본국으로 돌아가 다른 이가 자신의 임무를 대신해주기를 바라고 있을 뿐이었다.

한편 1594년 9월 공조판서 심희수는 이여송과 송응창의 공덕비를 세울 것을 건의하기도 하였다. 또한 선조는 석성石星과 제독 이여송의 생사당을 세워 그들의 공로를 기리도록 명하였다. 선조에게 이여송은 조선을 구해준 은인이므로 그 공로를 기리기 위해 그가 살아있을 때부터 받들어 제사를 지내도록 조치하였던 것이다. 이렇듯 이여송에 대한 공덕을 기리기 위한 생사당의 설치와 제사의 시행은 실추된 선조 자신의 권위를 높이기 위한 조치이기도 했다. 즉 임진란 극복의 모든 공로를 명군에게 돌림으로써 청병외교를 했던 자신의 역할을 강조하기 위한 정치적 노림수였던 것이다.

1598년 4월 평양성을 탈환했던 명군 제독 이여송의 사망 소식이 조선 조정에 도착하였다. 요동 지방에서 군대를 이끌고 전투를 하던 중 대패하여 이여송을 비롯한 4명의 유격이 행방불명되었다는 것이었다. 이여송의 사망 소식에 선조와 조선 조정은 그를 위해 제사를 지낼 것을 논의하였다. 1598년 5월 조선 조정은 이여송의 화상을 평양의 사당에 두고 제사를 지내주었다. 전쟁이 끝난 직후에도 조선에서는 이여송이 부채에 쓴 시를 새겨서 현판을 만들고 평양의 사당에 걸도록 하였는데 그 시는 다음과 같다.

압록강 가의 세류영에는
훌륭한 임금과 현명한 신하의 호령이 분명하구나
머지않아 적의 원흉 머리 응당 바칠 터이니
온 천하가 맑아졌다는 보고를 보리라
주린 백성 괴로워함을 직접 보니
불현듯 감개한 마음 생기네
어찌 은혜를 널리 베풀었겠는가
한갓 밝은 이 마음만 저버렸노라

명제국의 안위를 위해서 전장을 누비던 이여송은 자국보다 조선에서 영광을 누렸다. 살아서는 그를 위한 생사당이 만들어져 그의 공덕을 기렸고 전사 소식에 그를 위해 제사를 준비하였다. 사후에 그의 화상이 평양에 봉안되었고, 그가 쓴 친필 시는 그대로 현판에 새겨 걸도록 하였다. 그의 평양성 전투의 전공은 선조의 묘지문에도 기록되어 전쟁으로 맺어진 선조와의 인연은 사후에도 지속되었다. 이렇게 조선 국왕 선조와 조정이 이여송을 영웅화, 신격화하려고 한 것은 실추된 왕권과 그들의 권위를 회복하려는 노력의 산물이었다.

이여송은 조선의 국왕과 대신들에게는 조선을 다시 세워준 영웅으로 부각되었고, 평양성 전투의 승전 이야기는 문헌설화와 구비설화를 통해서도 백성들에게 지속적으로 회자되었다. 그러나 이여송에 대한 국가 차원의 평가가 조선을 구해준 영웅이라는 관점에서 추숭이 이루어지고 있었다면, 백성들에게는 조선을 구원해준 장수라는 긍정적 평가와 조선인에게 보인 오만과 온갖 행패 사이를 오가는 상반된 평가들이 혼재되어 있다.

조선을 구한 영웅
혹은 작폐의 달인

『계유야담溪酉野譚』에는 이여송이 평양성 전투 승세를 타고 남하하여 청석곡靑石谷에서 일본 패잔병 30여 명을 죽인 설화가 실려 있다. 이는 평양성 전투의 승전 영향으로 청석곡 전투도 이여송의 전공으로 확대, 전위되어 설화화된 것이다. 즉 이여송이 평양대첩 후 남하하는 도중에 청석곡에 백기白氣와 냉광冷光이 서리는 것을 보고 일본군 자객을 격퇴시켰다는 것이다. 이는 백성들에게 이여송의 평양성 전투의 승전이 얼마나 큰 영향을 주었는지를 알 수 있게 해주는 대목이다. 또한 류성룡이 이여송의 벽제관 전투 패전 이후 명군 진중을 드나들면서 퇴군의 불가함을 요구했던 것들도 설화화되어 기록되어 있다.

반면 같은 『계유야담』에 이여송에 대한 부정적 내용의 설화도 실려 있다. 이것은 이여송에 대한 평가의 이중적인 모습을 보여주는 것이라 생각된다. 이 설화의 내용은 이여송이 조선을 구한 영웅이 아니라 이심異心을 품고 있다가 조선의 한 노인에게 굴욕을 당하게 된다는 내용이다.

이여송이 조선에 동원장東援將으로 와서 평양대첩 후 조선의 산천을 보니 너무나 수려하여 이심을 품고 조선의 왕이 되려는 욕심을 갖게 되었다. 연광정鍊光亭에서 부하들을 모아놓고 잔치를 베풀고 있는데 한 노인이 흑우黑牛를 타고 유유히 앞을 지나가고 있었다. 이를 본 이여송의 부하가 제지하려 했으나 실패하자 이여송이 노하여 칼을 빼어 들고 말을 타고 달려 갔으나 잡지 못하였다.

이여송이 산중에서 길을 잃고 헤매다가 한 초막에서 노인을 발견하고 분하여 죽이려고 하였다. 노인이 자신의 무례한 행위를 정중히 사과하고 평소에 이여송의 고명을 듣고 자신의 패륜된 자식을 징계하기 위해 이여송을 모셔온 부득이한 행위였음을 알리고 극진히 대접하였다. 이여송이 노함을 풀고 득의만만하여 노인의 아들을 죽이려 하다가 도리어 칼을 빼앗기는 욕을 당하고 말았다. 노인이 이여송의 무례한 의도를 질책하고 이여송은 조선에도 인재가 있음을 알고는 부끄러워 도망쳐 나왔다.

이 설화에는 조선의 산천은 이여송이 탐낼 만큼 수려하고 아름답다고 하는 우월의식이 내재되어 있다. 또한 평양성 전투를 승전으로 이끈 천하의 이여송이 노인의 아들을 죽이려고 하다가 도리어 칼을 빼앗기는 욕을 당하는 것으로 되어 있다. 이는 이여송으로 대표되는 명군의 작폐와 그들에 대한 피해의식이 담긴 것으로 보인다. 명으로 대표되는 이여송과 조선으로 대표되는 노인과의 대결에서 결국 노인이 승리한다는 내용은 조선을 구해준 영웅으로 추앙받는 조선 지배층의 이여송에 대한 평가를 공유할 것은 공유하되, 피지배층이 받은 명군의 작폐와 피해를 노인의 통쾌한 승리를 통해서 보상받으려고 하는 심리가 강하게 반영된 것이라 할 수 있다.

결론적으로 이여송에 대한 평가는 계층의 이해관계에 따라 이중성을 보이고 있다. 그는 평양성 전투의 승전을 통해 일본군에게 밀리던 전세를 역전시킨 승장임과 동시에 평양성 전투 승전의 기세만 믿고 벽제관 전투에서 굴욕적인 패전을 당한 장수였다. 벽제관 전투 이후 요동 지역을 호령하고 보바이의 난을 진압하던 용장의 모습은 찾아볼 수 없었다.

그럼에도 그는 조선 국왕과 조정 대신들로부터 조선을 구한 영웅으로, 죽어서도 죽지 않은 신격화된 존재로 남게 되었다. 그것은 조선의 위정자들이 그를 임진왜란으로 실추된 권위를 회복하고 정권을 유지하는 수단으로 이용했기 때문이었다. 반면 백성들은 이여송이 일본군을 격퇴한 평양성 전투의 승전은 높이 평가하지만, 이여송으로 대표되는 명군의 횡포와 작폐를 경험했기에 그가 조선 노인에게 욕을 당하게 되는 아둔한 인물이라는 평가도 아울러 하고 있다. 이는 이여송 한 사람

에 대한 평가가 계층 간의 갈등과 서로 다른 경험에 따라 양면적인 속
성을 아울러 가지고 있다는 점을 환기시켜준다 하겠다.

10

김충선

국가도 신념에 따라 선택한다

김충선(金忠善, 1571~1642)

"저는 청정이 하늘의 뜻을 거스르는 것을 미워하여 청정의 손에 죽을지언정 선봉이 되고 싶지는 않았지만, 평소의 소원인 조선을 한번 나가보고 싶은 생각으로 본의 아닌 선봉이 되어서 삼천 명의 군사를 이끌고 본국에까지 나온 것입니다."

귀화의
의미

지금은 많이 달라지긴 했지만, 국적을 바꾼 사람들에 대한 우리나라 사람들의 인식은 대체로 이중적이다. 국적을 바꾼 한국인에 대해서는 이유야 어쨌든 조국을 배척한 사람이라는 비난의 시선이, 외국에서 귀화한 사람들에 대해서는 의아함 혹은 호기심의 시선이 강하다. 그렇다면 전란의 시기에, 그것도 포로가 되어서가 아니라 스스로 투항해 귀화한 적장에게는 어떤 시선을 가질 수 있을까. 더구나 자발적으로 귀화하는 데서 그치지 않고 적극적으로 자신의 옛조국과 맞서 싸운 장수에 대해서는 어떻게 평가해야 할까.

외국인들이 이전까지의 국적을 포기하고 귀화하는 현상은 우리 전근대의 역사 속에서도 심심치 않게 찾아볼 수 있다. 『고려사』에는 고려 영내에 들어와 거주한 외국인이 터를 잡고 살거나 동화하는 현상에 대해 투화投化 · 래투來投 · 래분來奔 · 래부來附 · 귀부歸附 · 귀조歸朝 등 다양한 용어들을 사용하였고, 그 가운데 투화와 래투가 가장 많이 나온다. 귀화한 외국인에 대한 용어도 투화인投化人·래투인來投人이 가장 보편적으로 사용되었다.

조선시대에도 귀화라는 용어는 사용되지 않았고 고려시대와 달리 향화라는 용어가 나타나기 시작하였다. 조선시대의 법전인『경국대전』에는 향화가 보이는데, 이는 법전이 편찬되는 시기에 향화라는 용어가 법제화되었음을 보여준다.『경국대전주해』에는 향화에 대해 '왜倭·야인野人이 향국투화向國投化한 자'라고 설명하고 있다.

전란 중 귀화한 적장 사야가沙也可

일본인들의 향화는 조선시대뿐 아니라 고려시대에도 이미 존재하였다. 향화 왜인들은 주로 왜구倭寇들로 조선의 왜구정책에 따라 스스로 투항한 자들며 이들을 항왜降倭라고 불렀다. 즉 조선에 항복한 왜인이라는 의미이다. 특히 임진왜란이 장기화되면서 많은 항왜들이 발생하였다. 1593년 이후 강화협상 과정에서 전투가 소강상태로 접어들면서 일본군 진영에서 이탈해오는 자들이 많았다. 조선 조정에서도 일본군의 군세를 약화시키는 방법으로 항왜를 유인하는 계책을 실시하면서 그 수는 더욱 증가하였다. 그런데 여기서 우리가 살펴보려고 하는 사야가는 일반적인 항왜와는 투항 시기와 그 목적이 달랐다.

사야가라고 하는 일본 장수가 조선을 위해 일본군과 싸웠다고 하는 사실은 특별한 사건일 수 있는데 세간에는 그리 잘 알려져 있지 않다. 출신지인 일본에서는 그가 조국을 배반한 매국노로 매도되었고, 그의 존재마저 부정하려고 하였다. 카와이 히로타미河合弘民라는 일본인은 조선에서 간행된 사야가의 문집인『모하당문집慕夏堂文集』을 다시 간행하면서, 그 서문에 '사야가 같은 매국노가 동포 중에 있다는 것을 믿는 것은 유감遺憾의 극치라고 할 수 있다.' 하여『모하당문집』을 위서라고 단정하였다. 1924년 일본 역사학자 시데하라 탄幣原坦도 사야가에 대한 확실한 자료는 없다고 하여 그를 허구의 인물로 치부해버렸다. 일본학계와 조선총독부 고등법원 판사 아사미 린타로淺見倫太郎와 경성일보 주필 야마미치 죠이치山道讓一 등도 시데하라 탄의 의견에 동조하여 사야가의 존재를 인정하려 하지 않았다.

한편 1933년 조선총독부 역사연구원으로 근무했던 나카무라 에이코中村榮孝는 사야가가 조선에서 거주했던 대구 우록동의 현지 조사를 실시하고『조선왕조실록』과『승정원일기』등의 자료를 바탕으로「모하당 김충선의 자료에 대하여」라는 논문을 발표하였다. 그는 논문에서 사야가는 허구의 인물이 아니라 실제 존재했던 인물이었음을 알렸고, 그의 학설이 지금까지 이어지고 있다.

나카무라 에이코의 연구로 사야가에 대한 행적이 밝혀졌음에도 사야가는 그다지 주목을 받지 못하였다. 그러다 1945년 일본 제국주의가 패망한 후 허구인물로 부정되고 숨기고 싶어 하였던 사야가에 대해 일본인들이 관심을 갖기 시작했다. 그 계기는 1971년 시바 료타로司馬遼太

郎가 쓴 『가도街道를 간다 ― 한韓나라의 기행』에서 사야가와 그가 살았던 우록리가 소개되면서 많은 일본인들이 그의 존재를 알게 되었기 때문이다. 또한 1992~1998년에 걸쳐 임진왜란 400주년 기념행사 때에 사야가의 후손들이 일본 각지를 방문하여 사야가의 업적을 적극적으로 홍보하였는데, 그 이후로 사야가는 나라를 등진 매국노가 아니라 정당하지 못한 침략 전쟁을 반대했던 '평화의 사도'로 평가받고 있다.

최근 일본 정치권이 위안부 강제 동원을 부정하고 독도 영유권을 주장하는 망언이 지속되고 있는 시점에서 명분 없는 침략 전쟁을 반대하고 조선을 위해 일본군과 싸운 사야가를 조망하는 것은 교착된 한일관계에 주는 시사점이 크다고 할 수 있겠다.

조총에는
조총으로

사야가는 일본 제2군 선봉장 가토 기요마사의 우선봉장으로 1592년 4월 17일 조선에 상륙했다. 4월 13일 고니시 유키나가가 부산진과 서평포, 다대포를 함락하였고, 4월 14일 동래부사 송상현이 지키고 있던 동래성을 함락시켰다. 4월 16일에는 기장과 경상좌수영을 점령하고, 이튿날인 17일에 밀양부사 박진이 지키는 밀양마저도 수중에 넣었다.

『난중잡록』에는 4월 20일 고니시 유키나가 군은 인동을 함락하고 머물면서 조선 농민들에게 생업에 힘쓸 것과 신변 안전을 보장한다는 내용을 담은 패문牌文을 나누어 주어 민심의 동요를 막고, 일본군에게 협력할 것을 요구하는 기사가 실려 있다.

고니시 유키나가군은 조선 백성들에게 이른바 환주정책還住政策을 실시하였다. 이것은 신속한 북상을 위해서 조선 백성들의 저항을 최소화하여 일본군에 협조하도록 요청하기 위한 일종의 점령정책이었다. 『모하당문집』에도 「효유서曉諭書」가 수록되어 있는데 1592년 4월 15일 날짜로 기록되어 있다. 『모하당문집』의 기사 날짜를 신뢰한다면, 가토 기요마사가 4월 17일에 부산진에 상륙한 사실을 고려할 때 미리 작성해둔 것으로 이해할 수 있다.

다음 효유서는 조선 백성의 동요를 방지하기 위해 작성된 것이나, 사야가 자신의 조선에 대한 인식이 잘 담겨져 있다.

아아, 이 나라 모든 백성들은 나의 이 글을 보고 안심하고 직업을 지킬 것이며 절대로 동요하거나 떨어져 흩어지지 말라. 지금 나는 비록 다른 나라 사람이고 비록 선봉장이지만 일본을 떠나기 전부터 벌써 마음으로 맹세한 것이 있는데, 그것은 나는 너의 나라를 치지 않을 것이며 너희들을 괴롭히지 않겠다는 것이었다. 그 이유는 내 일찍이 조선이 예의의 나라라는 것을 듣고 오랫동안 조선의 문물을 사모하면서 한번 와서 보기가 소원이었고, 이 나라의 교화에 젖고 싶어 한결같이 나의 사모와 동경의 정은 잠시도 떠나본 적이 없었기 때문이다.

사야가는 투항에 앞서 조선 민중이 생업에 종사하면서 동요하지 말 것을 효유(曉諭, 알아듣도록 타이름)하면서 조선의 문물과 풍토를 사모하는 마음까지 피력하고 있다. 『모하당문집』의 「효유문」이 고니시 유키나가 군의 패문과 다른 점은 자신이 조선의 예의와 문물에 대한 동경의식을 가지고 있다는 점과 이미 일본에서 출병하기부터 명분 없는 침략전쟁에 반대하여 조선에 투항할 의사를 갖고 있었다고 밝히고 있는점이다. 사야가의 투항 동기에서 주목해야 할 지점이라 할 수 있다.

이후 사야가는 동년 4월 20일에 다음과 같이 투항하겠다는 의사를 조선 진영에 타진해왔다.

임진 4월 ○일에 일본국 우선봉장 사야가는 삼가 목욕재계하고 머리 숙여 조선국 절도사 합하에게 글을 올립니다. (중략) 금번에 청정이 이유 없이 군사를 일으킬 때, 제가 용력이 남다르고 담기가 뛰어나다 하여 선봉장으로 삼았습니다. 저는 청정이 하늘의 뜻을 거스르는 것을 미워하여 청정의 손에 죽을지언정 선봉이 되고 싶지는 않았지만, 저는 평소의 소원인 조선을 한번 나가보고 싶은 생각으로 본의 아닌 선봉이 되어서 삼천 명의 군사를 이끌고 본국에까지 나온 것입니다. 처음으로 민심과 물정을 둘러보니 비록 전란 중이나 의관문물이 과연 평소에 듣던 바와 같아서 삼대의 예의가 여기에 있는 듯하였습니다. 저는 문득 중화의 족속이 되어 보고 싶은 생각이 간절하여 차마 인의의 나라를 해칠 수가 없고, 삼대의 유민을 잔혹하게 할 수가 없어 싸움할 뜻이 없어졌습니다. (중략) 합하께서 허락하시어서 휘하에 두신다면 저는 마땅히 죽기를 맹세하고 충성을 다하겠습니다. 제가 거느린 군사 3천 명은 다 용맹스럽고 사납고 칼 잘 쓰는 군사들이라, 이들이 모두 합하의 전위대가 된다면 넉넉히 한 지역을 맡을 것이오니 합하께서 맞아주시고 더불어 계책을 세우신다면 큰 공을 이룰 것이며 나라와 백성을 안전하게 하여, 임금님으로 하여금 잠 못 이루는 근심을 덜게 하고 합하로서 역사에 이름을 남길 것이니, 저는 가지를 가려서 앉는 새가 되고 합하는 나라를 붙드는 기둥이 될 것입니다.

1592년 5월 이후에 경상좌병사 이각을 박진이 대신하였던 것으로 볼 때, 5월 전후로 사야가는 3천 명의 병력을 이끌고 박진 휘하에 투항하였던 것으로 보인다.

위의 『모하당문집』의 내용을 액면 그대로 받아들일 수 없는 부분도 많다. 이 책은 사야가의 후손이 조상에 대한 선양의 일환으로 편집하고 간행하였기 때문이다. 사야가가 조선에 투항한 것은 사실이지만 투항 시기나 병사의 규모, 투항 동기 등은 많은 부분이 후대에 윤색되거나 미화된 부분이 있다는 것을 염두에 두어야 한다.

하지만 놓치지 말아야 할 중요한 사실은 사야가가 투항한 시기는 경상좌도에 침략한 일본군이 압도적인 전력으로 연이은 승전을 거두고 있었던 때라는 점이다. 조선 관군 장수들은 일본군에 대한 풍문만 듣고 성을 버리고 도망하여 제대로 된 전투조차 치르지 못하던 때였다. 이렇게 본다면 『모하당문집』에 다소 미화되어 있다고 하더라도 사야가의 투항 동기는 그가 조선에 갖고 있던 모화(慕化, 덕을 사모하고 가르침을 좇아 감화받음) 의식과 명분 없는 침략전쟁으로 조선 백성을 살해하는 것에 대한 거부감에서 찾아야 할 것이다.

조총과 화약 제조
기술의 전수

『선조실록』에는 사야가에 관한 기사가 실려 있지 않다. 그러나 이미 조정과 각 지역의 관찰사와 관군 장수들과 서신을 왕래하고 있는 것으로 보아 그의 존재는 이미 조야에 많이 알려져 있었다.

사야가는 투항 이후 이덕형을 통해 조총을 만들라는 조선 조정의 명령을 하달받았다. 이에 그는 비변사를 통해 연변에 있는 각 진에 조정의 뜻을 전했으나 각 진에서는 철을 구하는 것의 어려움을 토로했다. 이에 사야가는 이덕형에게 종루鐘樓거리에 종이 깨진 것을 묻어둔 것을 파내어 각 진에 나누어 주어 조총을 제작하도록 건의하였다.

사야가에게 부여된 임무는 조총 제작과 화약 제조에 관한 기술을 조선군에 전수·보급하는 것이었다. 『모하당문집』에는 김계수金繼守라고 하는 인물이 자주 등장하는데 이는 사야가가 투항할 때 함께 귀화한 항왜장으로 보인다. 김계수가 조총 제작과 화약 제조의 기술을 보유하고 있어 사야가는 그를 관군 장수 진영에 파견하여 조총과 화약 제조 기술을 전수하도록 했다.

1592년 4월 22일 경주판관 박의장은 경주성에서 가토 기요마사에게 패한 후 경주성을 탈환하기 위해 경주부의 죽장현竹長縣에 임시로 주둔지를 마련하고 흩어진 백성과 군사를 불러 모아 전열을 재정비하였다. 또한 대장간을 설치하여 화살 등의 무기를 만들어 전력을 보강하였다. 이때 사야가는 다음과 같은 서신을 보내면서 자신의 휘하 장수 김계수를 경주에 파견하였다.

조총과 화약을 만드는 일은 소장이 평소부터 익혀온 일인데, 이 나라
에 들어온 이후로 병기를 살펴볼 때 한 가지도 정묘한 것이 없으므로
비로소 진중에 조총 쓰기를 가르치고 좀더 보급시키려 할 때 마침 조
총을 만들라는 지시가 있어 저의 진중에 있는 장수 김계수를 올려보내
오니 바라옵건대 총과 화약을 많이 만들어서 적을 깨뜨릴 계획을 세우
신다면 어찌 나라의 다행이 아니겠습니까? 오직 이 김계수의 지도만
받으면 그 제작의 묘법은 완전할 것입니다.

사야가가 전수한 기술로 만든 조총은 1593년 박의장의 연이은 승전
에서 그 위력을 발휘하였다. 1593년 3월 박의장은 3백 명의 군사를 거
느리고 대구 파잠^{巴岑}에서 일본군 2천 명을 격파하는 승전을 올렸다.
이 승전은 강화협상기 명군이 조선군에게 일본군과의 교전을 금지하고
있던 상황에서 거둔 것이었다. 이 전투에서 조총이 사용되었을 개연성
이 충분하였을 것으로 판단된다.

특히 1593년 6월 박의장은 정예한 관병 백 명을 선발하여 먼저 양산
군 사화령에 병사를 매복시켜놓고, 일본군 2백 명이 들어오자 사수, 포
수들로 하여 양쪽에서 활과 총을 난사하여 적의 수급 53과를 얻는 전과
를 올렸다. 이 전투에서 활약한 포수가 바로 조총사격수들로, 박의장
은 지형 지물을 이용한 전술과 더불어 조총을 실전에 배치하여 사용함
으로써 아군의 수적 열세를 극복하며 연이은 승전을 거두었다. 사야가
의 기술 지원이 없었다면 힘들었을 승전이었다.

이미 1593년 5월 사야가는 교체된 경상좌병사 권응수에게 다음과 같을 글을 올렸다.

1593년 5월 ○일에 본국에 강화한 장수 사야가는 삼가 목욕재계하고 합하에게 글을 올리나이다. 엎드려 생각하건대 소장이 귀화한 이후에 본국의 병기를 둘러볼 때 비록 칼과 창과 도끼와 활이 있기는 하나 직접 전투에 당해서는 쓸 만한 무기가 거의 없으니 개탄할 일입니다. 옛날 (한나라 경제 때 사람인) 조착晁錯의 말에 「둔한 무기로 싸우는 것은 자기 군사를 적에게 내어맡기는 것이다.」 하였으니 무기가 날카롭지 못한 것이 어찌 병가의 큰 걱정이 아니겠습니까? 일본의 병기는 이와 다르니, 첫째는 화포火砲이고 둘째는 조총鳥銃인데, 둘 다 무기로써는 가장 훌륭한 것이라 쏘아서 맞지 않는 일이 없고 맞아서 죽지 않는 일이 없습니다. 아무리 지혜와 용기가 뛰어난다 할지라도 당해낼 수 없고, 아무리 전략이 우수하다 할지라도 막아낼 수 없는 것이니 활과 칼로써는 대항할 수 없는 기묘한 무기입니다.

사야가는 새로 교체된 경상좌병사 권응수에게 일본군에 맞설 조선 무기들의 열악함을 상기시켰다. 그는 중국 한나라 때 인물인 조착의 말을 인용하여 열악한 무기를 사용하는 것은 적에게 군사의 목숨을 맡기는 것이라고 하였다. 지략과 용맹이 뛰어난 장수라고 해도 칼과 활만으로는 일본군과 대응하는 것이 불가하니 살상력이 뛰어난 조총을 제작, 보급할 것을 요청하였다.

조선 조정에서도 조총의 위력을 충분히 파악하고 있었다. 선조도 조총에 대해 관심을 가지면서 생포한 왜인들에게 염초를 굽는 방법을 알아낼 것을 명령하였고, 조정에서는 통제사 이순신에게 제작된 조총을 행재소로 보낼 것을 명하기도 하였다. 선조는 보유한 조총을 일본군을 격퇴해야 하는 장수들에게 하사하였다. 비변사도 일본군을 막을 수 있는 것은 조총에 있다는 사실을 인식하고, 조총을 전문적으로 다룰 수 있는 포수 2백 명을 양성할 것을 선조에게 건의하기도 하였다. 이러한 선조와 조정의 인식은 무과 시험에 조총사격술을 시험하여 무사를 선발하도록 할 정도였다.

사야가에서
김충선으로

1593년 5월 울산군수 김태허는 경주판관 박의장과 울산에 있는 일본군을 격파하는 전공을 올렸다. 『선조실록』에는 울산 전투의 전공에 김태허와 박의장의 전공만이 올라가 있으나, 항왜장 사야가도 이 전투에서 전공을 올렸다. 이에 조정에서는 사야가에게 성명을 하사하고 자헌대부資憲大夫의 품계를 내렸다. 즉 성은 김, 이름은 충선忠善으로 자字는 선지善之, 본관은 김해金海로 성명이 내려졌다. 또한 정식으로 조선 관리에 임명한다는 관복과 자헌대부의 품계도 받게 되었다.

국왕으로부터 성명을 하사받은 항왜는 김충선이 유일한 사례라고 보이는데, 이것은 조선 조정에서 그의 충심을 믿고 조선의 일원으로 인정하였다는 점에서 의미가 적지 않다. 이러한 조처는 일본 출신 장수임에도 자신의 이름과 행적을 드러내고 그 후손들이 자신의 선조인 김충선을 선양하는 『모하당문집』을 간행할 수 있었던 배경이 되었다.

1594년 김충선은 경상도 방어사 김응서의 휘하에 배치되었다. 일본 장수 고니시 유키나가는 김응서에게 함안 곡현에서 만날 것을 요청해 왔다. 김응서는 김충선에게 일본 측의 의도에 대해 자문을 구하였다. 김충선은 다음과 같이 대답하였다.

남의 속을 짐작하기는 어려우나 아마 중국에 대한 친선을 도모할 일과 우리나라와 화해하자는 의견일 것입니다. 그러나 이것들이 우리의 구 묘九廟를 불태우고 두 능을 파헤치고 동래와 평양을 그렇게도 참혹하게 함락시켰으니 이들과 우리는 벌써 한 하늘 아래 살 수 없는 원수인지라 어찌 그들의 요구에 응할 수 있겠습니까. 병사께서 재량으로 처리하소서.

김충선은 조선 선대의 능을 파헤친 것과 동래와 평양을 참혹하게 함락시킨 것을 상기시켰다. 그러면서 일본에 대한 적개심과 자신의 주전 의지主戰意志가 확고함을 피력하였다.

1597년 강화협상이 파탄으로 종결나면서 일본군이 재차 침략한 정유재란이 발발하였다. 제독 마귀麻貴가 증성 공격에 실패한 책임을 들어 김응서를 처형하려는 사건이 발생하였다. 이때 김충선은 마귀에게 군령장을 올려 자신이 공을 세워올 테니 김응서를 처형하지 말 것을 요청하였다. 실제로 김충선이 출전하여 일본군의 수급을 바쳐 김응서를 죽음에서 구하기도 하였다.

1598년 경상우도에 주둔하였던 일본군들이 낙동강의 하류를 건너 영산, 창녕, 현풍, 밀양, 청도 등지로 들어와 노략질을 일삼고 있었다. 더 나아가 일본군들은 대구, 경산 지역까지 침범하였다. 도원수 권율은 김응서를 대구에 주둔하게 하였다. 이에 김충선은 밀양으로 진을 옮겨 청도와 밀양의 일본군을 격퇴하였다. 이렇게 그는 1592년 조선에 투항하여 1598년 전란이 종결될 때까지 조총 제작 등을 통해 조선군의 전략을 강화하는 데 그 역할을 다하였고, 일본군과의 전투에서도 공을 세워 그 이름을 남길 수 있었다.

최후까지 조선 장수
김충선으로 살다

약관의 나이에 조선에 귀화해 조선의 장수로 싸웠던 김충선은 7년 간의 전란이 끝나면서 앞으로 어떤 삶을 살아야 하는가를 선택해야 했다. 전란 동안에는 조선에 기여할 수 있는 역할이 있었지만 전쟁이 종결된 이후의 삶이 어떻게 전개될 것인지는 누구도 알 수 없었다. 태어나 자란 일본으로 돌아가는 것도 고려했다. 일본에서 맞이한 두 아내가 있었고 고향에 대한 향수도 있었다. 그러나 가족들이 자신을 잘 맞아줄지도 의문이고 친척들도 모두 세상을 떠났다. 무엇보다 조선의 편에서 싸웠으니 이제와 돌아가는 것이 쉽지도 않았다. 귀화는 했지만 조선에서의 삶은 녹록해 보이지 않았다.

결국 김충선은 대구의 우록동에 터전을 마련하고 정착했다. 1600년 에는 진주목사 장춘점의 딸과 혼인하였고, 1601년 우록동에 모하당을 신축하면서 삶의 토대를 다질 준비를 하였다. 그러나 심상찮은 정세가 다시 김충선을 초야에서 불러냈다. 임진왜란으로 명의 통제가 느슨해 진 틈을 타 성장했던 여진족이 조선의 국경을 침입하면서 조정에서는 여진족을 방비해야 필요성이 대두되었기 때문이었다. 김충선은 여진족 의 방어대책에 대한 글을 올리고 10년 동안 여진족을 방어하는 임무에 자원하였다.

1603년부터 1613년까지 김충선은 북방의 여진족을 방어하는 임무를 성실히 수행하고 10년 만에 서울로 돌아왔다. 광해군은 후원에서 잔치 를 열어 그의 공로를 위로하고 정헌대부正憲大夫의 품계를 내려주었다.

그가 복무를 마치고 우록동으로 돌아온 이후 1615년 혼인한 지 14년 만인 45세에 첫아들인 김경원金敬元을 얻었고, 1617년 둘째아들 김경신金 敬信이, 1620년에 셋째아들 김우상金右祥과 1623년 넷째아들 김계인金繼仁 이 태어나 부인 장씨와의 사이에 4남을 두었다.

1624년(인조 2) 인조반정의 논공행상에 대한 불만으로 이괄이 난을 일으켰다. 김충선은 이괄의 부하 장수인 서아지徐牙之가 도망하여 영남 지역으로 들어오자 밀양까지 추격하여 사로잡았다. 이 공로로 김충선 은 인조로부터 서아지가 갖고 있던 땅을 사패지로 하사받았으나 소疎 를 올려 이를 거두어줄 것을 청하기도 했다. 이괄의 난이 진압된 이후에는 우록동에서 가훈家訓을 지어서 자손에게 경계하도록 하고 마을에 규율을 정하기도 했다.

우록동에서 유유자적한 삶을 즐기며 때로는 사냥과 고기잡이로 세월을 보내고 있던 김충선에게 1636년에 청 태종의 군대가 조선을 침략했다는 소식이 전해졌다. 이른바 병자호란이 일어난 것이었다. 김충선에게 전해진 정보는 이미 임금이 남한산성으로 피난을 떠났다는 것이었다. 김충선은 즉시 쌍령雙嶺으로 달려가 경상좌우병사와 더불어 진을 치고 청군과 교전을 벌였다. 그리고 다시 군사를 이끌고 남한산성으로 향하던 중에 인조가 청에 항복했다는 소식을 들었고, 이 일로 청군이 물러가자 우록동으로 되돌아왔다.

이후 김충선은 우록동에서 노년의 평탄한 삶을 살다가 1642년 향년 72세의 나이로 세상을 떠났다. 사성 김해 김씨의 후손들은 선조인 김충선을 알리기 위해 가문의 내력과 조선 장수로서 살다간 김충선의 행적을 적은 『모하당문집』을 출간하였다.

앉을 가지를 선택한
드문 새

처음의 이야기로 다시 돌아가서, 우리는 적장이면서도 전란 중에 우리 편에 귀화하여 무기를 제조하고 그 무기로 어제까지 조국이었던 일본 군사들을 격퇴하는 데 앞장섰던 김충선을 어떻게 봐야 할까. 일단은 우리 편이었으니 그의 용기와 공로를 치하할 수 있겠지만, 단순한 편 가르기를 떠나서도 그의 행동을 칭송할 수 있을 것인가.

여기서 중요하게 판단해야 할 것은 그가 언제, 어떤 동기로 귀화했는가이다. 김충선은 일본군이 열세에 몰렸을 때 항복해 목숨을 연명한 기회주의자가 아니었다. 자기 진영 내에서 문제를 일으키고 도망한 인물도 아니었다. 그는 일본군이 한참 기세를 올리고 있는 때에 자발적으로 투항했다. 투항의 동기 역시 갑작스러운 것이 아니었다. 이전부터 조선의 문물을 동경해왔고 아무 이유 없이 전쟁을 일으켜 무고한 사람들을 살상하는 것을 참을 수 없었다고 밝혔다. 투항 이전의 효유서를 통해서도 김충선은 이러한 마음을 충분히 피력하였다.

결국 김충선은 태생적으로 결정된 나라의 백성으로서 살기보다는 자신의 신념과 의지에 따라 나라를 선택하고 그 나라를 위해 헌신한 인물로 볼 수 있다. 살상 무기를 제조하는 데 힘쓰고 전투에 적극적으로 참여한 것으로 보아 평화주의자라고 칭하는 데는 무리가 있을지 모르지만, 적어도 그의 싸움은 무고한 사람들의 삶을 짓밟고 타국의 국토를 유린하는 잔인하고 무도한 침탈자를 막아내기 위한 것이었음은 분명하다. 그래서 임진왜란 때만이 아니라 여진족을 막아내는 일이나 청의 침략 때에도 스스로 일어나 싸움터로 달려갈 수 있었을 것이다. 그런 면으로 볼 때 김충선은 조선에서 선조, 광해군, 인조를 거치는 역사의 소용돌이 속에서도 변함없이 자신의 안위보다는 신념을 실천한 인물이라고 볼 수 있다.

후손들의 노력에도 불구하고 아직 김충선이 일반에 널리 알려지지 않은 것에서 알 수 있듯이, 그의 삶에 대한 연구나 평가 역시 아직은 미미하다. 김충선은 임진왜란 때에 적장으로 조선에 들어왔으나 스스로 조선에 귀화하였다. 일본군을 격퇴하기 위한 무기를 제조하고 보급하여 전공을 세웠으며 그 이후의 삶 역시 조선을 위해 살았다. 세상을 떠나면서 자손들에게 조선을 위해 충성을 다하라는 유훈을 남긴 그의 삶이 제대로 조명받을 수 있게 되기를 바란다.

참고문헌

사료

- 「國朝寶鑑」
- 「寄齋史草」
- 「寄齋雜記」
- 「亂中日記」
- 「慕夏堂文集」
- 「宣祖實錄」
- 「宣祖修正實錄」
- 「新增東國輿地勝覽」
- 「壬辰章草」
- 「練藜室記述」
- 「懲毖錄」

연구논저 및 논문

- 강창일 외, 일본사 101장면, 가람기획, 1998.
- 김충선연구회 편, 「金忠善(沙也可) 韓日國際 SYMPOSIUM 자료집」, 2005.
- 데라다 다카노부 지음 / 서인범 · 송정수 옮김, 「대명제국」, 혜안, 2006.
- 동경대교양학부, 김현구 외 옮김, 일본사개설, 지영사, 1998.
- 레이황 저 / 김한식 역, 「1587 만력 15년 아무일도 없었던 해」, 새물결, 2004.
- 박일봉 역, 「손자병법」, 육문사, 2002.
- 이근명 편역, 「중국역사」, 신서원, 2003.
- 劉寶全, 「대의명분론과 임진왜란」, 「사회과교육」51권 4호, 2012.
- 林哲鎬, 「이여송 설화 연구」, 「국어국문학」제90호, 1983.

- 장준호, 「임진왜란시 朴毅長의 慶尙左道 방위활동」, 한국학중앙연구원 한국학
  대학원 석사학위논문, 2008.
- 장준호, 「임진왜란시 朴毅長의 慶尙左道 방위활동」, 「군사」 제76호, 2010.
- 장준호, 「『懲毖錄의 저술 배경과 李舜臣 · 元均에 대한 서술」, 「이순신논총」 16
  호, 2012.
- 정혜선, 일본사 다이제스트 100, 가람기획, 2011.
- 주동륜 지음 / 이화승 옮김, 「장거정 평전」, 에게, 2010.
- 중국사연구실 편, 「中國歷史(하권)」, 신서원, 1994.
- 陳尙勝, 「明 萬曆時期 朝鮮援助戰爭에 관련된 중심인물」, 「사회과교육」 51권
  4호, 2012.
- 한명기, 「임진왜란과 한중관계」, 역사비평사, 1999.
- 한명기, 「광해군」, 역사비평사, 2000.
- 한명기, 「이여송과 모문룡」, 역사비평 90집, 역사문제연구소, 2010.
- 한문종, 「조선 전기 향화 · 수직 왜진 연구」, 국학자료원, 2001.